4차 산업혁명 시대

미래형 인재 자녀교육

사교육 없는 최상의 교육 가이드

김근수 지음

BOOK STAR

사교육 없이 우리 아이 키우기

당신이 아는 자녀 교육은 틀렸다

이토록 자녀 교육이 행복할 수는 없다

2천 년을 기다려 온 자녀 교육의 황금률

자녀가 좋아하는 부모의 자녀 교육

사교육 없는 성공적인 자녀 교육

입시에 지친 자녀와 부모를 위한 가이드

이 책은 재미로 읽는 책이 아니다.

이 책은 한가한 시간에 소일거리로 가볍게 읽을 책이 아니다. 자녀를 키우는 부모, 손자와 손녀가 있는 조부모, 조카가 있는 이모와 고모, 그리고 청소년의 미래를 생각하는 사람이라면 시간을 내서 진지하게 읽을 책이다. 자녀와 청소년이 행복하기를 바란다면, 건강하게 자라기를 바란다면, 우울증이 걸리거나 자살을 생각하지 않기를 바란다면, 즐거운 마음으로 공부하기를 바란다면, 그리고 정말로 행복하고 잘살기를 바라는 사람이라면 꼭 읽을 책이다.

이 책은 세계적인 교육 강국 핀란드 등과 유대인의 교육 방식을 과학적 근거를 제시하며 풀어냈다. 핀란드에서 학교는 즐거운 곳이고 청소년들은 세계에서 가장 적은 시간 공부하면서도 세계 최고의 학업능력을 보여 준다. 유대인은 세계 인구의 0.2%밖에 안 되지만 노벨상의 20%를, 미국 아이비리그 대학 입학생의 20%를 차지하는 민족이다. 핀란드와 유대인 학생들은 잘 놀고 즐겁게 운동하고 충분히 잔다. 그래서 행복하면서도 학업 능력은 세계 최고이다.

반면 우리나라의 많은 청소년이 지나치게 많은 학습 시간과 수면 부족에 시달리며 스스로 불행하다고 생각한다. 우리나라 어린이와 청소년의 삶에 대한 만족도가 OECD 27개국 중 꼴찌를 달린다. 청소년 우울증 발생 비율과 자살률은 거의 세계 1위를 달린다. 심지어는 초등학생마저 자살하고 있다. 입시와 사교육에 시달린 많은 청소년이 부모를 원망하고 언제나 너무 지겨웠고 화가 났으며 대학 입시 기간이 지옥 같았다고 말한다. 성인이 되어서도 아이가 '헬 조선'에서 살게 하고 싶지 않다고 결혼하지 않는다는 얘기도 한다. 청년이 된 아이들은 이렇게까지 말한다.

"헬 조선은 저까지만… 내 아이가 한국에서 살게 하는 것이 싫다."

자녀들만 고통스러웠던 것이 아니라 부모들도 함께 고통스럽다. 여기서 제기되는 의문은 '청소년들이 스스로 불행하다고 생각하는데 과연 교육이 제대로 이루어질까?'라는 점이다. 설령 좋은 대학을 간다고 한들 스스로 불행하다고 생각한다면 무슨 의미가 있을까.

아이들이 마음껏 운동을 하면서 뛰놀면 신체적으로 건강해짐은 물론 집중력이 좋아지고, 정서적으로도 좋고, 학업 성적도 좋아진다는 것이 과학적으로 밝혀졌다. 그래서 유엔아동권리협약 제31조는 "어린이와 청소년은 충분히 쉬고 충분히 놀아야 한다."라고 정하고 있다.

이점은 유대인 교육만 봐도 명확하다. 유대인은 세계 인구의 0.2%밖에 안 된다. 하지만 유대인들은 하버드 대학 입학생의 2~30%를 차지하고 노벨상 수상자도 20%가 넘는다. 유대인의 교육은 잠을 줄여가며 공부시키는 것이 아니라 휴식이 중심이다.

『탈무드』에는 "영혼까지도 휴식이 필요하다. 그래서 잠을 자는 것이다."라는 말이 있다. 이들은 아무리 시험이 닥쳐도 잠은 푹 자도록 생활화되었다. 어느 누구도 밤새도록 공부하라고 강요받지 않는다. 그리고 이렇게 자란 청소년은 행복하고 건강하며 위대한 학자들과 기업가가 되었다. 반면에 우리나라는 유엔아동권리협약 이행 심의에서 "한국의 공교육의 목표는 오직 명문대 입학인 것으로 보인다. … 경쟁만이 목표인 것 같다."라는 지적을 받았다. 우리나라 학생들의 정규 수업 시간은 세계 1위이고, 사교육도 가장 많이 한다. 심지어는 유치원도 가지 않은 아이들도 외국어를 배우고, 유아기부터 외국어뿐만 아니라 수학과 과학까지 선행학습을 시작한다. 선행학습이 필요 없고 오히려 해가 된다는 교육 전문가나 과학자의 지적에도 불구하고, 아무것도 시키지 않으면 수업을 따라갈 수가 없는 불안감 때문이다.

분명한 것은 인간은 컴퓨터가 같은 기계가 아니라는 점이다. 만들어진 프로그램에 정보를 입력시키면 자동적으로 처리하는 기계가 아니다. 아이의 뇌는 커가면서 배우고 경험한 것을 바탕으로 형성된다. 컴퓨터에 비유하면 말하자면 새로운 '소프트웨어'가 개발되고 있는 중이다. 단지 지식과 정보만 저장시키는 '장치'가 아니다. 따라서 사교육으로 일방적인 지식 전수만 해서는 제대로 지적 능력이 개발되지 않는다. 또한, 컴퓨터나 기계와는 달리 인간에게는 감정과 의지가 있다. 아이들이 스스로 하려는 동기가 있어야 하고 즐거운 마음으로 해야 한다. 타율적으로 사교육 입시 공부는 아이들이 스스로를 불행하다고 생각하게 하고 고통을 주어 흥미를 잃게 하고 타고난 재능도 발휘하지 못하게 만든다.

최재천 교수는 "자식을 어떻게 키워야 합니까?"라는 질문에 이렇게 대답했다.

"'새가 나는 걸 가르치는 광경을 본 적이 있느냐?' 어미 새는 '이렇게 날아라!' 혹은 '저렇게 날아라!' 하면서 새끼 새에게 간섭하지 않는다. 그냥 어미 새가 여기서 저기로 '후루룩' 하고 날아간다. 그걸 보고서 새끼도 따라 한다. … 서부 아프리카의 침팬지도 마찬가지이다. 어미는 돌로 쳐서 깨 먹는 걸 새끼에게 보여 준다. 새끼도 아무 돌이나 주워서 따라 한다. 물론 처음부터 잘 되진 않는다. 견과류를 올리는 받침돌도 처음에는 평평하지 않은 걸 고른다. 그래서 열매가 자꾸 굴러서 떨어진다. 여기서 어미 침팬지의 태도가 중요하다. 새끼가 제대로 못 한다고 절대로 짜증을 내지 않는다. 보다가 답답해서 대신 견과류를 깨 주지도 않는다. 대신 무한한 인내심으로 새끼와 함께할 뿐이다. 제대로 못 한다고 새끼를 내치는 법도 없다. 자식 교육에서 필요한 것은 '아름다운 방황과 따뜻한 방목'이다. 나는 학생들에게 특강을 할 기회가 있을 때마다 '방황하라!'고 말한다. 그냥 방황하지 말고, 아주 열심히 방황하라고 한다. 그걸 통해서 자신이 좋아하는 걸 찾으라고 말한다. 아이가 스스로 방황할 수 있도록 풀어줘야 한다. 그걸 '방목'이라고 부른다. 그래서 방목을 하되, 따뜻한 방목이 필요하다. 무작정 하는 방목이 아니다. 비유하자면 조금 넉넉한 길이의 줄이 필요하다. 고작 1미터짜리밖에 안 되는 것 말고. 아이를 꽉 붙들어 매지 말고 넉넉하게 매 놓았다가 행여 절벽으로 떨어질 것 같으면 줄을 당겨야 한다. 관심을 갖되 안 보는 척하며 곁눈질로 항상 주시하라는 거다. 그런데 우리 부모들은 줄 정도가 아니라 아예 수갑을 채워서 다니는 것 같다. 그건 방목이 아니라 사육이다. 나무에서 떨어져 본 새끼가 가장 먼저 날게 된다. 아이가 겪을 시행착오와 고통이 '독'이 아니라 '약'이 된다." (중앙일보, 2021.2.9. 최재천 교수 인터뷰 기사 편집)

　김형석 교수의 교육에 대한 언급도 최재천 교수의 생각과 같다.
　"자녀 교육에 핵심이 있습니다. 그건 부모가 아이의 자유를 소중하게 여기는 것입니다. 상대방의 자유를 구속하는데, 어떻게 상대방을 사랑할 수 있습니까. 자식도 마찬가지입니다. 자유는 곧 선택입니다. 아이에게 선택할 자유를 주어야 합니다. '이걸 해! 저걸 해!'가 아니라 '이런 게 있고, 또 저런 게 있어. 너는 어떤 걸 할래?' 이렇게 선택의 자유를 줘야 합니다. 저는 강연을 할 때 '이건 이렇습니다. 저건 저렇습니다. 나는 이렇습니다. 내 친구는 보니까 저렇습니다. 여러분은 어떻습니까. 선택은 여러분이 하세요.' 이렇게 말합니다. 자신의 일을 스스로 선택하게 해야 합니다. 자식이 아주 어릴 때는 보호해 줘야 합니다. 언제까지 그렇게 다닐까요? 사춘기까지입니다. 아이를 앞세우고 부모가 뒤에 갑니다. 선택은 네가 해라. 자유는 선택의 기회를 갖는 거니까. 엄마 아빠는 너를 사랑하니까. 이러면서 말입니다. 저는 거기에 사랑이 있다고 생각합니다." (중앙일보, 2021.2.17. 김형석 교수 인터뷰 편집)

이 간결한 두 석학의 인터뷰는 자녀 교육의 핵심을 명료하게 말한다. 이 책은 두 석학의 언급을 과학 관련 논문을 근거로 왜 그렇게 교육을 해야 하는지 그리고 자녀 교육을 어떻게 할지에 대하여 썼다. 필자는 무엇이 정말로 아이들이 행복하고 건강하게 그리고 정말로 잘할 수 있게 하는 교육인지 과학적 근거를 하나씩 하나씩 제시하며 이 책을 썼다. 이 책은 필자의 주관적인 생각이나 사회적인 통념을 정리한 것이 아니다. 『네이처』, 『사이언스』 등 세계 탑 과학 저널과 인문사회과학 저널에 실린 논문 200~300개의 해석과 이해를 기초로 정리하고 분석하고 종합하여 것이다. 이 책이 교양서라는 성격상 그러한 논문의 출처를 밝히지 못한 점이 아쉽다.

어려운 출판 시장에도 불구하고 과학과 교육에 대한 남다른 관심과 애정으로 필자의 책을 출판하기로 결정한 광문각출판사 박정태 회장님과 임직원 여러분께 감사함을 표한다. 특히 필자의 원고 모두를 읽고, 의견을 주고, 글자 하나하나에서 문단 편집까지 도움을 준 막내 처제에게 감사를 드린다.

30여 년을 필자의 일과 삶에 통찰을 준 아내 그리고 아들과 딸, 며느리에게도 사랑을 전한다.

2022년 3월

20세기 이후 학문의 발달은 가속되고 새로운 지식이 넘치고 있다. 특히 과학의 발달은 더욱 빨라 전문 분야의 과학자도 새로운 연구를 모두 보기 따라잡기가 어려울 정도이다. 과학 지식은 끊임없이 이루어지고 기존 지식이 폐기되기도 하고 수정된다. 따라서 새로이 발간되는 과학 논문을 읽고 이를 반영하여야 한다. 하지만 다양한 과학 분야의 수많은 과목 논문을 읽는다는 사실상 불가능하다. 그래서 필자는 매일 아침 올라오는 과학 뉴스를 검색하여 정리하는 방법을 택했다. 시간이 지나면 과거의 설명과 이론 그리고 가설이 오류로 판명되는 경우가 많다. 이 책도 일부 내용은 오류로 판명될 수도 있다. 따라서 새로운 연구를 꾸준히 반영하여 오류를 수정하고 개정판을 내려고 한다.

찰스 다윈은 자연에 대한 호기심과 관찰은 대단했다. 다윈은 스스로 "그것은 누구에게서 영향을 받아서라기보다는 어쩔 수 없이 타고난 본능과도 같았다."라고 고백했다. 필자의 과학에 관심도 타고난 기질이다. 어려서부터 과학 책을 읽는 것이 가장 즐거웠다. 그렇다고 다윈처럼 천재적인 과학적 재능을 타고난 것은 아니다. 찰스 다윈은 "관찰과 실험을 포기할 수밖에 없는 날이 오는" 날을 자신이 죽음을 맞게 되는 날이라고 말했다. 필자도 그런 생각으로 책을 쓴다.

과학자라는 직업은 17세기 처음 나타났고, 19세기 마이클 패러데이 (Michael Faraday, 1791~1867)의 제안으로 대중 과학 강연이 처음 시작되었다. 과학에 대한 대중의 관심이 커졌기 때문이다. 20세기 이후 관련한 새로운 직업이 나타났다. 과학 커뮤니케이터, 과학 퍼포머, 과학 크리에이터 등이다. 과학 커뮤니케이터는 이야기, 강연, 공연에서 대중에게 과학을 전달하는 사람이다. 연극, 무용 등이 과학 극을 만드는 과학 퍼포머라는 그룹도 생겨났다. 또한, 유튜브에는 과학 채널을 운영하는 과학 크리에이터도 있다. 21세기 들어 과학 연구는 폭발적으로 나오고 과학 저널에 발표되지만 일반인이 이해하기는 너무도 어렵다. 이 책은 과학을 전공하지 않은 사람이 이해할 수 있도록 과학자의 연구 결과를 종합하여 과학 커뮤니케이터와 과학 크리에이터의 입장에서 정리하였다.

목차

제1장 실패로 치닫는 사교육과 선행학습　　17

1. '스카이 캐슬'과 입시 공화국의 자화상 ························· 19
　　사교육 입시 공화국의 청소년 ······································· 19
　　'스카이 캐슬' 현상 ·· 20

2. 실패한 교육, 불행한 청소년 ······························· 21
　　'헬조선(?)'의 불행한 청소년 ·· 21
　　불행한 청소년에게 교육은 없다 ··································· 23

제2장 99% 성공, 행복한 자녀 교육　　27

1. 자녀 교육에서 부모의 역할 ······························ 29

1) 자녀에게 자율을, 부모는 사랑만 ···················· 29
　　타이거 헬리콥터 맘에 고통받는 아이들 ··················· 29
　　부모가 모범이 되는 자녀교육 ···································· 33
　　칭찬하고 사랑하는 것이 부모의 역할 ······················· 34

2) 화목한 가정의 청소년이 우수하다 ······················· 38

　부모의 사랑은 교육의 출발이자 목적 ······················· 38

　체벌은 백해무익하다 ······················· 42

　유아기에는 안아 주는 것이 최고의 교육 ······················· 45

　아동기에는 같이 놀고 동화책 읽어 주기 ······················· 48

　영유아기의 사교육은 아이를 망치는 최악의 선택 ··················· 50

　부모와 자녀 간 대화가 최고의 교육 ······················· 53

2. 수동적 사교육의 문제점 ······················· 56

1) 감성 지능이 높은 아이가 뛰어나다 ······················· 56

　학습은 IQ보다 감성 지능이 결정적 ······················· 56

　사교육보다는 다양한 체험과 경험이 필요 ······················· 60

　정서적 공감 능력은 감성 지능에 좋다 ······················· 62

　사교육 없는 나 홀로 학습 메타인지 개발 ······················· 65

　유대인의 질문과 토론에 의한 교육 ······················· 67

2) 천재는 IQ가 아니라 열정의 결과 ······················· 70

　열정없는 IQ 150의 실패 ······················· 70

　천재로 거듭난 IQ 110 ······················· 72

　천재는 IQ가 아니라 열정 ······················· 75

3. 다양한 경험과 놀이의 중요성 ······················· 80

1) 다양한 경험과 체험이 교육 ······················· 80

　사람마다 다른 교육의 필요성 ······················· 80

뇌과학은 다양한 경험을 말한다 ···················· 81

자녀와 함께 노는 것이 부모가 할일 ·············· 85

남녀 차이로 보는 환경의 중요성 ················· 92

2) 운동하고 뛰어노는 교육 ···················· 98

아이들은 뛰어노는 것이 최고의 교육 ············· 98

청소년 운동 안 시키는 어리석은 입시 교육의 해악 ·············· 99

4. 잘 자고 푹 쉬고 즐거운 학습 ···················· 106

1) 잘 놀고 잘 쉬었더니 성적이 쑥쑥! ·············· 106

어린 시절 잘 놀아야 아인슈타인 같은 열정이 나온다 ··········· 106

공부하고 일할 계획보다 쉴 계획을 먼저 ·············· 108

명상은 최고의 쉼이다 ····················· 111

2) 생체 리듬에 따르는 자신만의 학습 ·············· 113

사람마다 생체 시계와 리듬은 다르다 ·············· 113

청소년의 수면 리듬 ····················· 118

3) 충분한 수면이 최고의 학습 방법 ·············· 120

잠을 줄이며 공부하면 우울증과 자살 비율이 높아진다 ········· 120

잠을 잘 잘수록 뇌 기능이 업데이트된다 ·············· 122

잠을 자면 뇌가 스스로 공부한다 ················· 124

충분한 렘수면은 학습에 최고의 효과 ·············· 126

4) '4당4락'의 미신에서 '8당5락'의 과학으로 ················· 131

잠 줄이고 하는 학습이 가장 비효과적 ·············· 131

충분히 자는 것 자체가 학습이다 ┈┈┈┈┈┈┈ 133

'4당5락'은 미신이다 ┈┈┈┈┈┈┈┈┈┈┈┈ 134

충분한 최적 수면으로 맑고 유쾌한 공부 ┈┈┈┈┈ 136

5. 자연 친화적 자녀 교육 ┈┈┈┈┈┈┈┈┈┈ 142

1) 아이들과 부모가 함께 자연에서 놀기 ┈┈┈┈┈ 142

스마트폰과 게임이 아이들에게 유일한 놀이가 된 사회 ┈┈ 142

지능 악화로 이어지는 스마트폰과 게임 ┈┈┈┈┈ 143

멀티태스킹도 지능을 낮춘다 ┈┈┈┈┈┈┈┈ 147

그럼 어떻게 하여야 할까 ┈┈┈┈┈┈┈┈┈ 149

자녀 교육은 자연과 함께해야 한다 ┈┈┈┈┈┈ 151

2) 자연식품을 골고루 먹어야 지능 발달 ┈┈┈┈ 156

분유를 먹이면 지능 발달에 나쁠까 ┈┈┈┈┈┈ 156

가공식품은 아이 지능에 악영향 ┈┈┈┈┈┈┈ 160

아이들에게 채식과 육식의 균형 식단을 ┈┈┈┈┈ 163

수돗물과 농약이 지능에 미치는 영향 ┈┈┈┈┈┈ 167

3) 좋은 장내 미생물로 지능 향상과 학습 효과 ┈┈┈ 169

인간의 정신과 장내 미생물의 관계 ┈┈┈┈┈┈ 169

학습에 중대한 영향을 주는 장내 미생물 ┈┈┈┈┈ 173

1. 부모의 생활 습관과 아이의 지능 ············ 177

1) 결혼 전 부모의 삶이 아이 지능에 영향 ············ 177

부모의 후천적 유전성이 아이 지능에 영향을 미친다 ············ 177

부모가 잘못 살면 자녀 지능도 나빠져 ············ 178

결혼 시기도 아이 지능에 영향 ············ 180

2) 엄마가 먹는 자연식품, 아이 지능 좋아져 ············ 184

엄마가 먹는 음식의 중요성 ············ 184

엄마의 오메가3 섭취는 아이 지능에 영향 ············ 185

엄마의 요오드 섭취와 아이의 지능과의 관계 ············ 187

태아의 지능에 좋은 지중해 식단 ············ 188

태아의 지능에 나쁜 가공식품과 음식 ············ 191

임신 중 의약품과 감기 조심해야 ············ 194

스트레스와 환경오염 물질 피해야 ············ 197

2. 과학적 교육으로 향상되는 청소년 지적 능력 ············ 198

1) 태아의 지능 유전자는 편집 불가능 ············ 198

아이 유전자 편집은 윤리 이슈로 불가능 ············ 198

아이 지능 유전자 편집도 불가능 ············ 203

2) 태아 지능의 예측 가능성 ············ 205

입덧과 태아 지능은 관련 있어 ············ 205

제왕절개도 아이 지능에 영향 ·················· 205

태어난 아기의 머리 크기와 지능의 관계 ·············· 206

3) 뇌 가소성이 교육의 출발점 ·················· 207

동물과는 다른 인간의 뇌 가소성 ·················· 207

뇌 가소성과 인간의 지능 ······················ 211

뇌 가소성과 청소년 교육 ······················ 214

3. 선천적 지능, 후천적 지능 ·················· 216

1) 지능은 타고나는 것이 아니다 ·················· 216

지능은 타고날까 ·························· 216

지능은 후천적인 것도 반이나 된다 ················ 218

2) 지능은 선천적으로 정해지는 것이 아니다 ·············· 223

선천적 지능도 우연적 요인이 있다 ················ 223

아이의 지능은 엄마에 달려 있지 않다 ·············· 227

한국인과 유대인이 지능이 좋은 것은 아니다 ·············· 229

3) 지능은 후천적 교육으로 달라진다 ·················· 233

지능은 개발할수록 올라간다 ·················· 233

지능을 30~40 올릴 수 있다 ·················· 236

학습 능력은 지능에만 달려 있지 않다 ·············· 238

4) 가난이 지능에 미치는 영향들 ·················· 239

지능지수, 불평등과 가난의 덫 ·················· 239

부모의 경제력이 지능에 중요한 영향 ·············· 243

부모 경제력이 학력에 미치는 영향과 해결점 ·············· 244

4. 지적 능력은 지능이 아닌 문제 해결 능력 ····················· 248

1) 학습 능력은 문제 해결 능력 ······························· 248
지적 학습 능력은 IQ와는 다르다 ································ 248
지적 학습 능력은 문제를 스스로 해결하는 능력 ·················· 249

2) 지능지수는 학습 능력의 일부일 뿐 ······················· 253
지능지수는 지적 능력의 일부이다 ······························· 253
지능지수는 평균이 100인 정규 분포이다 ······················· 255

3) 지적 능력은 다양한 요소로 구성된다 ····················· 257
IQ는 지적 능력을 완전히 반영하지 못해 ······················· 257
지적 능력을 반영하는 새로운 측정 방법 ························· 258

제1장

실패로 치닫는
사교육과 선행학습

제1장

실패로 치닫는 사교육과 선행학습

1. '스카이 캐슬'과 입시 공화국의 자화상

사교육 입시 공화국의 청소년

[그림 1-1] 20세기 초의 유치원. 예나 지금이나 우리나라의 교육열은 대단하다
(출처: Wikipedia Commons, Methodist Episcopal Church)

우리나라 초·중·고 학부모는 97.9%가 자녀에게 사교육을 시킨다. 사교육을 시키는 이유로는 '남들보다 앞서 나가게'(24.6%), '남들이 하니까 불안해서'(23.3%)라는 답이 많았다. 경쟁 심리와 불안감 때문에 거의 대부분의 부모가 사교육을 시킨다. 우리나라 영유아의 약 20%가 학습지를 이용한다고 한다(2016). 만 1세가 되지 않은 아이의 상당수가 미술, 음악, 발레, 수영 등의 예체능 과목을 비롯해 국어, 영어, 수학 등을 위한 기초 학습을 받는다고 한다.

우리 사회는 대학 서열이 직장과 연봉을 결정한다는 인식이 강하고 실제로도 그렇다. 물론 정도의 차이는 있겠지만 다른 나라도 그렇다. 좋은 대학을 들어가려고 유아기부터 영어는 물론이고 한글, 수학, 과학 등의 선행학습을 시작한다. 엄청나게 비싼 것도 많다. 유아 대상 영어 학원의 경우 월평균 100만 원이 넘는 것이 많다. 공립학교에서는 선행학습이 필요 없다고 홍보하지만, 아무것도 시키지 않으면 학교에 들어가 수업을 따라갈 수 없는 것이 현실이다. 부모들은 다른 집 아이가 사교육으로 더 앞서 나가 우리 아이만 뒤처질지 모른다는 압박감에 시달리지 않을 수 없고 피할 수도 없는 분위기이다.

아이들이 학교에 들어가면 그 경쟁은 더욱 가열된다. 물론 선행학습이나 사교육이 긍정적인 효과가 없는 것은 아니다. 어떤 것이나 그렇지만 제대로 알고 하는 것이 중요하다. 자녀들의 미래가 달린 문제이기 때문이다.

'스카이 캐슬' 현상

2018~2019년 방영된 드라마 '스카이 캐슬'은 수많은 유행어를 남긴

드라마로 최고 시청률은 23.8%를 기록하였다. 역대 시청률 3위라는 '모래시계'의 시청률 64.5%에 비하면 상대적으로 작지만 2019년 상반기 시청률 1위를 차지했다. 그만큼 우리나라 사회의 교육열과 교육 현실을 극명하게 보여 주는 드라마였다. 드라마의 내용이나 표현에는 과장이 있을 수 있겠지만 현실적으로 사람들의 공감을 끌어내기에 충분했다고 한다. 그것이 정말로 우리나라 현실이라는 것이 필자같이 '무관심한' 사람에게는 더욱 놀랍다. 당시 이 드라마 얘기로 ' 많이 시끄러워' 필자도 일부를 보았다. 사이코드라마나 정신병동 이야기 같았다.

2019년에는 '조국 사태'가 불거지면서 교육부가 특별 감사를 실시했다. 감사 결과 2019년을 기준으로 과거 2년 내의 논문 중 미성년자를 공저자로 올린 논문이 총 794건이었다고 한다. 잠깐 동안의 감사 결과였는데 어찌된 일인지 그 이후로는 고발이나 대대적인 조사 없이 잠잠해져 갔다. 지금도 인터넷에서 '교수 미성년자 공동저자'로 검색하면 엄청난 기사가 나온다. '감히 누가 누구에게 돌을 던질 수 있을까?'라는 생각이 들 정도로 암담해지는 느낌이다.

2. 실패한 교육, 불행한 청소년

'헬조선(?)'의 불행한 청소년

우리나라 9~17세 아동과 청소년의 삶에 대한 만족도는 평균 6.57점(10만 만점)으로 OECD 27개국 중 가장 낮다. 우리나라는 우울증 발생비율이 36.8%로 OECD 회원국 중 1위이다. 자살률도 세계 1위이다. 성인이 되어서도 자신의 아이가 '헬조선'에서 살게 하고 싶지 않다고 결혼도 출산도 하지 않는다. 신문과 인터넷 뉴스에 흔히 나오는 기사이다. 오랫동안 이런 기사에 접한 사람들은 '그냥 그런가 보다'고 생각한다.

물론 다 그런 것은 아니지만 생각보다 문제는 심각하다. 우리나라 청소년은 대학을 들어가서도 후유증에 시달린다.

"사교육에 치여 내가 누구인가 고민할 겨를도 없었다. 모두가 똑같은 앵무새로 키워지도록 강요받는 느낌이었다."

서울 소재 명문대에 2009~2015년에 입학한 100여 명의 대학생들에 대한 조사 결과이다. 이들 대학생들 중 스스로 학원 수강 여부 등을 결정한 경우는 15.7%에 그쳤고, 나머지는 모두 부모의 계획과 주도 아래 사교육을 받은 것으로 나타났다.

부모가 주도하는 사교육을 받은 학생들의 상당수가 부모를 원망하였고 사교육 경험을 떠올리기도 싫은 상처로 여기는 경우가 많았다. 그들은 언제나 너무 지겨웠고 화가 났으며 내신, 수능, 토플, 논술, 제2외국어 등을 준비하던 대학 입시 기간이 하루하루가 지옥 같았다고 말하기도 하였다.

2019년에는 정말 비극적인 기사가 나왔다. 의대 인턴을 마친 아들이 엄마한테 전화를 해서 "당신의 아들로 산 세월은 지옥이었다. 이제 당신하고 인연을 더 이상 이어나가고 싶지 않다. 더 이상 나를 찾지 말아 달라."라고 말하고 사라졌다는 기사이다.

2011년에는 더 끔찍한 일이 발생했다. 고3 학생이 엄마를 살해한 끔찍한 사건이었다. 그 학생의 어머니는 집 거실에 '서울대학교'라고 쓴 큰 종이를 붙여 놓았다. 아들의 성적이 마음에 들지 않으면 밥을 안 주거나 잠을 못 자게 했다. 이 학생은 "어머니가 계속 꿈에 나타나 무서워 자살해 버릴까 생각했다."라고 울먹이며 범행을 자백했다.

자녀들만 고통스러운 일이었던 것이 아니라 부모들도 함께 힘들었다. 어떤 엄마는 "대학에 떨어졌다는 통지를 받고서 먹었다 하면 체했고 속이 메슥거렸다. 아이를 위로해줘야 하는데 고함부터 지른다. '그래. 네가 공부 열심히 안 하고 딴짓할 때 알아봤어!"라며 힘들어했다.

앞에서도 설명했듯이 인간의 뇌는 가소성이 크다. 즉 인간은 유전자에 의하여 뇌가 '세팅'되어 태어나지 않는다. 자라면서 접한 환경에 따라 유연하게 발달한다. 그만큼 확장성이 크다. 그러나 명심할 것은 인간의 뇌가 지식을 많이 입력시킨다고 그만큼 발달하는 것이 아니라는 점이다. 물론 정보의 종류와 양도 의미는 있지만 결정적으로 중요한 것은 생각할 수 있는 능력, 다시 말해 문제를 해결할 수 있는 능력을 발달시키는 것이 교육이라는 점이다.

또한, 인간은 기계가 아니다. 단순하게 입력시키고 문제를 풀고 해결하는 훈련만 한다고 되는 것이 아니다. 아이들이 하고 싶은 의욕과 동기가 있어야 하고 창의적으로 스스로 하도록 하여야 한다는 점이다. 그것은 부모가 그렇게 하라고 말한다고 되는 것이 결코 아니다. 흥미와 의욕 없이 그리고 타율적으로 시키는 공부는 고통을 가중시키고 흥미를 잃게 하고 재능마저도 죽일 수 있다.

불행한 청소년에게 교육은 없다

우리나라 대학입시에는 4당5락(四當五落)이라는 '신화'가 있다. 4시간 자면 합격하고 5시간 자면 떨어진다는 말이다. 우리나라만 있는 것이 아니다.

"남자는 여섯 시간, 여자는 일곱 시간, 그리고 바보는 여덟 시간을 잔다(Six hours' sleep for a man, seven for a woman, and eight for a fool.)."

나폴레옹이 한 말이다. 그는 하루에 세 시간 이상 자지 않고도 전쟁에서 승승장구하였다고 한다. 에디슨도 "잠은 원시사회에서 물려받은 인생의 범죄이자 사치이다."라고 말했다. 뒤에서 상세하게 설명할 것이지만 이는 비과학적이고 잘못된 주장이다.

4당5락의 신화를 반영한 것처럼 우리나라 학생들의 정규 수업 시간은 세계 1위이고, 사교육도 가장 많이 한다. 어릴 때부터 입시 경쟁에 내몰리는 우리나라 청소년은 잠과 휴식이 절대적으로 부족하다. 2016년도의 통계에 의하면, 우리나라 중학생은 7시간 정도, 고등학생은 5~6시간 잔다. 이는 조사에 의한 평균 시간이고 많은 학생이 이보다 훨씬 잠을 적게 잔다.

과학계에서 권고하고 있는 청소년 적정 수면 시간은 8시간이다. 2018년 자료에 의하면, 우리나라 초중고생의 거의 80%가 수면 부족에 시달리고 절반은 하루에 운동을 1분도 못한다. 거의 80%가 수면 권장기준(초등생 9~12시간, 중고생 8~10시간)을 충족하지 못하고 있다. 운동 시간 권장기준(전 연령대 하루 최소 1시간)을 충족하는 비율은 25.8%에 그쳤다. 하루 중 자유롭게 휴식하거나 노는 시간이 전혀 없는 아동도 24.2%에 달했다. 이들 기준을 모두 충족하는 아동은 0.9%에 그쳤다. 9%도 아니고 0.9%이다! 아이들은 놀 시간이 없으니 틈만 나면 방문 닫고 들어가서 스마트폰으로 게임이나 동영상을 본다. 결국 스마트폰과 게임을 두고 부모와 아이 사이에서 전쟁이 벌어지고 있다.

다시 말하지만 우리나라 학생들의 삶에 대한 만족도는 OECD 국가들 중에서 터키를 제외하고 가장 낮다. 우리나라 청소년 자살률이 세계 최고인 것도 이와 무관하지 않다. 청소년들이 불행한 사회는 교육도 미래도 없다. 청소년들이 불행한데 교육이 잘 될 리도 없고 삶이 행복할 리도 없다.

핀란드의 유소년 교육의 목적은 아이들이 학교에 가는 것을 좋아하게 만드는 것이다. 그러나 우리의 교육은 공부를 증오하게 만들고 있다. 일부 사람들은 여전히 '4당5락'을 믿으며 자식에게 강요한다. 이것이 얼마나 '신화'이며 '미신'인지, 그리고 터무니없이 비과학적인지를 밝혀내고자 한다. 그리고 무엇이 정말로 아이들을 위한 아이들이 잘할 수 있는 교육인지 과학적 근거를 바탕으로 하나씩 제시해 보고자 한다.

제2장

99% 성공,
행복한 자녀 교육

제2장

99% 성공, 행복한 자녀 교육

1. 자녀 교육에서 부모의 역할

1) 자녀에게 자율을, 부모는 사랑만

타이거 헬리콥터 맘에 고통받는 아이들

2015년에 아시아계 미국인 가정을 다룬 시트콤 「Fresh Off the Boat」가 방영됐다. 이 시트콤에서 '타이거 맘'을 전형적인 아시아 엄마로 묘사했다. 호랑이처럼 엄격하게 자녀를 교육시킨다는 의미로 예일대학교 에이미 추아(Amy Chua) 교수가 처음 쓴 말이다. 아이에게 공부를 강요하는 전통적인 중국 교육 방식을 의미하며 한국과 일본에서도 통용된다. 또 다른 교육 방식인 헬리콥터 양육은 사사건건 자녀의 일에 참견하고 개입하는 것을 말한다. 헬리콥터 부모라는 용어를 최초로 사용한 것은 하임 기너트(Haim G. Ginott)의 1969년 저서 『Between Parent and Child』에서이다. 특별히 완벽주의자가 헬리콥터 양육으로 과잉 육아를 할 가능성이 높다고 한다. 완벽주의 성향은 자녀에게도 높은 기준을 요구하기 때문에 그 과정에서 헬리콥터 양육을 할 가능성이 커진다.

과잉 육아는 의도한 목표를 이룰 수도 있지만 자녀를 지나치게 의존적으로 만들거나 자녀의 정신적 성장을 저해할 수 있다. 특히 자녀가 목표를 쉽게 달성할 수 있게 도와줘서 자기 조절 능력, 자립심과 자존 능력을 떨어뜨린다.

우리나라에는 '엄마 매니저' 또는 '돼지엄마'라는 용어가 있다. 엄마 매니저는 고급 승용차로 아이들은 학원에 태워다 주고 유명한 학원 강사들을 찾아내어 계약하고, 일정을 관리하는 엄마를 말한다. 이들이 진화하여 '돼지엄마'라는 신종 매니저가 되었다. 자녀 입시에 성공했다고 소문난 엄마가 여러 학생을 대상으로 그룹 관리형 매니저 역할을 하는 것이다. 여기서 문제는 엄마는 엄마매니저에서 돼지엄마로 진화되었지만 청소년들은 진화하지 않았다는 점이다. 황금으로 만들어진 새장에서 맛있는 음식만 받아먹은 새처럼 스스로 문제를 해결할 수 있도록 '진화'되지 못한 것이다.

우리나라 명문대에 다니는 대학생들도 입시 공부를 할 때 스스로 학원과 사교육을 선택하고 공부한 사람은 20%가 되지 않고 부모가 대부분 개입한다고 한다. 물론 헬리콥터 양육이 좋은 결과를 가져올 수 있다. 실제로 헬리콥터 양육처럼 적극적인 부모를 둔 학생들의 더 학업 성적이 더 좋다는 통계도 있다. 부모가 현명한 방식으로 헬리콥터 교육을 시키는 것이 전제 조건이다.

아이들은 진화되지 않았지만 우리나라 매니저 엄마나 헬리콥터 맘의 활약은 대단하다. 아이들이 대학에 가도 학점과 강의 스케줄까지 짜며 스펙까지 만들어 주는 '눈부신' 활약을 한다. 이렇게 자란 아이들은 끊임없이 '캥거루족'으로 길들여진다. 품 안의 자식이라고 했던가? 2021

년 조사에 의하면, 대학 졸업생 중 50% 이상이 스스로 캥거루족이라고 답했다. 대학을 졸업하고도 부모에게 의존하여 산다.

이러한 교육 방식은 많은 경우 실패한다. 어렸을 적에는 부모 말을 잘 듣지만, 사춘기가 지나면서 부모에게 반발하기 시작하고 그 갈등이 커지면 공부와 담을 쌓기까지 한다. 설령 진학과 취업에 성공한다 하더라도 자녀의 자신감과 자존감이 떨어질 뿐만 아니라 뇌의 기능이 떨어지면서 스스로 문제 해결을 못 할 수 있게 된다. 학업을 마치고 성인이 된 자녀의 직장 문제까지 일일이 챙겨 주는 부모가 적지 않다.

스스로 경쟁력을 갖추지 못하면 도태되는 것이 자연계의 법칙이다. 2018년 캐나다 온타리오아주의 휴런호 양식장에서 폭풍으로 그물이 터지면서 무지개송어가 갑자기 호수로 방류되었다. 야생으로 간 무지개송어는 복잡한 자연에 적응해야 한다. 도망치는 먹이도 사냥해야 한다. 자연 호수에서 산 지 7개월 만에 무지개송어의 뇌 크기가 15%나 커졌다. 뇌가 커진 부위는 먹이의 냄새를 맡고 추적할 때 필요한 부분이다.

어류의 뇌 크기도 단기간에 필요에 따라 커지거나 작아지는 유연성을 지녔음을 보여 준다. 어류를 비롯해 파충류와 일부 포유류도 필요에 따라 뇌 크기를 줄이거나 키우는 것이 이미 밝혀졌다. 북미의 연못 송어는 계절별로 뇌 크기가 변한다. 찬물을 좋아하는 이 송어는 가을과 겨울 동안 호수 가장자리나 표면에 나와 활발히 사냥하고 봄여름에는 호수 바닥에 머무는데 가을겨울에 상대적으로 뇌가 크고 봄여름에는 줄어들었다. 인간도 마찬가지이다. 스스로 자신의 일을 하도록 하지 않으면 인간도 의존적으로 자라게 되고 뇌도 발달하지 않아 커서도 성인으로서의 삶을 스스로 영위하기가 어려워진다. 성인도 지적인 활동을 하지 않으면 뇌가 작아지고 치매에 걸릴 위험이 커진다. 더 큰 문제는 정신적인 면에서의 부작용이다. '헬리콥터 맘' 유형의 교육을 받은 아이들은 자기애와 자존감이 부족하고 폭음 같은 과격한 행동을 할 확률이 높다. 대학생 438명을 대상으로 한 연구에서 나온 결과이다. 그래서 자녀의 자율성을 보장해 주는 것이 중요하다.

헬리콥터 육아가 가져오는 가장 큰 해악은 스스로 삶을 통제하고 스스로 결정하고 스트레스를 관리하는 능력을 떨어뜨리는 것이다. 422명의 아동을 8년간 추적 관찰한 연구 결과가 그것을 분명하게 보여 준다. 2세 무렵 과잉 통제 성향의 부모 밑에서 큰 아이는 5세 때 행동 조절 능력이 떨어졌다. 반면 5세 무렵 과잉 보호 및 과잉 통제를 하지 않은 부모 밑에서 자란 아이는 10세가 되었을 때 감정을 통제하고, 사회적 관계를 맺는 능력이 탁월했으며 학교 성적도 더 좋았다.

수많은 연구 결과는 헬리콥터 양육이 자녀의 행복이나 성공과는 정반대의 결과를 야기한다는 것을 분명하게 보여 준다. 13~32세인 사람들을 대상으로 설문조사를 한 연구 결과도 있다. 헬리콥터 양육은 자녀 스스로의 발달을 저해하고, 그 결과는 복구하기가 쉽지 않다는 연구 결과이다. 헬리콥터 육아는 중요한 성장 및 발달 시기에 어린이의 자율성을 개발해야 한다는 핵심 과제를 방해한다. 결국 자기주도적인 학습 능력이 떨어지면서 시간이 지날수록 성적이 평행선을 그리거나 악화되는 것이다. 성인이 돼서도 삶의 주체성이 떨어지고 시키는 일만 잘하고 스스로 개척하거나 창의력을 발휘하지 못하는 스타일이 될 수 있다. 이러한 상태로 성인이 된다면 정말 큰일이 아닐 수 없다.

부모가 모범이 되는 자녀교육

그러면 부모가 할 일은 무엇일까. 한 연구를 보면 그 힌트가 보인다. 미국 내 쌍둥이 750쌍을 대상으로 생후 10개월과 생후 2세 때 지적 능력을 조사한 결과, 생후 10개월에서는 부모의 경제력과 관계없이 아이의 지적 능력에 가장 중요한 것은 가정환경이었다. 하지만 2세가 되자 가난한 가정에서는 환경적 요인이 아이의 지적 능력에 결정적인 영향을 미쳤으나 부유한 가정에서는 유전적 요인이 아이의 지적 능력에 더 중요한 영향을 미치는 것으로 나타났다.

가난한 가정의 2세 아이의 경우 지적 능력 차이의 80%가량이 가정환경으로 설명됐다. 이에 비해 부유한 가정의 2세 아이는 지적 능력 차이의 50%가량이 유전적 요인으로 설명 가능했다. 부잣집 아이들은 음악 레슨부터 체육 수업, 영어와 수학 과외 등 돈으로 살 수 있는 온갖 종류의 교육적 혜택을 이미 누린다. 따라서 이러한 것들이 자녀의 지적 능력에 미치는 영향은 거의 없다. 부모는 기본적인 지적 환경만 제공하고 자녀에게 너무 신경 쓰지 않아야 한다는 점을 보여 준다.

사실 더 중요한 것은 온갖 사교육이 어려서는 단기적으로 효과를 볼 수는 있지만 점차 의미가 없어진다는 것이다. 단순한 지식이나 기술은 배우더라도 점차 난이도가 높은 문제를 해결할 때 요구되는 문제 해결 능력 개선에는 별로 도움이 되지 못하기 때문이다. 뒤에서 설명하겠지만 그것은 다양한 경험과 운동 등에 의하여 키워질 수 있다.

아이들이 책을 읽는 습관은 매우 중요하다. 영국의 16세 학생 6,000명을 대상으로 한 연구를 보면, 초등 시절인 10세 때부터 책과 신문을 즐겨 읽은 학생이 그렇지 않은 학생보다 어휘력은 14.4%, 수학 성적은

9.9% 높았다. 지적 호기심이 많은 아이가 어릴 때부터 책을 많이 읽을 것이지만 중요한 연구 결과이다. 문제는 우리나라 고등학생의 10~20% 는 고등학교 다닐 때 단 한 권의 책도 읽지 않는다는 점이다. 성인은 더 심하다. 우리나라 성인의 반 정도가 일 년에 단 한 권의 책도 읽지 않는다. 그러나 책을 읽는 것은 강제로 시킬 수 없다. 타고난 기질이 큰 영향을 미치기 때문이다.

부모가 할 일이란 지적인 대화를 하는 분위기를 만들고 스스로 책을 읽는 모습을 보이면 된다. 그리고 아이들이 좋아하는 책을 사줘야 한다. 입시나 고전 같은 재미없는 책은 청소년에게 잘 읽히지 않는다. 스스로 독서를 하는 등의 모범을 보이는 '권위'를 가진 부모의 자녀가 더 교육열이 강하고 더 많은 교육을 받는 것은 당연하다.

부모가 올바른 생활을 하고 지적인 삶을 영위하는 권위를 보고 자란 아이들은 더 건강하고 자신감이 있다. 직장에 들어가서도 적응력, 문제 해결 능력 및 독립성으로 성공적인 직장 생활을 영위할 가능성이 크다. 여기서 권위적이라 함은 일일이 개입하지 않고 부모가 나름대로 권위를 지키고 올바른 태도와 행위를 한다는 의미이다. 부모에게서 권위를 느끼지 못하는 아이가 제대로 설 수는 없을 것이다. 아이들은 부모의 잔소리는 무시하고 부모의 행동을 배운다.

칭찬하고 사랑하는 것이 부모의 역할

감성 지능은 피그말리온(Pygmalion) 효과와 관련이 있다. 피그말리온은 그리스 신화에 나오는 조각가인데, 스스로 이상적인 여인 조각상을 만들어 그것과 사랑에 빠졌다. 사랑의 여신 아프로디테에 의해 그

조각상은 실제 여자가 되었고, 피그말리온은 그녀와 결혼하여 행복하게 살았다는 이야기이다. 그의 사랑에 감동한 아프로디테가 생명을 불어넣어 준 것이다. 이 이야기는 긍정적인 믿음과 암시를 의미하는 피그말리온 효과로 재탄생하였다.

피그말리리온 효과를 다룬 책으로 『칭찬은 고래를 춤추게 한다』가 있다. 작은 일이라도 아이를 자주 칭찬하면 더 잘하고 집중력도 좋아지고 학업 성적도 좋아진다. 초등학교와 유치원 아이 2,536명을 3년 동안 관찰한 연구를 보면 교사가 칭찬을 많이 할수록 수업 집중도가 20~30%, 행동 개선 효과는 60% 높았다. 칭찬을 더 많이 받은 그룹은 성적도 약 30% 올랐다. 아이들은 기다려 주고 믿어 주고 응원해 주는 만큼 성장한다는 것을 보여 준다. 일부 비판이 제기되지만, 피그말리온 효과로 유명한 로버트 로젠탈(Robert Rosenthal) 교수 등의 연구는 유명하다. 미국의 초등학교에서 학생을 대상으로 지능지수 검사를 한 뒤 무작위로 일부 학생을 무작위로 뽑아 '괄목할 만한 성장을 할 아이'라고 발표했다. 칭찬과 기대를 받은 아이는 실제로 성적과 지능이 올라갔다.

칭찬할 때 어떤 면을 칭찬할지도 중요하다. 부모들이 종종 아이에게 머리는 좋은데 노력을 안 한다고 말하면서 조금만 하면 잘할 거라고 말한다. 그러나 머리가 좋다는 말은 오히려 학습 의욕과 능력을 떨어뜨릴 수 있다는 것을 연구 결과가 보여 준다. 자신의 능력을 과대 평가하지 않고 스스로 최선을 다하겠다는 생각을 한 아이가 성적이 더 좋게 나타난 것이다. 반면 자신의 능력을 과신하고 '난 수학을 아주 잘해'라고 생각하거나 말하는 아이는 시험 점수는 향상되지 않았다. 이 실험은 수학 과목을 연구 대상으로 한 것은 특히 수학에 대한 적성과 자신감이 중요하기 때문이다.

노력에 대한 내면적인 자기 대화나 확신은 아이가 자신의 능력 부족을 극복하게 해준다. 그래서 노력을 칭찬해야 한다. 지능은 유전적으로 정해지는 것이라고 이해한 사람과 역사적으로 천재는 도전 정신과 노력으로 탄생했다고 믿는 사람은 다르다. 전자의 사람은 주어진 과업에 집중하였지만 오류가 났을 때 이를 수정하려는 노력은 보이지 않았다. 반면 후자는 실수를 해도 보다 효과적으로 일을 처리하려는 능력을 보였다. 지능과 능력은 타고난 것이라고 생각하기보다는 노력하기에 달린 것이라는 점을 강조할 때 능력이 향상된다.

칭찬은 곧 그 사람에 대한 믿음과 지지를 의미한다. 가부장적인 사회에서 여자보다는 남자가, 그중에서도 장남이 더 지지를 받는다. 이러한 사회적 환경은 결국 남자아이 그리고 장남의 지능이 더 개발되는 쪽으로 영향을 주었다. 장남은 보통 지능지수가 높다. 유전적인 영향은 없으며 가족 내에서 받는 지지와 기대가 이런 결과를 낳는다.

피그말리온 효과의 반대는 낙인 효과 또는 스티그마 효과(Stigma Effect)이다. 부정적인 말과 부정적인 편견을 경험한 사람들은 부정적인 행동을 가져온다는 것이다. 자녀를 키울 때 특히 유의하여야 한다. '넌 누굴 닮아서 공부를 못하니!' 최악의 언어 폭력이다. 이런 말은 꿈에서도 해서는 안 된다.

이러한 지지는 자기 자신에 대한 믿음을 가져오게 하는 힘이 있다. 자기 자신에 대한 믿음, 즉 자유 의지에 대한 믿음이 강할수록 능력이 뛰어나다. 학생들을 대상으로 지능이나 인내심이 타고한 것인지 노력에 따라 얼마든지 변할 수 있는지를 질문한 연구 결과로 나온 것이다. 그 결과 자기 자신의 노력을 믿고 자유 의지를 확신하는 학생일수록 학구적인 성향을 보였으며 실질적으로 높은 학업 성취도를 보였다. 연령, 성별, 문화적 차이 등을 감안하여 통계적인 분석을 했을 때도 동일한 결과가 나타났다. 자유 의지에 대한 믿음이 강한 사람은 실패에 순응하기보다 도전 정신을 가지고 진취적으로 성과를 얻으려는 노력을 한다는 것이다.

아인슈타인이나 토마스 에디슨 등 천재적인 업적을 남긴 사람들은 그들의 타고난 천재성보다는 노력으로 성공했다는 스토리가 동기를 자극할 수 있다. 그래서 아인슈타인보다는 에디슨과 같은 유형의 과학자로부터 더 큰 자극을 받을 가능성이 있다. 이점은 실험으로도 증명되었다. 실험 참가자 176명에게 천부적인 재능으로 성공한 아인슈타인과 수천 번의 시도 끝에 전구를 발명한 것으로 알려진 에디슨의 스토리를 들려 주었다. 아인슈타인의 이야기를 들은 사람들은 과학자로 성공하기 위해서는 특출한 재능을 타고 나야 한다고 생각하고, 에디슨 이야기를 들은 사람은 지능을 가변적인 것으로 생각하는 경향을 보였다. 에디슨의 이야기를 들은 사람들이 문제 해결을 위한 동기를 부여받은 것이다. 과학 분야에서 성공하려면 천재여야 한다는 편견이 형성되어 머리가 좋아야 한다는 전제 조건이 깔리면서 문제를 해결하려는 의욕이 줄어든다.

자녀를 교육시킬 때 부모 스스로의 언행도 중요하다. 부모가 열심히 사는 모습이야말로 가장 중요한 교육이다. 아이들은 돌을 막 지난 시기부터 부모를 보고 인내심을 배운다고 한다. 생후 13~15개월의 유아 262명을 대상으로 한 실험이 그것을 말해 준다. 두 그룹으로 나눠 과제를 해결하는 과정을 여러 차례 보여 준 뒤 아이가 직접 해보도록 했다. 한 그룹의 아이에게는 2분 동안 여러 번의 시도를 통해 어렵게 해내는 것을 보여 줬다. 다른 그룹의 유아에게는 10초 내에 간단하게 해결하거나 몇 번 시도하다 포기하는 모습을 보여 줬다. 전자의 유아들은 끝까지 해결하려고 시도를 했지만 후자의 아이들은 쉽게 포기하였다. 아이의 인내심은 부모의 영향이 크다. 아이들은 부모가 하는 말보다 부모의 행동을 보고 배운다.

2) 화목한 가정의 청소년이 우수하다

부모의 사랑은 교육의 출발이자 목적

지금부터 천 년 전 프리드리히 2세(Frederick II, 1122~1190)는 '신의 언어'를 찾아내려고 시도했다. 그는 부모가 말하는 것을 한 번도 듣지 못한 아이들에게도 신의 언어가 자연 발생적으로 나타날 것이라고 생각했다. 그래서 수십 명의 아이들을 처음부터 완벽한 정적 속에서 키우라는 명령을 내렸다. 하지만 아이들은 아무것도 말하지 못했으며 모두 어린 나이에 죽었다.

그 후 거의 8백 년이 지난 19세기 말경 미국에서 태어난 아이의 25% 이상이 다섯 살이 되기 전에 목숨을 잃었다. 당시에는 지금처럼 항생제도 없었고 백신도 없었다. 물을 소독한다는 생각도 우유를 살균해야 한다는 개념도 없어 전염병이 아이들의 목숨을 빼앗아 가기 충분했다. 태어난 아이들의 생존율을 높여준 것은 과학이었다. 질병과 미생물의 관계를 밝혀낸 루이 파스퇴르, 종두법을 발견한 에드워드 제너, 페니실

린을 발견한 알렉산더 플레밍 같은 과학자 덕분에 세상은 우리 눈에 보이지 않는 미생물 병원체로 가득하다는 것을 알게 되었다. 그래서 병원체에 감염된 환자는 다른 사람에게 전염되지 못하도록 격리시켰다. 그래서 20세기 초에는 소독된 물건으로 둘러싸인 병실은 의학의 이상이 되었다.

그러나 또 다른 문제가 도사리고 있을 줄은 누구도 생각하지 못했다. 질병의 전염을 우려하여 갓 태어난 아이들은 부모로부터도 격리되었다. 보호 시설에서도 아이들은 혼자 지냈다. 미숙아들도 격리시켜 배고플 때 젖병만 물리면 된다고 생각했다. 종종 고열이 날 때 갖가지 약을 처방했지만, 어떤 약을 써도 효과가 없었다. 그런데 아이들이 부모가 있는 가정으로 돌아가자 열은 씻은 듯 내렸다. 또 아이가 엄마와 함께 있는 경우 치명적인 질병에 걸릴 확률이 크게 줄었다. 물론 아이들을 전염병으로부터 보호하고 생존율을 높여 준 것은 과학이었지만 부모의 사랑이 아이들의 정서에 영향을 미치고 그것이 곧 건강에도 도움이 된다는 것이 밝혀진 것이다.

제2차 세계대전 동안에도 거의 보살펴 주는 손길 없이 고아원에서 자란 아이들의 30%가 어린 나이에 사망했다. 그리고 그런 환경에서 살아남은 사람들은 정신적인 장애에 시달려야 했다. 하지만 왜 이런 일이 생겼는지 알지 못했다. 그 당시 아기가 운다고 어루만지고 안아 주고 응석을 받아 주는 모성은 비과학적인 것으로 인식됐다. 그러나 세계대전이 끝난 후 그것이 엄청난 오류임이 드러났다. 양차 대전을 겪으면서 유럽의 병원과 고아원에는 많은 영유아가 수용되었다. 그런데 2차 대전이 끝날 무렵 병원에 있는 아이들과 전쟁으로 부모와 격리된 아이들에게서 이상한 점이 발견되었다. 아이들은 잘 움직이지 않아 조용했고, 밥도 잘 먹지 않았고 잘 웃지도 않았다. 그 당시 고아원에서는 신체적인 접촉을 하고 정신적인 자극을 줄 만한 여유가 없었던 것이다. 20세기 중반이 되도록 인간은 이렇게도 무지했다.

2차 세계대전이 끝나고 1950년대 원숭이 실험으로 그 원인이 밝혀졌다. 원숭이 우리 안에 깔아 놓은 하얀 천의 기저귀에 원숭이 새끼들이 필사적으로 달라붙어 있는 것이 관찰되었다. 원숭이들이 단지 뭔가 붙들려고 하는 것인지, 아니면 부드러운 감촉에 특별한 의미를 부여하는지 알 수가 없었다. 그래서 원숭이를 대상으로 철사나 나뭇조각처럼 단단한 물건과 두툼한 헝겊 뭉치를 놓고 어떻게 하는지 관찰했다. 하나는 철사로 된 몸통에 우유 통이 달려 있고, 다른 하나는 부드러운 담요로 몸통을 덮었다. 그러자 새끼 원숭이는 우유를 먹기 위해 철사 '어미'에게 갔다. 하지만 우유를 먹고 나자 재빨리 담요로 덮인 '대리 어미'에게로 갔다. 그리고 온종일 부드러운 천으로 덮인 '어미'에게만 붙어 있었다. 새끼 원숭이는 먹을 것을 주는 '철사 어미'와 아무런 관계도 형성하지 않았다. 이것을 '접촉 위안(contact comfort)'이라고 부른다. 아기가 엄마를 찾는 것은 단지 젖을 주기 때문만은 아니다. 부모를 통해 감정을 느끼고 안정감을 얻는 것이다.

[그림 2-1] 긴꼬리원숭이가 새끼에게 입맞춤을 하고 있다. 유아기와 아동기는 정서적 뇌가 발달하는 시기로 안아 주고 교감하는 것이 가장 좋은 교육이다
(출처: Wikipedia Commons, Senthi Aathavan Senthilverl)

　동물 세계에서 어미와 새끼의 교감은 유전자에까지 영향을 준다. 생쥐를 대상으로 실험에서 어미와 새끼와의 친근감이 유전자에 영향을 미친다는 것이 밝혀졌다. 세심한 보호를 받은 생쥐의 해마에서 특정 유전자(L1 유전자)의 발현이 적게 나타나고 두뇌의 유전적 다양성이 더 풍부한 것이 발견되었다.

　이 특정 유전자는 점프 유전자라고 불리는데 유전정보를 이동시킨다. 제대로 돌보지 않은 새끼의 해마에서는 복사된 점프 유전자가 더 많이 발견됐다. 이 유전자가 많이 나타나면 똑같은 유전자가 복사돼 여러 곳에 붙여 넣어짐으로써 뇌 구조나 뇌신경회로가 단순해진다. DNA는 안정적이며 변하지 않는 것으로 알려졌지만, 이 연구로 DNA도 환경 변화에 따라 달라질 수 있음을 보여 주었다.

이 유전자는 설치류의 뇌에서 활발하게 나타나고 인간에게는 적게 나타나기 때문에 인간과 직접 연관시켜 이해하는 것은 무리라는 평가도 있다. 하지만 분명 시사점은 있다. 유전자에까지 영향을 주는 것이 확인되었지만 사실 뇌에는 훨씬 영향을 끼친다. 태어났을 때 먹을 것은 잘 주면서 부모의 스킨십 없이 키운 원숭이는 자라서 문제가 생기는 것이 확인되었다. 사랑이야말로 교육의 시작이자 끝이다.

체벌은 백해무익하다

시대와 지역을 막론하고 아이들에 대한 체벌이 필요하고 교육적이라고까지 생각되어 시행되어 왔다. 그러나 지금은 그 의도와는 관계없이 긍정적인 효과가 없다는 것이 중론이다.

체벌에 대한 국제적 논의는 1990년대에야 본격적으로 이뤄지기 시작했다. 1990년에는 유엔 총회에서 아동의 권리에 관한 협약이 채택되어 발효됐다.

아동에게 행해지는 체벌이 아이의 공격성을 야기한다는 것이 밝혀졌다. 그러나 공격성이 높은 아이가 체벌을 받는 경우가 많은지, 체벌이 공격성을 야기하는지가 불분명했다. 연구를 위해 아동에게 고통을 가하는 일은 윤리에 위배되기 때문에 그런 연구를 할 수 없었다.

2000년대에 들어서서 체벌이 미치는 영향에 대한 윤곽이 드러났다. 체벌이 아동의 공격성과 문제 행동으로 이어질 위험이 높다는 것이 설득력을 얻었다. 나아가 청소년기와 성년기의 정신 건강, 부모와의 관계, 뇌과학, 학업 성취도 등 다양한 영역에서 연구가 이루어져 일부 부정적 영향이 없다는 결과가 나오기도 했지만, 점차 부정적 효과에 대한 연구 결과가 누적됐다.

2021년 체벌의 영향을 다룬 69개 논문을 분석한 리뷰 논문이 많은 것을 말해 준다. 체벌이 아이들에게 좋다는 증거는 없다. 모든 증거를 보면 신체적 처벌은 아동에게 해롭다. 오히려 문제 행동이 증가하고, 긍정적 효과가 있더라도 시간이 흐르면서 그것은 약화된다. 체벌의 악영향은 아동의 성별, 인종, 민족성, 양육자의 전반적 양육 방식과 관계없이 나타났고, 체벌이 더 자주 사용될수록 부정적 영향이 커졌다. 점차 비폭력적이고 효과적인 양육법을 배울 수 있도록 부모 교육을 강조하는 흐름이 형성되고 있다.

과거 우리나라에서는 부모의 자녀 체벌이 법적으로 허용되었었다. 1958년부터 민법 915조는 "친권자는 그 자를 보호 또는 교양하기 위하여 필요한 징계를 할 수 있고 법원의 허가를 얻어 감화 또는 교정 기관에 위탁할 수 있다."라는 내용을 담고 있었다. 이 조항은 2021년 1월 삭제됐다. 이러한 법률 규정이 아동 학대 가해자의 항변 사유로 악용될 소지가 있고, 아동의 권리와 인권을 보호하기 위해서 삭제되었다.

체벌뿐만 아니라 학대도 심각한 후유증을 가져온다. 특히 사교육을 시키면서 지나치게 성적 관련 압박을 받고 혼나거나 학대를 받은 아이들은 뇌의 전두엽과 편도체 영역의 크기가 더 작고, 이에 따라 불안이나 우울증을 앓을 가능성이 커진다. 어릴 때 부모에게 거칠게 훈육받은 아이들은 청소년이 되어서 뇌 구조가 더 작다. 부모의 거친 훈육이 아이의 뇌까지 쪼그라들게 만든 것이다. 어린 시절 부모가 화를 내거나 소리를 지르는 등 거친 훈육에 반복적으로 노출된 아이들도 청소년기가 되었을 때 전두엽 피질과 편도체의 크기가 더 작다.

뇌의 이 두 영역은 감정 조절과 불안 및 우울증 발현에 핵심적인 역할을 한다. 거친 훈육 행위가 아이들의 뇌 기능에 변화를 일으킬 뿐만 아니라 아이들의 뇌 구조에도 영향을 미친다.

인간은 연약한 존재이다. 인간의 뇌는 더 연약하다. 어린 시절에 감정적, 언어적 폭력을 당하면 물리적 폭력보다 뇌는 훨씬 심각한 타격을 입는다. 더 나아가 어린 시절 정신적 상처가 트라우마로 남는다. 유아기 때 스트레스를 받으면 두뇌 발달도 떨어지고 학습 능력도 뒤떨어진다. 2~4세 때 육체적 학대를 당했던 아이들의 뇌는 기억을 담당하는 해마와 감정 조절을 담당하는 편도체가 덜 발달된다. 더욱 심각한 것은 어린 시절 받은 학대는 DNA에 그대로 각인돼 다음 세대로 유전될 가능성도 있다. 학대로 인해 특이하게 변형된 DNA는 자손들에게 영향을 미쳐 각종 정신 질환을 유발할 가능성이 높아진다.

학대를 하는 많은 부모가 학대받고 자란 아이였다고 한다. 자녀를 학대한 부모 중 30~50%는 어릴 때 부모로부터 학대받거나 가정불화가 심한 환경에서 자랐다는 통계 수치가 있다. 학대의 대물림은 가정불화와 폭력에서 시작되는 것으로 보인다. 더욱이 부모 사이에 행해지는 폭력을 보고 자라기만 해도 가정에서 폭력을 행사할 확률이 3배, 자신의 아이를 학대할 확률이 5배나 더 높다. 이는 인간 역사 내내 이어진 오류였으며 필자를 포함하여 많은 사람의 오류이다.

우리 인간은 이타적이면서도 '폭력적인' 존재이다. 우리에게는 우리 자신도 모르는 폭력성이 진화 과정에서 우리 안에 심어져 있다. 이점을 잘 알아야 우리는 폭력으로부터 벗어날 수 있다. 우리 인간은 완전한 존재로 태어나지 않으며 불완전하고 모순된 존재이다. 따라서 우리는 우리 자신을 잘 알기 위하여 우리 존재에 대한 과학적인 이해를 위하여 노력해야 한다. 그리고 아이들을 위하여 최선의 노력을 하여야 한다.

아이들이 즐겁게 생활하게 하고 늘 칭찬해 가며 기르는 것이 중요하다. "이러한 사실을 조금이라도 빨리 알았더라면 좋았을 텐데."라고 후회하지만 말고 지금부터라도 실천해야 한다.

유아기에는 안아 주는 것이 최고의 교육

2019년 서울에서 열린 유아교육 박람회에는 '유아기 때 두뇌의 90%가 완성, 지금부터 1%의 두뇌를 만드는 방법은?', '0~8세 두뇌 발달의 80%가 결정되는 시기' 등의 문구가 있었다고 한다. 이것이 뇌에 관해 잘못 알려진 것 중 대표적인 문구이다. '3세 무렵에 뇌의 중요한 거의 모든 것이 결정된다', '무엇인가를 배우는 데 결정적 시기가 있다' 이러한 관념에 대해서도 경제협력개발기구(OECD)는 '잘못된 신화'라고 못 박았다.

아이들을 키울 때 사랑이 얼마나 중요한지는 굳이 설명할 필요조차 없다. 어릴 때 고아원에서 자란 아이들은 뇌에 심각한 손상을 입는다. 고아원에서 오래 지낼수록 지능은 크게 떨어진다. 또한, 이들 대부분은 애착과 과잉 행동, 대인관계 등에서 문제를 가진다. 사랑을 받지 못하고 자라면 지능뿐만 아니라 정서를 담당하는 뇌 부위까지 제대로 성장하지 못한다.

유아기 때 행복하지 않은 아이는 IQ가 덜 발달하고 학업 성적이 좋지 않다. 100여 가정을 대상으로 20여 년 동안 동일한 집단을 관찰한 결과이다. 부모가 긍정적인 감정을 자주 표현하여 행복했던 유아기를 보낸 아이일수록 아동기의 IQ 지수가 더 많이 증가하고, 고등학교와 대학을 졸업할 가능성이 더 높았다.

우선 알아야 할 것은 영유아는 아직 교육을 받기에는 너무 어리다는 점이다. 영유아기 때 사교육을 받은 아이들은 그렇지 않은 아이들보다 문제가 발생할 가능성이 높다. 불안 및 우울, 주의 집중 문제, 신체 증상 등의 문제 행동 점수가 그렇지 않은 아이들에 비해 1.5배가량 높게 나타난다.

그럼에도 불구하고 불안한 마음에 부모들은 어린 아이를 사교육과 학원으로 보낸다. 주변 아이들도 다 학원에 다니고 학원들이 불안감을 조성하고 있기 때문이다. '만 3세 무렵에 뇌의 발달이 대부분 완성된다', '언어는 일찍 배울수록 인지 발달에 좋다', '영유아기를 어떻게 보내느냐가 평생을 결정한다' 등의 주장이 난무한다.

그러나 앞에서도 말했듯이 2007년 OECD는 뇌와 관련한 신화 8개를 소개하면서 그 첫 번째로 바로 "세 살 무렵 뇌에서 중요한 거의 모든 것이 결정되기 때문에 낭비할 시간이 없다."라는 주장을 반박했다. 이것이 대표적인 오류이자 '신화'로 과학적 근거가 없다. 만 3세까지가 뇌 발달에 결정적 시기라는 주장은 뇌의 시냅스에만 한정된다. 시냅스의 재배열 과정, 패턴 형성, 네트워크 형성 등 더 중요한 과정은 전 생애에 걸쳐 발달한다. 뇌가 유아기에 80% 이상 발달한다는 것은 어느 정도 타당성이 있지만, 이 시기에 뇌를 자극하는 가장 확실한 방법은 부모의 스킨십이며 그다음은 충분한 수면이다. 안아 주고 잘 재워 주면 된다. 너무도 쉽지만 잘 깨닫지 못하는 사랑이자 교육 방법이다.

인간의 뇌는 20년 동안 서서히 발달하는데, 시기별로 뇌의 발달 부분과 각 부분이 기능하는 영역이 다르다. 따라서 각각의 시기에 걸맞은 교육을 하는 게 가장 중요한 포인트이다. 모든 것 중에서 뇌 발달의 단계와 조화롭지 않은 선행 교육이 가장 나쁘다. 부모들은 남보다 일찍 하면 아이 뇌가 망가질 수 있음을 알아야 한다. 폴 맥린(Paul D. MacLean)에 의하면, 인간의 뇌는 진화 단계별로 가장 안쪽에 자리하며 생명 기능을 담당하는 뇌간, 그 바깥쪽에 감정 기능을 담당하는 대뇌변연계, 가장 바깥쪽에는 이성과 사고 기능을 담당하는 대뇌피질로 구성되어 있다. 대뇌피질이 가장 늦게 형성된다. 각각의 뇌 기능은 따로 떨어져 있는 게 아니라 연결되어 기능하기 때문에 1, 2층의 기초 공사가 제대로 되어야 3층의 고차원적 기능도 제 역할을 할 수 있다. 인간은 이성의 동물이기 이전에 감정과 본능의 동물이며, 따라서 감정과 본능의 뇌가 제대로 발달해야만 고차원적인 이성의 뇌가 잘 발달할 수 있다. 물론 이러한 주장에 대한 과학적인 근거는 확실하지 않지만 그 논리는 맞다.

유아기에는 무엇보다도 대뇌피질의 전두엽이 발달한다. 머리 앞쪽의 전두엽과 변연계가 발달하는 2~3세에는 보고 듣고 만지는 체험을 다양하게 해주는 것이 좋다. 만 3~6세의 유아기에는 전두엽이 집중적으로 발달하는 시기이다. 전두엽은 감정 조절, 창의성, 호기심, 동기 부여 등과 관련이 있다. 교육에서 가장 중요한 것들이 모두 이 시기에 발달한다. 특히 잠이 부족하면 뇌 발달에 문제가 생길 수 있다. 유아가 뇌 발달이 제대로 이뤄지지 않은 상태에서 과도한 교육을 받으면 뇌 손상을 겪을 수 있을 뿐만 아니라 학습에 대한 흥미를 잃을 수도 있다.

"이 시기는 감수성이 발달하고, 창의성, 호기심 그리고 동기 부여와 관련된 전두엽이 발달하는 시기이다!"

명심할 것은 이러한 시기의 교육은 흥미를 잃게 만들고 호기심이나 창의성도 떨어뜨릴 수 있다! 유아기에는 자유롭게 놀면서 감정과 정서가 만족되어야 전두엽이 발달한다. 그래야만 감정 조절 능력이 발달하고 그야말로 동기 부여에 의한 지적 호기심과 창의성이 발휘될 수 있다. 너무 어린 나이에 영어 학원 같은 곳을 보내지 말라는 말이다.

아동기에는 같이 놀고 동화책 읽어 주기

주의를 집중하고 충동적인 행동을 억제하는 자기 절제 능력이 학습에 중요한 역할을 한다. 지능이 성적을 좌우하는 것이 아니라 자기 절제 능력이 성적을 예측하는 지표가 된다는 뜻이다. 아이가 학습할 수 있는 능력을 갖추려면 학원을 보낼 것이 아니라 충동과 즉각적인 만족을 억제하는 능력, 집중하는 능력, 타인의 생각과 감정을 이해하는 능력을 키우는 것이 필요하다. 감정과 본능을 충족시키며 자기가 좋아하는 일을 재밌게 할 때 비로소 이성적인 공부도 잘할 수 있다.

무모한 입시 경쟁에 장단 맞추는 사이에 부모들은 사랑하는 아이들이 학습과 학교를 싫어하게 만들고 심지어 죽음의 문턱으로 내몰 수도 있다. 핀란드에서는 유아교육의 목표가 아이들이 학교에 가고 싶게 만드는 것이라고 한다. 우리는 어떤가. 중학생만 되면 대부분 학교에 가는 것을 싫어한다! 생각을 바꾸어야 한다.

"아이가 똑똑해지길 바란다면 동화를 얘기해 줘라. 아이가 더 똑똑해지길 바란다면 동화를 더 많이 얘기해 줘라."

아인슈타인이 한 말이다. 그는 비록 물리학자였지만 아이들의 교육에 대하여 뇌과학자나 교육학자가 오랜 세월 연구한 결정적인 주장을 했다. 천재적인 혜안이 보인다. 영유아기와 아동기에는 아이와 얘기를 많이 하는 것이 좋다. 아이는 대화를 하면서 언어에 노출되어 뇌신경 발달에 도움이 된다. 아이들은 어른들과 대화하면서 말을 듣고 따라할 뿐만 아니라 자신이 생각하는 것과 어른들의 말을 대조하면서 언어 능력을 키운다. 부모의 어휘 사용량은 아이들의 언어 능력을 좌우한다는 연구 결과도 있다. 복잡한 문장과 단어의 의미를 이해하는 것은 유아기 때부터 발달한다. 생후 수개 월 된 아기의 경우 가정에서 아이들과 얼마나 대화를 시도하느냐에 따라 뇌신경망 형성에 차이를 보이는 것도 확인되었다.

반면 아이들과 대화를 하지 않고 방치되거나 특히 TV나 스마트폰 등 영상 매체에 노출되는 경우에는 언어 영역 신경망 형성이 약하다. 조심할 것은 어려서 외국어에 노출시킨다고 해서 언어 영역의 신경망 강화에 도움이 되지는 않는다. 모국어에 대한 뇌신경망이 충분히 형성되지 않은 상황에서 외국어에 노출될 경우 오히려 언어 기능은 물론 정서 발달에 문제가 생길 가능성이 더 크다.

영유아기는 부모와의 교감이 중요하다는 점을 명심해야 한다. 또한, 창의력이 왕성하게 발달하는 시기로 획일적인 생각이나 학습은 창의력 발달에 장애를 가져올 수 있다. 특히 학원 같은 사교육은 좋을 수가 없다. 그래서 이때 아이와 함께 그림이나 특정 주제를 가지고 이야기를 나누는 경험은 아이의 창의력과 사고 발달에 도움이 된다.

또한, 부모가 일관되지 못한 방식으로 양육하거나 원칙 없이 기분에 따라 자녀를 대하면 아이의 정서 조절력과 언어적 표현에 제약을 가져올 수 있다. 아이들이 자유롭고 즐겁게 놀 수 있도록 키워야 하지만, 아닌 것은 분명하게 하여 조절 능력도 갖추도록 하여야 한다.

다시 한번 강조하지만 감정 조절 능력이 떨어지면 학습을 제대로 할 수 없다는 것은 널리 밝혀진 사실이다. 그래서 아이들이 어렸을 때는 여행, 운동과 놀이 그리고 대화 위주로 사랑의 마음으로 키워야 한다. 조급한 마음에 학원이나 사교육으로 아이를 보내면 전두엽의 중요한 기능인 '감정 조절'이 약해지고 학교 폭력이나 게임 중독에 빠질 가능성이 높아진다. 이 시기에는 다른 아이와 비교하는 마음을 버리고 아이를 사랑만으로 바라보아야 한다. 불안하고 조급한 마음을 버리는 것이 결정적인 일이고 중요하다.

영유아기의 사교육은 아이를 망치는 최악의 선택

유럽의 많은 국가는 학교에 들어가기 전에 문자 교육을 시키지 말라고 권장하며 심지어는 금지시킨다. 핀란드, 영국, 독일과 이스라엘은 아이들이 학교에 가는 7세 이전에는 문자 교육을 금지하고 있다. 참고로 영국과 독일, 이스라엘과 핀란드는 세계 최고의 교육 선진국이다. 특히 이스라엘은 세계 인구의 1%도 되지 않는데 노벨상 수상자와 미국 최고 대학교 입학 학생이 20~30%에 이른다.

"귀댁의 자녀가 입학 전에 글자를 깨치면 교육과정에서 불이익을 받을 수 있습니다."

독일의 취학 통지서 밑에 적혀 있는 경고 문구이다. 학부모가 이 경고를 어기면 '왜 그렇게 부도덕한 일을 하셨습니까? 그 아이가 수업 시간에 산만하고, 집중 안 하고, 인격 형성에 장애가 생기면 당신이 책임질 겁니까?'라는 말을 듣는다.

우리의 교육 현실과 너무나 다른 이야기이다. 교육 선진국인 독일과 뇌과학이 말하는 교육이 우리의 교육 현실과 이렇게 차이가 나는 것은 왜일까. 과학을 믿느냐 아니냐의 문제이다. 7세 이전의 언어 교육은 아이들의 정신적인 성장에 문제를 일으킨다는 과학자들의 연구 결과를 반영한 것이 독일의 취학 통지서이다. 그러나 우리나라 부모들은 학원들이 언어 교육은 7세 이전에 해야 한다고 마케팅을 하면 아이들을 학원에 보낸다. 과학은 안 믿고 학원 광고는 그대로 따라 한다. 반과학적인 사회의 모습이다.

사람들은 과학보다는 주변에서 떠도는 상술, 주변 학부모들의 얘기에 귀를 더 기울인다. '먼저 시작할수록 똑똑해진다'는 게 사교육 시장의 논리이지만 그 반대이다. 아직 발달하지 않은 뇌 부위를 과도하게 자극하는 선행학습을 무차별적으로 주입하면 오히려 아이들의 뇌를 망가뜨릴 수 있다. 과잉 자극으로 전두엽이 손상되면 주의력 결핍 과잉 행동장애(ADHD)가 나타날 수 있다. 계획을 세우거나 복잡한 행동을 하거나 아이디어를 구상하는 일이 불가능하다. 감정의 뇌를 적절히 제어하지 못해 감정적 충돌이 나타난다. 유아기에 전전두엽이 손상된 사람은 정상적인 교육을 받으며 성장하더라도 사춘기가 되면서 거짓말, 도둑질, 싸움질, 무책임한 성행위가 나타나고 자신의 행동에 대해 죄책감을 전혀 느끼지 않는다는 관찰 결과도 있다. 이러한 사람들은 상황에 대해 올바른 판단 능력이 없다. 전전두엽 피질이 손상되면 윤리적인 판단 능력이 결핍되기 때문이다(베이비뉴스, 2020.2.10. 편집).

우선 알아야 할 것은 인간의 뇌는 나이별로 발달 영역이 다르다는 것이다. 나이에 맞는 교육이 필요하다는 얘기다. 감정 조절 기능을 하는 전두엽은 유아기에 발달한다. 그래서 이 시기엔 부모가 대화를 많이 하고 즐겁게 놀아 주는 것이 정서 함양에 도움이 된다. 학교에 가기 전에 유치원에서 '교육만' 시키면 전두엽이 제대로 발달하지 않아 '감정 조절'을 못하게 될 수 있다. 그러면 학교 폭력이나 게임 중독 같은 것에 빠질 수밖에 없다. 애들은 자연스럽게 뛰놀면서 자란다. 그것이 막히면 게임으로 가기 마련이다. 감정 조절 능력이 생기고 스스로 재밌게 하게 될 때 비로소 저절로 자발적인 학습이 이루어진다(한겨레신문, 2013.6.10. 편집).

음악이나 예술은 어렸을 때 재미있게 할 수 있으면 좋다. 4세에서 6세의 아이들은 음악 수업을 받은 후 1개월 정도 지나면 언어 구사와 이해에 관한 지적 능력이 상승한다. 물론 핵심은 아이가 재미있게 하여야 하는 것이 핵심이다. 싫은 걸 강요하면 결국 못할 수밖에 없다.

유아의 교육과 행복 조건은 단순하다. 부모와 함께 좋아하는 놀이나 활동을 하면 행복하다. 엄마와 대화를 나누는 행위만으로도 아이들은 행복 호르몬인 옥시토신 수치가 증가하고, 아빠가 적극적으로 놀아 준 아이들이 사고력 테스트에서 더 높은 점수를 기록한다는 연구 결과도 있다.

만 3~6세 아동은 언어 기능이 아직 발달하지 않았고, 만 6~7세가 되어야 연상 사고와 언어 기능을 담당하는 영역이 빠른 성장을 보인다. 인간의 언어 능력을 관장하는 뇌는 7~8세가 돼야 본격적으로 발달하기 시작한다. 여섯 살 이전에 만 6~12세에 발달하는 두정엽과 측두엽의 기능인 수리과학 교육과 문자 교육을 시키는 것은 여러 부작용을 낳을 수 있다. 아직 인지 기능이 발달 안 된 유아에게 모국어가 아닌 인위적인 언어 교육을 하면 이 시기에 발달해야 할 감정과 본능의 뇌가 잘 발달하지 못한다. 그래서 독일 등 유럽 국가들이 초등학교 입학 전에 언어 교육을 금지시키는 것이다.

언어를 관장하는 뇌 부위는 7~8세에 본격적으로 발달하므로 언어 교육은 초등학교에 가서 시키는 것이 좋다. 측두엽은 언어 및 청각 기능을 담당하여 측두엽이 발달하는 시기에 언어와 외국어 교육을 하면 효과적으로 이뤄질 수 있다. 이 시기에 본격적인 한글과 언어 교육을 시키는 것이 효과적이다. 두정엽은 6세 이후에 본격적으로 발달하여 이 시기부터 수학을 하는 것이 바람직하다. 또한, 수학·물리학적 사고를 담당하는 두정엽도 이때 발달한다. 이 시기의 아이는 자신의 의사표현을 제대로 할 수 있고, 논리적으로 따지기를 좋아하는 특성이 있는데, 이런 측면도 뇌 발달과 관계가 있다.

부모와 자녀 간 대화가 최고의 교육

자녀에 대한 사랑의 교육이 얼마나 중요한지는 가난한 나라의 사례를 보면 더욱 명확하다. 1986~1987년 자메이카의 수도 킹스턴시에서 저소득층 유아 중 성장이 늦은 아이 129명에 대하여 연구한 결과이다. 네 그룹으로 나누어 첫째 그룹은 심리적 격려를, 둘째 그룹은 영양 보조를, 셋째 그룹은 심리적 격려와 영양 보조 모두를, 그리고 마지막 그룹은 아무런 처방도 받지 않았다.

심리적 격려란 사회복지사가 매주 한 시간씩 방문해 엄마가 아이들과 더 많은 대화를 하게 하는 프로그램이었다. 2년간 이를 진행한 후 약 20년 후 아이들이 22세가 되었을 때를 분석했다. 그 결과 심리적 격려 처방을 받은 그룹은 그렇지 않은 그룹에 비해 소득이 약 40% 더 높았다.

반면 영양 보조를 받은 그룹은 별다른 차이가 없었다. 먹는 것보다는 대화가 중요하다는 연구 결과이다. 부모가 잘사는 것 자체보다 얼마나 대화를 하고 사랑을 해 주느냐가 더 중요하다는 얘기이다. 여기서 엄마가 단지 자녀와 대화만 하더라도 달라진다는 것이 중요하다.

1995년 미국인 42개 가정을 부유한 전문 직업인 가정, 일반 근로자 가정, 사회복지보조금 수혜 가정의 세 그룹으로 나누어 연구한 결과는 대화가 얼마나 중요한지를 잘 보여 준다. 자녀들이 생후 7개월이 되었을 때부터 만 3세가 될 때까지 2년 6개월간 매달 한 번씩 각 가정을 방문해 한 시간씩 부모와 자녀 사이에서 오가는 대화의 내용을 모두 녹음했다. 이에 의하면 전문 직업인 가정 자녀는 시간당 평균 2,100단어, 일반 근로자 가정은 약 1,200단어, 생활 보장을 받은 가난한 가정은 약 600단어를 듣는 것으로 나타났다. 즉 3세가 될 때까지 가난한 집 아이는 부유한 계층의 아이보다 총 3,200만 단어를 덜 듣는다.

이 연구 결과를 기초로 미국의 많은 도시에서는 저소득층 부모가 어린 자녀와 더 자주, 더 다양한 어휘를 써가며 대화를 나눌 수 있는지 가르쳐 주는 프로그램을 운영했다. 더 나아가 가족들이 함께하는 식사만으로도 아이들의 지능이 좋아지고 육체적·정신적으로 건강해진다는 것은 수많은 연구 결과가 입증했다.

그런데 1995년의 이 연구를 재현한 결과는 다소 다르다. 아이가 부모와의 대화에서 듣게 되는 단어 수나 어휘의 다양성은 부유한 가정이나 가난한 가정이나 차이가 없는 것으로 나타났다. 아이가 주변 사람의 이야기까지 포함할 경우 저소득층 아이가 더 다양한 말을 듣게 된다는 것이다. 저소득층 가정의 경우 주변 친지를 포함한 여러 사람이 아이를 함께 돌보는 사례가 많고, 관련된 형제자매가 있을 확률이 높기 때문이다. 여기서 놓치기 쉬운 것은 단순히 대화를 많이 하는 것이 아니라 '교감' 이 중요하다는 점이다. 가족들과 대화를 통해서 사랑을 느끼며 자라는 것이 중요하다.

아이는 어른과 대화를 많이 할수록 지능과 언어 능력이 좋아질 수밖에 없다. 실제로 성인들과 대화를 많이 하면서 성장한 아이는 그렇지 않은 아이에 비해 지능지수 및 언어 이해력, 단어 표현 능력 등이 14~27% 높다. 그 밖에도 대화를 많이 하면서 키운 아이들일수록 수학과 과학 성적이 높다는 연구 결과도 있다. 그래서 가정환경이 중요하다.

어려서부터 지적인 환경에서 자란 아이가 지적인 직업을 가지게 됨은 자연스럽다. 자녀를 잘 키우려면 아이에게 공부하라고 잔소리할 것이 아니라 부모 스스로 책을 많이 읽고 자녀들과 대화를 하는 것이 필요하다. 자녀들과 대화가 가능하려면 함께 놀아 주고 가정생활 자체가 즐거운 것이어야 한다. 매일 학원으로 자녀들이 떠돌면 사실 대화할 시간은 없기 마련이다.

가족의 대화에서 중심적인 역할을 하는 것이 가족들의 식사 시간이다. '식구'라는 단어의 '식'은 먹을 식(食) 자이다. 밥을 같이 먹는 것이 가족이다. 가족 식사는 아이들의 어휘 능력 개발에 특별히 중요하다. 아이가 배우는 2,000개의 단어 중 책에서 얻는 단어는 140여 개인 반면, 가족 식사로 얻는 단어는 무려 1,000여 개에 달한다는 연구 결과도 있다. 이런 점에서 가족들이 함께 밥을 먹는 시간이 절대적으로 부족한 우리 사회에서 많은 노력이 필요하다.

대화의 방식도 중요하다. 부모가 아이에게 이래라저래라 일방적인 지시 같은 대화나 훈계나 잔소리는 안 된다. 일방 통행식 대화보다는 서로 주고받는 대화가 좋다. 주고받는 대화가 적은 고소득층 아이의 경우 언어 능력 및 두뇌 반응에서 성취도가 낮게 나타난 반면 주고받는 대화가 많은 저소득층 아이는 성취도가 더 높게 나타났다. 대화의 방식이 중요한 것이다. 우리나라 부모들은 자녀들과 대화를 나누는 시간이 절대 부족하다. OECD 평균이 하루 2~3시간인 데 비해 우리나라의 경우 1시간도 되지 않는다. 대화를 한다 해도 '공부해라' 등과 같은 잔소리가 많다. 부모는 말하지 말고 우선 들어 주는 것이 첫 번째 할 일이다.

2. 수동적 사교육의 문제점

1) 감성 지능이 높은 아이가 뛰어나다

학습은 IQ보다 감성 지능이 결정적

과거 학업 성취도와 유전 간의 연구는 어떤 유전자가 학업 성적에 영향을 미치는지를 찾아내는 데 초점을 맞추었고, 어느 정도 성공을 거두었다. 그런데 학업 성취도와 관련하여 다른 성격의 유전자가 있다는 것이 밝혀졌다. 지능지수 같은 인지 능력이 아니라 비인지 능력(non-cognitive skills)도 성취와 성공에 중요하다는 것이다.

비인지 능력이란 즉흥적인 만족을 연기할 수 있는 자제력, 강한 호기심, 배움에 대한 열망, 정서적 안정, 근면성, 좋은 사람 관계, 성공 마인드 같은 특성을 말한다. 이 중 자제력은 오징어 같은 하등동물에서도 나타나며 자제력이 강한 오징어가 더 학습 능력이 좋다는 연구 결과도 있는 것을 보면 이런 특성도 진화적인 기원이 있다. 갑오징어는 아동의 자제력을 시험하기 위해 개발된 마시멜로 테스트에서 침팬지나 까마귀 수준의 자제력을 보인다. 중요한 점은 눈앞의 먹이를 보고 더 큰 보상을 위해 오래 참는 갑오징어가 더 높은 학습 능력을 갖고 있다는 점이다.

이러한 비인지 능력은 전통적인 지능 테스트에는 포함되지 않으나 학업, 직업 그리고 인생의 성공에 중요한 요소이다. 컬럼비아대학 등 공동 연구팀은 2021년 인간 유전체에서 비인지 능력과 관련된 157개의 유전자 관련 위치를 찾아냈는데, 교육 성취에 미치는 유전적 영향(heritability)은 인지적 요인이 43%, 비인지 요인이 57%를 차지한 것으로 나타났다. 비인지 유전자들의 영향력은 인지적 유전에서 나타나는 것보다 더 강하거나 그만큼 강한 관계성을 보여 주었다. 이 연구를 보면 지능지수라는 것이 인간의 지능을 평가하는 일부분에 지나지 않음을 분명하게 보여 준다.

비인지 요인이 중요하다는 것은 일찍이 1960년대부터 알려졌다. 1960년대에 미국 디트로이트 슬럼가의 3~5세 아이들을 대상으로 2년 동안 교육을 한 연구 결과는 그중 하나이다. 한 그룹의 아이들은 자기 스스로의 통제와 자율성에 집중하는 교육을 시키고, 다른 그룹은 언어와 수학 학습을 시켰다. 이후 40년간에 걸쳐 이들의 삶을 추적하였는데 전자의 아이들은 교육 수준과 소득 수준이 높았지만 후자의 아이들은 범죄율이 높고 가난하게 살았다. 아이들에게 지식을 가르치는 것보다 아이들의 생각과 태도를 지도하는 것이 훨씬 더 중요함을 보여 준 사례이

[그림 2-16] 가난하고 척박한 환경에서 자란 아이들은 지능 발달이 늦고 정서적인 안정성이 떨어진다. 빈곤층 아이들에게 무료 교육 등 사회적 지원을 하는 것은 국가적이고도 인본적인 의무이다. (출처: Wikipedia Commons, Akanoop)

다. 아이들을 학원에 보내고 사교육으로 지식만을 가르치려는 시도가 얼마나 문제점이 많은지를 분명하게 보여 준다.

1998년부터 2019년까지 약 20년간의 학습 관련 연구 150여 건에 대한 데이터를 바탕으로 메타 분석을 한 연구는 이를 종합적으로 정리한 자료이다. 메타 분석은 유사한 주제의 연구들을 계량적으로 종합해 재분석하는 연구 방식이다. 연구 결과 나이와 학년에 상관없이 '감성'이 풍부한 학생이 학교 내 성적뿐만 아니라 입시 성적도 좋았다. 놀라운 것은 감성이 그다지 필요해 보이지 않는 수학과 과학 분야에서도 감성이 높은 학생들의 성적이 그렇지 않은 학생보다 1.5~2배가량 높게 나왔다.

학업 성적이 지능지수와만 상관관계가 있을 거란 생각을 뒤엎는 연구 결과이다. 사람들은 공부를 아주 잘하면 머리가 좋거나 열심히 공부했다고 생각한다. 지능과 노력이 원인이고 성적이 그 결과임은 분명하다. 언뜻 보아도 감성이 낄 자리는 없고 지적 능력인 지능과 감수성을 의미하는 감성은 전혀 관계가 없어 보인다. 그럼에도 지적인 성과물인 성적은 감성의 직접적인 영향을 받는다. 이를 설명하는 것이 감성 지능이다.

감성 지능이란 자기 자신의 생각과 행동을 스스로 통제하고 타인을 공감하고 타인과 함께 지낼 수 있는 '능력'이다. 감성 지능은 1990년에 처음 제안되었다. 1995년 다니엘 골먼(Daniel Goleman)은 『EQ 감성 지능』(2008년 번역 출간)이라는 책을 써서 왜 IQ가 높은 사람이 실패하는지, 왜 IQ가 상대적으로 낮은 사람이 성공하는지를 감성 지능으로 설명하였다. 즉 감성 지능이 높은 사람이 학업뿐만 아니라 성취도가 높다는 것을 보여 주었다. 감성 지능을 기초로 일부 미국 대학에서 사회적 감성 학습이라는 교육을 실시하였다. 27만 명을 대상으로 한 연구 결과 사회적 감성 학습을 받은 아이들은 학교생활을 잘하고 결석률이 10% 줄어들고, 반사회적 행동은 10% 완화되었으며, 학업 성적도 11%나 향상된 것으로 나타났다.

감성 지능이 높은 사람은 자기 자신의 행동을 스스로 조절하고 통제할 수 있는 사람이기 때문에 우리가 흔히 말하는 '독한' 사람이다. 독한 성격을 가진 사람은 성적이 기대에 못 미치면 만회하려고 끈기 있게 노력하여 성적을 향상시킨다. 반면 독한 면이 없는 사람은 한번 좌절을 맛보면 쉽게 그만두거나 '독한' 노력을 하지 않는다. 쉽게 말하면 감성지수에는 강한 의지도 포함되어 노력을 끌어내는 원동력으로 작용한다.

스스로 동기와 열정을 가지는 것의 핵심에는 자율성이 있다. 김주환이 쓴 『그릿』(2013년)에서 '그릿'은 '끝까지 해내는 인내력'을 의미한다. 성장할 수 있다는 신념(Growth Mindset), 역경에도 포기하지 않는 의지(Resilience), 자발적인 동기(Intrinsic Motivation), 인내심(Tenacity)의 첫 글자를 따서 만든 단어이다.

뇌 인지과학과 심리학에 의하면 끈기가 미래의 성공 가능성을 높여 줄 뿐만 아니라 아이의 두뇌 발달에도 도움을 준다. 따라서 고학년으로 갈수록 끈기가 성적을 좌우한다. 여기서 말하는 끈기란 자발적이고 자기 동기로 스스로 하려는 의지를 말한다. 단지 일류 대학을 가라는 압박에 의해서 또는 타율적으로 시켜서 하는 것을 말하지 않는다.

우리나라 학생들이 책상 앞에 앉아 있는 시간은 세계 최고 수준이다. 공부의 양으로 측정하는 '끈기' 면에서는 세계 최고 수준이다. 그러나 학습 효율성은 OECD 30개 나라 중 거의 최하위에 속한다. 지나치게 많은 수업과 사교육을 타율적으로 시킨 결과이다. 공부의 '양'이 증가한다고 성적이 기계적으로 올라가는 것이 아니다. 공부의 '질'을 좌우하는 감성 지능이 중요한 것이다.

사교육보다는 다양한 체험과 경험이 필요

감성 지능은 선천적인 면도 있지만 후천적인 면이 강하다. 따라서 감성 지능은 후천적으로 개발될 수 있다. 다시 말해 선천적으로 물려받은 지적 지능 등을 최대한 발휘하게 하는 것은 바로 후천적으로 형성되는 감성 지능이다. 사교육이나 선행학습으로 초등학교나 중학교 때 성적이 올라갈 수 있지만 점차 성적이 떨어지는 것은 바로 감성 지능이 약화되었기 때문이다. 자기 조절 능력도 포함되는 감성 지능을 약화시키는 최대의 적은 스트레스이다. 즉 억지로 시키는 공부, 타율적으로 하는 학습 등이 바로 감성 지능을 약화시키는 대표적인 원인이다. 아이들이 자기 조절 능력이 개발되고 자기 정체성이 형성되기 전에 강요된 공부에 의해 결국 스트레스가 쌓이고 감성 지능은 무너지게 된다. 그런 아이들을 주변에서 흔히 본다.

특히 너무 어린 나이부터 사교육과 학원에 보내면 감성 지능 개발은 커녕 타고난 능력도 저하될 수 있다. 유아원과 유치원 시절부터 한글과 영어, 수학을 배우면 고학년이 되서 공부에 흥미를 잃는 경우를 흔히 본다. 더욱이 중·고등학교 시절로 이어지는 사교육으로 아이들은 흥미를 잃을 뿐만 아니라 육체적 정신적으로 지쳐 버린다. 결국 스트레스로 인하여 게임이나 스마트폰 중독, 심지어는 정신적 질병을 얻게 되고 자살까지 이어지는 경우도 있다. 실제로 우리나라의 많은 아이는 학교 가기를 싫어한다. 심지어는 중학교만 가도 꿈이 뭐냐고 물어보면 아무것도 하고 싶지 않다는 대답이 많이 나온다고 한다. 억지로 가르치면 효과는 낮고 스트레스만 증가할 뿐이다. 그것이 바로 감성 지능의 적이다.

결국 아이들은 친구들과 어울려 놀고, 다양한 체험과 경험을 통해 감성 지능을 개발하여 독립적이고도 자율적인 인간으로 자라야 한다. 심신이 성장하기도 전에 지식만 머릿속에 채우려는 교육으로는 결코 아이들의 감성 지능을 키울 수 없다. 아이를 즐겁고 행복하게 해주는 것, 그것이 아이를 잘 키우는 것이다.

특히 청소년기는 '나는 누구이고, 왜 공부를 해야 하는지' 등에 대한 질문이 형성되는 시기이다. 청소년기에 '나는 왜 공부를 하는가?'에 대한 답을 스스로 찾아야 한다. '내 꿈이 무엇이냐?'라는 물음에 반응하는 것은 전두엽이다. 아이들의 전두엽은 성인이 될 때까지 성장해 가면서 완성된다. 그러므로 청소년기는 학습에 대한 동기를 명확하게 새기는 시기이자 인생의 나침반을 만드는 시기이다. 그래야 자발적인 자기 동기부여로 스스로 공부하고 스스로의 인생을 개척할 의지가 생긴다. 자발적인 학습 동기를 갖는 아이와 그냥 하려는 아이는 큰 차이를 가져온다. 단지 공부를 잘해 의사나 변호사가 되겠다는 동기는 그리 성공적일 수 없다. 그것은 주입시킨다고 형성되지 않는다. 보고 듣고 경험해야 개발될 수 있다.

정서적 공감 능력은 감성 지능에 좋다

감성 지수에는 인내력이나 의지뿐만 아니라 타인에 대한 공감 능력도 포함된다. 그런데 타인에 대한 공감 능력이 높은 사람이 이기적인 사람보다도 성취도가 높다. 어떻게 타인에 대한 공감 능력이 성취도로 연결되는지 의문이 들 수 있다. 이러한 상관관계는 입증된 사실이고 우리 주변에서 볼 수 있다. 그렇다고 공감 능력이 뛰어난 사람이 모두 그렇다는 것을 아니다. 그런 기계적인 관계란 있을 수 없다.

좀 섬뜩한 연구이지만 공감 능력과 관련이 있어 먼저 소개한다. 자기 자신에게 전기 충격을 가하는 것과 다른 사람에게 전기 충격을 가하는 실험이다. 이 실험을 보면 사람들은 자기 자신에게 전기 충격을 주는 결정을 내릴 때보다 타인에게 전기 충격을 가하는 선택을 할 때 뇌신경이 더 민감하게 반응하고 활성화 정도가 높아졌다. 특히 타인에게 해를 입히지 않으려는 결정을 내릴 때는 의사 결정이나 감정 조절에 관여하는 뇌 영역 피질(복내측 전전두엽 피질, ventromedial prefrontal cortex)이 활성화되었다. 놀라운 것은 동시에 학습 관련 뇌 부위도 활성화된다는 점이다. 타인의 감정을 읽고 행동하면 학습과 의사 결정과 관련 뇌 부위도 함께 활성화된다는 것이다. 타인에게 해를 끼치는 행위를 피하려는 사람은 그렇지 않은 사람보다 학습 능력과 의사 결정 능력이 좋을 수 있음을 암시한다. 하지만 왜 그런지 정말로 상관관계가 있는지를 밝힌 연구는 아니다.

뇌과학에 의하면 밝혀진 바에 의하면 '사고'를 담당하는 대뇌피질과 '감정'을 느끼는 변연계가 서로 영향을 주고받는다. 따라서 감정과 학습은 서로 밀접하게 연결되어 있다. 인간의 뇌가 왜 어떻게 이렇게 진화되었는지는 모르지만 학습에 있어서 왜 정서적인 면이 중요한지 알 수 있다. 어쩌면 인간의 진화 과정에서 남에 대한 배려심이 강하고 동시에 지능이 높은 사람이 자연 선택되었을 수 있다. 타자를 배려하려면 본능에만 의존해서 살아서는 안 되며, 그러려면 좀 더 지적인 능력이 좋아야 가능할 수 있기 때문이다.

그런 사람이 많은 집단이 좀 더 생존에 유리했을 것이고 그 후손도 번창했을 것이다. 아이들의 공감 능력을 개발해주는 것이 중요함을 분명하게 보여 주는 과학적 사실이다. 물론 그것은 학습 성취도를 위해서뿐만 아니라 우리 인간이 다른 사람들과 조화를 이루며 살기 위해서도 필요하다. 선행학습과 학원에서 단순하게 문제를 풀고 지식을 습득하는 것보다 우선 감성 지능이 더 중요하다.

인간의 공감 능력은 태어난 직후부터 부모와 교감하면서 키워지기 시작한다. 영유아를 키울 때 부모의 따뜻한 사랑이면 아기의 공감 능력

[그림 2-17] 부모와 아이의 정서적인 교감은 아이 정신 건강과 인지 능력 발달에 결정으로 중요하다
(출처: Wikimedia Commons, John Stone)

을 키우기에 충분하다. 영유아들은 부모와 함께 놀거나 부모가 책을 읽어 줄 때 뇌파가 동기화되면서 뇌신경 네트워크가 발달한다. 생후 9~15개월 된 영유아 18명과 부모가 장난감을 가지고 놀고, 노래를 부르고, 책을 읽어 주도록 하면서 뇌 활동을 측정한 연구를 보면 그것을 알 수 있다. 예측, 언어 사용, 공감 능력과 관여되는 것으로 알려진 뇌 부위 57곳을 측정했더니 놀이와 책 읽기 등을 함께한 부모와 아이들은 둘 다 뇌파가 동기화되면서 언어와 공감 능력, 예측 관련된 뇌 부위 대부분이 활성화되었다. 반면 아이와 부모가 따로 노는 그룹의 경우는 뇌파가 동기화되지 않는 것은 물론 57곳 뇌 부위 중 활성화되는 곳이 거의 없었다. 특히 공감 능력과 관련된 뇌 부위에서는 활성화가 전혀 되지 않았다. 정말로 놀라운 사실이다. 아이와 부모의 놀이는 부모와 아이 모두에게 영향을 미치며 이를 통한 뇌신경 동기화는 아이의 사회성과 언어 학

습 발달은 물론 어른들의 뇌 발달에도 도움을 준다. 특히 자라면서 엄마와의 교감이 중요하다는 연구 결과도 있다. 성장기 때 자녀가 엄마와 정신적 교감을 하는 경우가 하지 않는 경우보다 학습과 기억, 인지 등에 관여하는 해마의 성장에 약 10% 정도 더 긍정적 영향을 끼친다.

사교육 없는 나 홀로 학습 메타인지 개발

또한, 사교육과 학원 교육이 왜 문제가 되는지는 '메타인지' 때문이다. 자아 인식이 스스로 자기를 인지하는 것을 의미하듯이 메타인지는 스스로 자신의 '앎'을 아는 것이다. 자신이 무엇을 아는지를 스스로 판단하는 것을 의미한다. 학습에서의 메타인지는 자신의 생각과 지식을 스스로 점검하는 것을 말한다.

학원에 가서 배우는 것은 당장 머릿속에 지식을 밀어 넣어 기억하게 할 수는 있다. 그러나 인간의 뇌는 기계나 컴퓨터와는 전혀 다르게 기능하여 입력시킨다고 그대로 저장되거나 출력되지 않는다. 초등학교와 중학교에 다닐 때에는 지식 수준이 높지 않아 사교육과 학원의 '힘'으로 어느 정도 잘할 수 있다. 그리 어렵지 않기 때문이다. 문제는 답을 즉시 가르쳐 주거나 주입식으로 푸는 방법을 배우면 메타인지 관점에서 학습에 중대한 문제를 일으킨다는 점이다. 바로 그렇게 자란 아이들은 문제 해결 능력이 개발되지 않아 점차 성적이 떨어지는 것이다. 그런 아이는 우리 주위에서도 볼 수 있다.

그래서 아이가 문제를 쉽게 이해하지 못하고 풀 엄두도 못 내면서 끙끙대는 것이 학습의 중요한 과정이다. 아이가 문제를 풀지 못할 때 스스로 풀어 보도록 놔둬야 한다. 그래야만 자신의 학습을 모니터링하고 컨

트롤하여 문제를 해결할 수 있는 능력을 키울 수 있다.

　물론 아이들의 학습 방법이 잘못된 경우도 있다. 예를 들어 아이들은 공부할 때 문제와 답을 동시에 보면서 학습하려는 경향이 있으며, 이런 공부 방식은 학습 결과가 좋지 않다.

　영어 단어 시험의 예를 보자. 단어를 제대로 외웠는지 확인하기 위하여 모니터링을 하여 확인하여야 한다. 모니터링은 언제할지, 어떤 방법으로 할지도 정하여야 한다. 외우면서 중간중간에 확인하거나 모두 외우고 나서 확인하는 방식도 있다. 그런데 대학생들을 대상으로 단어 암기를 실험한 결과 단어를 다 암기한 후에 영어 단어를 보고 그 뜻을 점검하는 공부 방법이 가장 효과적임이 밝혀졌다. 공부를 한 후 종합적으로 정리하여 종합적인 테스트를 하는 방법이 효과적인 것이다. 많은 아이의 점검 방식은 단기적인 면이 강하다. 하지만 이러한 접근 방법도 '가급적' 아이들 스스로 찾아내도록 하여야 한다.

　메타인지는 학습 능력에 결정적이다. 메타인지는 모니터링(monitoring)과 통제(control) 두 단계를 거친다. 모니터링은 자신이 무엇을 모르는지 무엇을 아는지를 점검하는 것이다. 그런 다음 그것을 바탕으로 무엇을 할지를 결정하는 것이 통제 행위이다. 메타인지에 의한 교육은 경험적으로 오랜 세월 동안 학습 향상 효과가 높은 것으로 인정되었다. 아이에게 메타인지(meta-cognition)는 부모나 사교육 등의 도움 없이 스스로 자신에게 맞는 학습 방법을 찾아 실천하는 것을 말한다.

　메타인지의 중요성은 뇌과학으로도 설명된다. 인간은 태어날 때 신경세포와 그 연결이 미완성인 상태로 태어난다. 그것은 바로 아이가 완성된 '기계'가 아니라는 점이다.

정보를 일방적으로 입력하면 그것이 뇌에 쌓여 지식이 되고 문제 해결 능력으로 이어지는 것이 아니다. 또한, 문제 해결 방법을 가르쳐 준다고 해서 문제 해결 능력이 향상되는 것은 아니다. 아이는 태어나서 자라면서 환경과 교육에 따라 뇌세포의 연결성이 달라진다. 점차적으로 뇌 안의 신경세포와 그 연결성이 발달하고 지적인 능력이 개발된다. 분명한 것은 아이의 지적 능력이 수동적으로 개발되는 것이 아니라는 점이다. 스스로 문제를 생각해 내고 해결하면서 뇌세포들이 효과적으로 연결되어야 한다는 점이다. 단편적인 지식을 많이 입력한다고, 푸는 방법을 미리 배우는 방식으로는 지적인 능력의 성장에 있어 한계를 보일 수밖에 없다. 그래서 교육은 지식을 가르치는 것이 아니라 스스로 배울 수 있는 능력을 길러 주는 방향이어야 한다.

유대인의 질문과 토론에 의한 교육

세계 어느 나라의 아이들이나 어릴 때부터 질문을 많이 한다. 질문을 제기하는 능력은 인간이 가진 최고의 재능이다. 침팬지 같은 영장류도 훈련시키면 의사소통을 할 수 있지만 스스로 질문을 하지는 못한다. 영장류는 수학이나 과학 문제를 풀 수 없지만 인간은 가능하다. 태어날 때에는 수학을 풀 수 있는 능력이 없지만 뇌의 가소성으로 뇌가 발달하면서 이것이 가능해진다. 아이들의 호기심에서 나오는 질문, 그리고 그 질문을 통하여 하는 토론은 최고의 교육 방법이다. 또한, 질문과 토론은 교육의 본질이다.

프랑스의 지식 전문가인 이드리스 아베르칸(Idriss Aberrkane)은 이런 말을 했다.

"아이들의 뇌는 자연스러운 호기심으로 가득하건만, 우리는 그 뇌에 어떤 씨를 뿌리는가? 좌절, 불안, 조건화, 복종, 고통, 감금에 익숙한 뇌다."

아이들은 호기심이 많고 의문도 많다. 그것을 자연스럽게 키워 주는 것이 교육이다. 단순하게 지식을 입력시키는 것은 아이들을 조건화하고 감금하는 잘못된 교육 방식이다.

질문과 토론에 의한 교육 방식은 메타인지와 관련이 있다. 메타인지는 '생각에 대한 생각'을 말한다. 또한, 자신이 실제로 아는 것과 안다고 착각하는 것을 구별하는 것이 메타인지이다. 자아 인식이 자기 자신을 자기 스스로 인식하는 것이듯이 메타인지는 자기의 지식을 자기 스스로 아는 것이다. 사아인식이 인간만이 '독특하게' 가진 특별한 능력이듯이 이러한 메타인지를 가진 사람은 남다르다.

메타인지는 1979년 처음으로 학계에 도입된 용어이다. 한 단계 고차원을 의미하는 메타(meta)와 안다는 뜻의 인지(recognition)를 결합한 용어이다. 자신의 인지 능력을 스스로 알아내고, 이를 조절할 수 있는 능력이다.

메타인지는 학생에게 지식을 주입시킬 것이 아니라 스스로 지식을 찾아내고 배울 수 있도록 능력을 키워야 함을 알려 준다. 아이들의 호기심은 저절로 질문을 하게 한다. 스스로 질문을 제기하고 질문에 답을 하면서 자신의 지식을 확인할 수 있는 것이야 말로 메타인지에 의한 학습이다. 그래서 나 홀로 주입식으로 강의를 듣는 것보다는 여럿이서 토론하고 대화하며 공부하는 것이 훨씬 좋은 결과를 가져온다. 질문과 대화를 통해 자신이 아는 것이 무엇이고, 무엇을 잘못 알고 있는지, 자신이 잘 모르는 것이 무엇인지를 인지하기 때문이다.

패러다임을 바꾸는 발견이나 연구는 엉뚱한 의문 제기, 우연과 실패한 경험에서 얻어지는 경우가 많다. 이를 과학사에서 세렌디피티(serendipity)라고 한다. 그것은 정답만 풀어내는 방식으로는 어렵다. 지적 호기심은 의문을 낳고, 그 의문에 질문을 하면서 지적 호기심이 재창출된다. 결국 질문 없는 교실은 교육을 망친다.

질문과 토론을 중심으로 한 교육은 유대인 교육의 핵심이다. 유대인은 전 세계 인구의 1%도 안 되는데도 노벨상 전체 수상자 가운데 30%를 차지한다. 미국 명문 대학 입학생의 20~30%가 유대인이다. 아인슈타인, 프로이드, 스필버그도 유대인이다. 유대인 아이들은 학교에서 서로 자유롭게 질문하고 토론한다. 우리나라 아이들은 학교에서 침묵하고 듣기만 하거나 수면 부족으로 잠을 자고 있으니 정반대이다.

아인슈타인이 1955년 「LIFE」와의 인터뷰에서 남긴 말은 교육에 있어서 명언 중의 명언이다.

"중요한 것은 질문을 멈추지 않는 것이다. 호기심은 그 자체로 의미가 있다."

질문과 토론은 우리나라 학교에서 잘 이루어지지 않는다. 입시 위주의 교육 풍토에서 최소한 가정에서나마 질문과 체험 학습, 그리고 자기 스스로 문제를 해결할 수 있도록 환경을 조성해 가기를 바라지만, 우리나라에서 실천하기에는 쉽지 않은 교육 방식이다. 어렵더라도 집에서나마 부모와 자녀가 함께 질문하고 토론 하는 장을 잘 유도하도록 노력해야 한다.

아이들이 무슨 질문을 하더라도 우선 들어줘야 한다. 그리고 그 질문에 답을 하나만 말해 주는 것보다 다양한 의견이 있을 수 있음을 말해 주는 것이 좋다. 틀리더라도 아이의 의견이 나오면 칭찬해 주고 토론을 하여야 한다. 아이의 의견을 존중해 주고 들어주는 것이 질문과 토론 교육의 시작이다. 필자도 이런 교육에 익숙하지 않아 아이들을 키울 때 그렇게 못한 것이 후회된다. 사실 필자도 우리나라에서 교육받으면서 질문과 토론 교육을 제대로 받아본 적이 없다.

질문과 토론은 비단 아이들의 교육에 한정된 것이 아니다. 현대사회는 지식이 축적되면서 발전 속도가 가속화되고 있다. 지식의 반감기, 대학에서 배운 지식의 절반이 무력해지는 기간이 7년이다. 앞으로는 더 짧아질 것이다. 지식의 반감기가 줄어드니 대학은 지식을 배운 사람이 아니라 지식을 배울 수 있는 사람을 길러야 한다. 지식 전달을 넘어 학생들의 역량을 키워 주는 것이 중요하다. 바로 질문하는 능력, 의문을 제기하는 능력, 문제를 해결해 나가는 능력 말이다. 평생 배움의 자세를 갖춘 사람을 길러야 한다는 주장이기도 하다. 더욱이 인간의 수명이 90세, 100세까지 늘어서 평생 학습하여야 한다.

2) 천재는 IQ가 아니라 열정의 결과

열정없는 IQ 150의 실패

에디슨은 1933년까지 1,084건의 특허를 냈다고 한다. 이러한 에디슨의 놀라운 신화를 깨고 2015년 로웰 우드(Lowell Wood)라는 사람이 1,085번째 특허를 따냈다. 그는 당시 3,000건의 특허를 신청 중이어서 세계 최고 발명가로 남을 것 같다. 그는 로스앤젤레스 캘리포니아주립

대학(UCLA)에서 천체물리학으로 박사학위를 받았다. 마침내 학창 시절 대부분의 과목과 시험에서 처음에는 매우 낮은 점수를 받았지만 노력으로 성적을 차츰 높였으며, 이후 다양한 분야의 책을 읽어 박학다식의 전형이 됐다. 천재란 노력하는 사람임을 보여 준 사람이다.

반면 지능지수로만 보면 천재인 사람들의 삶은 의외로 평범하다. 지능지수가 210으로 세계 10대 천재라고까지 알려졌던 김웅용 씨는 12세의 어린 나이에 미국 항공우주국(NASA)에서 연구원으로 일했다. 하지만 우여곡절 끝에 대학을 졸업한 후 지방의 한 대학에서 교수가 되었다.

2020년에 박사 논문 실패로 언론에 많이 회자되었던 송유근 씨도 열 살이 되기 전에 아인슈타인의 상대성 이론을 이해한 천재라고 떠들썩했던 주인공이었다. 이렇게 지능지수가 150이 넘어 신동이라고 불렸던 사람 중에 '천재'적인 삶을 산 사람은 거의 없다.

우리는 천재라면 IQ가 140 이상이나 또는 200쯤 되는 사람이라고 생각한다. 그런데 역대 천재로 불렸던 사람들은 그렇게 IQ가 높지 않았다. 예술과 과학 분야에서 큰 성과를 낸 사람의 지능지수는 보통 사람들보다 약간 높은 115~130 범위에 가장 많았다. 이 정도의 지능은 전체 인구의 15% 내외이다. 천재는 극소수의 '엄청난' 지능을 가진 사람은 아니었다. 노벨상을 받고 천재로 알려진 리처드 파인만의 지능지수도 122이었다.

왜 그럴까. 우선 인간의 지적 능력을 측정하는 지능지수가 가진 한계로 인한 것일 수 있다. 역사상 천재로 불린 사람은 '기존의 것'을 잘하는 사람이 아니고 '새로운' 것을 이루어 내는 '창조성'과 '상상력'을 가진 사람이었다. 아인슈타인이 살던 시기에 시간은 일정하게 흘러간다고 생각했지만 아인슈타인은 시간이 빨리 갈 수도 있고 느리게 갈 수도 있다고 '창조적인 상상'을 해냈다. 과거 어느 누구도 그런 생각을 한 사람이 없었을 것 같다.

천재란 수능 문제를 잘 푸는 사람이 아니라 새로운 생각, 기존의 오류를 수정하는 능력이 있는 사람이다. 그런 능력은 지능지수와는 많은 면에서 다르다. 지능지수는 창조성이나 상상력 같은 능력을 평가하는 지표가 아니다. 또한, 지능 테스트는 간단한 수학, 단어, 상식을 평가하는 것으로 천재성과는 완전히 일치할 수 없다. 물론 지능지수와 지적인 능력 간에 상당한 인과관계가 있음은 사실이다. 그러나 학업 능력과 지능지수와의 상관관계는 50%에도 미치지 않는다.

천재로 거듭난 IQ 110

다윈은 진화론을 처음으로 객관적으로 입증하여 생명과 인간에 대한 관점에서 코페르니쿠스적인 대전환을 이루어 냈다. 그는 자신의 진화론에 대한 증거 수집과 이론 정립에 인생의 거의 모든 시간을 사용했다. 단조로운 작업도 수없이 했는데, 일례로 따개비를 연구하는 데에만 10년 가까이 시간을 보냈다. 다윈의 진화론은 평생에 걸친 노력의 결과이다.

천재적인 업적을 남긴 사람들은 정말로 인생을 걸고 매진한다. 뛰어난 업적을 남긴 과학자, 예술가, 운동선수 등을 100명 넘게 연구한 결과 한 분야에서 세계 최고가 되기 위해서는 최소한 10년간 전력투구해야 한다고 한다. 최고의 과학자와 수학자 역시 예외 없이 최소한 10년 넘게 자기 분야에 몰두해야만 최고가 될 수 있다고 한다. 천재적인 업적은 타고나는 면도 강하지만 끈기와 노력이 필요한 것이다.

따라서 신동과 천재를 구분하여 사용할 수 있다. 신동(prodigy)은 타고난 능력이 비범한 사람을, 천재(genius)는 업적이 비범한 사람을 가리키는 말로 사용하는 것이다. 어릴 적에 특출한 신동은 꽤 있지만 위대한 업적을 남긴 사람은 많지 않기 때문이다. 카를 비테(Karl Witte, 1800~1883)는 아홉 살에 당시 독일 최고 명문인 라이프치히대학에 입학하여 열여섯에 법학박사가 되어 베를린대학 교수로 취임한 신동이다. 그러나 그가 남긴 업적은 알려진 것이 없다.

아인슈타인은 어렸을 때 별다른 특출한 능력이 발견되지 않았지만 과학의 패러다임을 바꾼 천재이다. 신동이라도 어떤 목적을 향해 몰입하고 노력하지 않으면 큰 업적을 남기지 못하는 것이다.

1986~1989년 기네스북이 인정하는 세계 최고의 지능지수를 가진 마릴린 사반트(Marilyn Savant)의 IQ는 228로 알려졌다. 그녀는 대학을 다니다 중퇴했고 평범한 가정주부로 살고 있다. 멘사(Mensa)클럽은 전체 인구에서 상위 2% 안에 드는 사람만 가입하는 곳으로 지능지수가 최소 135 이상이어야 한다. 이들 중 학업 성적이 최상위권에 속했다는 사람은 20% 미만, 상위권은 50% 미만이었고 중하위권에 속한 사람이 20%가 넘는다는 조사 결과도 있다. 그만큼 지능지수는 절대적인 의미를 가지지 못한다.

인간의 지적 능력은 사람마다 큰 차이가 있는 것 같지만 그렇지 않음을 알 수 있다. 지능지수가 아주 높은 신동이나 천재는 있지만 그 차이가 결정적인 것은 아니라는 말이다. 인간 간에 나타나는 지능지수의 차이와 인간이 지적으로 할 수 있는 능력에는 큰 차이가 없다.

진화생물학자 스티븐 제이 굴드는 한 분야의 진화가 오래 진행될수록 특별한 돌연변이가 나올 확률이 떨어진다고 주장했다. 오랜 세월 진화가 지속되면서 같은 종 안에서는 갑자기 특별한 돌연변이가 발생할 가능성은 아주 적다.

그것은 프로야구의 타율 평균화 현상과도 같은 맥락으로 볼 수 있다. 1982년 프로야구 원년에 백인천이 처음으로 타율 4할대를 기록하고 그 후로는 4할대의 타자가 더 이상 나오지 않았다. 메이저리그에서도 마지막 4할대 타자는 1941년 테드 윌리엄스이다. 한국 프로야구의 평균 타율은 지난 35년간 대략 .270에서 .280으로 미미하게 상승했다. 시간이 지날수록 경쟁이 치열해지면서 일정 수준 이상의 선수들만 살아남았다. 투수들 간의 지속적인 경쟁으로 타율 상승을 억누른다. 수십 년이라는 짧은 시간 동안 특별한 돌연변이를 가진 '괴물 타자'가 나올 확률은 거의 없기 때문이다.

인간의 지적 능력도 인간이라는 종 안에서 한계가 있다. 인류 역사상 놀라운 학문적 업적을 이룬 학자 중에 지능지수가 130이 넘는 사람이 극소수이다. 지능지수의 차이가 지적인 업적을 달성하는 데 큰 차이를 가져오지 않는다. 우리가 천재라고 부르는 사람도 인간이며, 인간이라는 종을 넘는 사람이란 존재할 수가 없다. 따라서 인간이 과학 같은 어려운 학문 분야에서 일궈내는 놀라운 업적은 단순히 지능지수에 비례하지 않는다. 거기에는 놀라운 호기심, 열정 등이 더 큰 역할을 한다. 그것이 교육에 의미하는 바는 엄청나다. 그것이 이 책의 핵심 주제이다.

천재는 IQ가 아니라 열정

'넌 대체 누구를 닮아서 공부를 못하니?'라는 언어 폭행을 하는 부모들이 종종 있다. 자녀는 부모를 닮겠지만 똑같이 복제된 기계가 아니다. 부모의 유전자를 반반씩 받지만 발현되는 유전자에 따라 크게 달라진다. 또한, 태어난 아이는 30% 내외의 유전자 변이를 가져 부모로부터 자녀의 모습을 완전하게 예측할 수도 없다. 천재 부모에게서 태어난 자녀가 천재가 아닌 경우가 많으며 심지어는 그 반대의 경우도 꽤 많다. 물론 통계적으로 보면 부모의 지능과 유전자가 자녀의 학업 성적을 결정하는 요인 중에서 1위이다.

1994년에서 1996년 사이 잉글랜드와 웨일스 지역에서 태어난 쌍둥이 11,117명에 대해 16세 때의 학업 성적을 조사한 연구 결과 부모로부터 유전된 지능이 학업 성적의 평균 58%를 결정짓는 것으로 밝혀졌다. 과목별 성적으로 보면 영어, 수학, 과학 성적은 각각 52%, 55%, 58%가 유전자에 의해 결정됐다.

나이가 들수록 유전자의 영향이 강하게 나타나면서 고등학교에 가면 학업 성적의 70%는 유전자에 의해 좌우된다. 부모의 유전자는 초등학교 때부터 고등학교에 이르기까지의 지능과 학습에 영향을 준다. 쌍둥이 6,000쌍을 대상으로 그들의 유전자와 초등학교부터 고등학교 졸업 때까지의 성적을 분석한 결과 성적에 미치는 영향은 가정환경 25%, 선생님이나 급우 등의 요인이 5% 작용한 반면, 70%는 유전적 요인이었다. 인간의 지능지수의 형성은 대략 50%가 유전적이고, 25%는 공통 환경의 영향이고, 나머지 25%는 개인만이 겪는 단독 환경의 영향을 받는다. 부모를 공통의 환경으로 본다면 학업 성취도가 70% 선천적인 요인이라는 주장은 일리가 있다. 지능은 가족의 영향이 크며 지적인 가정에서 자라는 아이는 지적인 사람이 될 가능성이 그만큼 높아진다.

여기서 가장 중요한 포인트는 바로 이것이다. 유전적 요인이라는 것이 단순히 지능뿐 아니라 동기 부여, 행동, 성격 및 건강까지 포함된다는 점이다. 사람들은 단순히 지능이 학업 능력과 관련이 있다고 생각하지만 다른 요인이 강하게 작용한다. 지능 관련 유전자뿐만 아니라 성격 등과 관련된 유전자와 환경 요인이 복합적으로 작용하는 것이다. 천재적인 지능을 가졌지만 전혀 지적 호기심이 없어 대학을 가지 않는 사람도 있다. 반면에 약간 좋은 지능을 가졌지만 특정 분야에 대한 열정적인 탐구심으로 학문적인 대성과를 보인 학자들도 많다. 따라서 단순한 지능지수뿐만 아니라 지적 호기심, 그리고 '열정'이나 '동기 부여'도 중요하다는 주장이 나오게 된 것이다.

버락 오바마, 빌 게이츠 등으로부터 극찬을 받은 앤절라 더크워스(Angela Duckworth) 펜실베이니아대학(University of Pennsylvania) 교수의 저서 『그릿』이 국내에서 출판되었다. 성공의 핵심은 천재성이 아니라 열정과 노력이라는 것이 그의 주장이다. 이 책은 2016년 미국에서 베스트셀러, 경영 필독서, 최고의 도서로 뽑힌 책이다. 그의 TED 강의는 약 1,000만 조회 수를 기록했다. 그는 하버드대학, 옥스퍼드대학, 펜실베이니아대학을 거친 수재이다. 자신이 초등학교 3학년 때 시험에서 떨어져 영재반에 들지 못한 평범한 사람이라고 하지만 어느 정도는 수재임은 틀림없다. 그도 재능이 불필요하다고 말하는 것은 절대 아니며 성취를 위해서는 노력이 재능보다 최소 두 배 이상 중요하다고 말한다. 그러나 그 노력은 그냥 열심히 하려는 것이 아니라 진정한 호기심과 열정이 바닥에 있어야 한다는 점이다. 그러면 그것은 어떻게 가능할까. 이에 대한 해답은 이 책을 읽다 보면 점점 더 명확해질 것이다.

[그림 2-2] 노벨물리학상을 받은 리처드 파인만은 천재적인 과학 업적을 남겼지만 그의 지능지수는 130이 되지 않았다고 한다. 천재적인 업적을 남긴 학자 중에 지능지수가 130이 넘는 사람이 거의 없다는 사실은 동기와 열정이 얼마나 중요한지를 보여 준다
(출처: Wikimedia Commons, Unknown author)

우리는 천재라고 하면 IQ가 150이 넘는 사람을 생각하지만 예술과 과학 분야에서 큰 성공을 이룬 사람의 지능지수는 115~130 정도임을 앞에서 설명했다. 노벨물리학상을 받은 리처드 파인만(1918~1988)은 지능지수가 122였다. 천재라고 불리는 특별한 업적을 남긴 사람은 IQ가 150이 넘는 특별한 지능의 소유자라기보다는 스스로 커다란 동기와 열정을 가진 사람이었다. 무언가를 하고 싶은 강력한 동기로 자신의 분야에 평생을 매진하는 사람들이었다. 천재적인 능력이나 업적은 열정에 바탕을 둔 자발적인 헌신에서 나온다. 이를 신경과학자인 이드리스 아베르칸(Idriss Aberkane)은 다음과 같이 표현하였다.

"천재들은 누가 시켜서 하는 게 아니라 자기가 좋아서 한다. 레오나르도 다빈치는 사랑이 모든 인식의 원천이라고 말했다. 실제로 천재는 애정으로 일한다. 점수를 따거나 상을 타거나 동료에게 인정받기 위해서가 아니라 자기 자신을 위해서, 자기가 하지 않고는 견딜 수 없어서 한다."

이러한 맥락은 떠밀려서 가는 학원과 사교육이 얼마나 비교육적인지를 알려 준다. 그렇게 하는 공부는 자발적인 헌신과 동기를 무너뜨린다. 그럭저럭 입시에 성공하더라도 무언가를 하겠다는 의욕은 소멸된다. 그들은 지쳤기 때문이다. 잊지 말아야 할 사실이다.

모차르트, 뉴턴, 피카소, 다윈, 아인슈타인 등의 공통적인 특성은 자기중심적인 편집광, 쉴 새 없이 뭔가를 하는 열정, 풍부한 상상력, 끈기 있게 매달리는 집념, 강렬한 개성 등이다. 운동으로 성공한 사람이 체력이 좋고 힘이 좋고 운동 능력이 뛰어난 것만은 아니다. 이들에게는 꿈과 희망, 노력과 집념이 배경을 이룬다. 작은 체격의 축구선수 박지성을 보면 알 수 있다.

　동기와 흥미가 얼마나 중요한지는 우리의 뇌 기능을 보아도 알 수 있다. 우리는 무언가를 공부할 때 자기 자신이 스스로 의식적으로 판단해서 기억을 한다고 생각한다. 그러나 우리가 정보를 기억하기 전에 뇌의 해마에서 그것을 기억할지 여부를 결정하는 것이 관찰된다. 우리가 오랫동안 기억하는 정보는 해마의 신경세포에서 이미 그렇게 하기로 결정한다는 것이다. 뇌과학에 의하면 뇌에서 기억을 관장하는 핵심 부위는 해마이다. 해마는 기억을 단기간 저장하고 있다가 장기 기억이 필요한 정보는 대뇌피질로 옮긴다. 장기 기억을 하려면 해마가 그것을 중요한 정보로 판단해서 대뇌피질로 보내야 한다. 그런데 그것이 마음대로 되는 것이 아니다. 아이가 그렇게 하고 싶고 그런 동기가 있어야 '뇌'가 '그렇게' 기능할 것이다. 일방적인 공부 압력은 아이들에게 스트레스가 되고 스트레스 호르몬이 많이 분출되면 단기 기억이 장기 기억이 저장될 대뇌피질로 가기가 어렵다. 그래서 정서와 감성이 요구된다. 단기 기억도 해마의 신경세포로 얼마나 활발하게 신호를 전달할 수 있는가 여부에 달려 있다. 이것은 '흥미'를 가져야 뇌가 '스스로' 그것을 기억한다는 것을 함축한다. 흥미가 없으면 해마는 기억할 생각을 안 하니 아무리 열심히 해도 소용이 없는 것이다.

　편도체는 정서를 담당한다. 청소년기에는 편도체의 반응이 강해 이성적인 판단에 앞선다. 따라서 학습을 위해 중요한 것은 정서 상태이다. 아이들에게는 가족과 함께 하는 여행이나 등산, 친구들과 어울려 영화나 연극 관람을 하는 것이 긍정적인 감정을 가져온다. 그러나 언젠가는 정말로 하고자 하는 동기가 생기기를 기다리는 것은 부모로서는 정말 힘든 선택이다. 명심할 것은 급한 마음에 아이들에게 강요한다면 결국 실패할 확률이 크다는 점이다.

3. 다양한 경험과 놀이의 중요성

1) 다양한 경험과 체험이 교육

사람마다 다른 교육의 필요성

"나무에 오르는 능력으로 물고기를 판단하면 물고기는 자신을 바보라 생각하며 평생을 살 것이다."

아인슈타인이 한 말이다. 사람은 누구나 타고난 천성, 취향 그리고 적성이 다르다. 사람은 누구나 다른 사람보다 잘하는 분야가 있기 마련이다. 또한, 사람마다 성장 속도도 다르다. 인간이 물려받은 유전자에 의해 사람마다 최적의 발전과 자기실현을 위하여 다른 길이 있다. 이것이 우리 인간의 교육을 바라보는 핵심적인 관점이다.

그런 점에서 덴마크의 교육 시스템은 모범적인 사례이다.

"덴마크의 교육 제도는 기본적으로 아이마다 능력이 다르다는 생각에 기초한다. 예를 들어 공부 못하는 아이는 공부를 못한다기보다 능력이 다르다고 생각하는 것이다. 그래서 공부 잘하는 아이라고 특별히 칭찬하는 일도 없고, 못하는 아이라고 무시하는 일도 없다. 공부라는 한

가지 잣대로 아이를 평가하지 않기 때문이다. 우열이 아니라 다름이 있을 뿐이라는 이 생각의 근본은 인간에 대한 평등 정신이다."

이처럼 중요한 말은 없을 것이다.

그러나 우리나라 같이 청소년들에게 모두다 '일류' 대학이라는 단일 목표를 지향하게 하는 교육은 수많은 아이를 파괴시키는 결과를 가져올 수 있다. 대부분의 아이들은 대학 입시에 소외되고 몇몇 엘리트를 중심으로 한 교육이 이루어지고 있다. 물론 사회에서의 학벌 차별은 더 심각하다. 이 문제의 구조적인 해결을 위해 어디에서 출발할지 결정하는 것도 쉬운 문제는 아니다. 다만 가정에서나마 부모들이 아이의 다양성을 수긍하려는 노력을 기울여야 할 것이다. 물론 필자를 비롯하여 누구에게나 쉬운 일은 아니다.

뇌과학은 다양한 경험을 말한다

우리 사회에서 대학 입시는 너무나도 중요하다. 물론 어느 나라나 입시는 중요하다. 대학 입시를 준비하는 청소년에게 중요한 것은 본인이 하겠다는 의지와 분명한 동기이다. 그러한 의지나 동기 없이 비자발적으로 학원에 끌려다니면서 틈만 나면 게임과 스마트폰에 몰입한다면 10년을 해도 최선의 결과는 나오지 않는다. 특히 우리나라 대학 입시 준비에서 발상의 대전환이 필요한 부분이다.

인간이 태어날 때부터 이런 자발성과 의지 그리고 동기를 가지고 태어난다면 그것을 개발할 필요는 없을 것이다. 하지만 인간은 선천적인 기질과 환경의 상호 작용 속에서 기질이 형성된다. 따라서 개발할 여지가 분명히 있다. 우선 동물의 사례로부터 그 점을 이해해 보기로 한다.

환경의 중요성은 진화론을 주창한 찰스 다윈도 이미 간파하였다. 다윈의 관찰에 의하면 텅 비어 있는 우리에서 자란 토끼들의 뇌가 자연에서 자란 토끼들의 뇌보다 15~30% 더 작다. 그와 반대로 동물들이 풍성한 환경, 즉 가지고 놀 수 있는 물건들이 날마다 바뀌고 친구들과 서로 뛰어놀 수 있는 널찍한 우리에서 사는 경우에는 뇌가 더 잘 자라고 뇌세포들 사이에 새로운 결합이 더 많이 만들어진다. 사람도 출생 후 뇌가 최적의 상태가 되려면 안전하고, 지나치지 않은 정도의 자극이 있는 환경이 필요함을 시사한다.

1962년의 연구에서 서로 다른 환경에 노출된 쥐의 피질 무게를 측정했더니 자극이 풍부한 환경에 있었던 쥐가 평균적으로 조금 더 많은 피질을 가지고 있다는 것이 밝혀졌다. 경험이 뇌의 구조를 변화시킨다는 것을 처음으로 입증한 실험이었다. 1964년에는 매리언 다이어몬드(Marian Diamond)도 포유동물 뇌의 변화를 보여 주는 증거를 제시했는데 앞의 연구와 마찬가지 자극이 풍부한 환경에서 생활한 쥐가 자극이 빈약한 환경에서 자란 쥐에 비해 대뇌피질이 더 두꺼웠다.

또한, 1960년대 조지프 알트먼(Joseph Altman, 1925~2016)은 뇌에 새로운 뉴런이 생긴다는 것도 발견했다. 종전에는 뇌에서 신경세포는 더 이상 생기지 않는다고 알려졌었기 때문에 40대 초의 무명의 젊은 학자의 주장에 당시의 과학자들은 관심을 갖지 않았다. 결국 알트먼은 회의를 느껴 신경발생학을 그만두었다. 그는 2016년에 세상을 떠났는데 과학에서도 종교 도그마 같이 기존 권위에 도전하는 것은 정말 힘겨운 일이다. 그러나 "우리의 뇌는 전에는 가능할 거라고 생각하지 못할 정도로 스스로를 새롭게 바꾼다."라는 마이클 가자니가(Michael Gazzaniga)의

말처럼 결국 우리가 무엇을 보고 듣고 느끼고 경험하느냐에 따라 우리는 끝없이 바뀐다는 것을 알게 되었다.

다양한 것을 경험하는 것은 동기 부여에도 결정적인 영향을 준다. 익숙한 것보다 새로운 것에 호기심을 보이는 것과 관련된 뇌 속 단백질이 그것을 보여 준다. 쥐를 대상으로 한 연구지만 인간에게도 시사되는 바가 있다. 쥐는 늘 보던 쥐보다는 새로운 쥐에게 더 관심을 보인다. 그런데 쥐의 뇌에서 특정 단백질(PTPσ)을 제거했더니 새로운 쥐에 관심을 잃고 익숙한 쥐와 더 시간을 보냈다.

이 연구 결과는 학습과 기억과 관련된 해마가 새로운 것을 추구하는 동기 부여에도 중요하다는 것을 의미한다. 해마가 활성화되려면 다양한 경험과 활동이 요구된다는 것은 널리 알려져 있다.

현대의 뇌과학은 다양한 경험의 중요성을 가소성에 의하여 설명한다. 뇌 가소성이란 뇌는 고정된 것이 아니라 지속적으로 업데이트된다는 개념이다.

뇌 가소성을 본격적으로 연구하기 시작한 사람은 버클리 캘리포니아 대학의 매리언 다이아몬드(Marian Diamond, 1926~2017) 교수이다. 아인슈타인의 뇌 연구로 유명했던 메리언 다이아몬드는 1960년대 초부터 뇌 가소성 연구를 주도했다. 메리언 다이아몬드는 사람의 뇌가 경험을 통해 변화할 수 있으며 변화를 통해 새로운 연결망이 만들어질 수 있다고 주장했다. 앞에서도 간단히 소개했듯이 그는 쥐를 대상으로 한 실험에서 이를 증명하였다. 가지고 놀 수 있는 많은 장난감과 널찍한 공간, 함께 어울릴 친구 쥐 등 풍족한 환경에서 지낸 쥐와 아무것도 없는 빈 곳에서 지낸 쥐를 비교했다. 그 결과 풍족한 환경에서 자란 쥐가 빈곤한 환경에서 지낸 쥐보다 뇌의 크기가 6.4% 더 컸다. 그리고 풍족한 환경 속에 있는 쥐는 중추신경계를 지지해 주는 신경교세포의 수도 실험 전보다 14% 증가했다. 풍족한 환경에서 자란 쥐는 특히 장기 기억을 형성하는 해마세포를 발달시켜 학습 및 기억에 관한 다양한 과제를 더 잘 해냈다. 또한, 뇌의 수상돌기가 더 확장되어 대량의 정보를 수용하고 처리했을 뿐만 아니라 시냅스 연결이 강화되고 뇌의 혈관도 확장됐으며, 신경전달물질인 아세틸콜린, 특정 성장 인자 등 뇌 화학물질의 농도도 증가했다. 결국 이런 요인이 뇌 피질의 발달에 기여했다.

다양한 경험과 활동이 중요한 것은 뇌의 지적인 기능이 일부 영역이 아니라 전체적으로 발휘된다는 것과 관련이 있다. 뇌의 일부 영역만이 인간의 지적 능력에 영향을 미치는 것은 아니라는 것이다. 여러 뇌 영역이 같이 발현이 되어야 고차원의 인지 기능을 잘 수행할 수 있다.

그동안의 연구를 통해 지능에 영향을 미치는 가장 유력한 영역으로 전두엽과 두정엽이 거론된다. 전두엽은 기억력, 사고력 등을 주관하고 다른 영역에서 들어오는 정보를 처리한다. 두정엽은 감각 정보와 공간 인식 등에 관여한다. 또한, 수학이나 물리학에서 필요한 계산 및 연산 기능들을 처리한다.

연구에 의하면 지능이 높을수록 전두엽과 두정엽의 구조적 연결성도 높게 나타난다. 따라서 다양한 뇌 영역들 간의 정보 전달이 원활하게 되어야 지능을 높일 수 있다. 책상에 앉아 있는 것만으로는 두뇌 개발에 한계가 있음을 간접적으로 시사한다. 다양한 경험과 활동 그리고 신체 운동을 꾸준히 하여 뇌의 유연성을 높여야 한다.

2019년 말 발발하여 인류를 수년간 괴롭힌 코로나19도 이러한 점을

3. 다양한 경험과 놀이의 중요성 | 85

너무도 잘 보여 주고 있다. 아이가 태어난 뒤 생후 몇 년간은 인지 발달에 매우 중요한 시기이다. 특히 아이가 집안에서만 있고 외부 세계에서 활동하지 않으면 인지 능력 발달이 크게 더뎌진다. 코로나19 팬데믹 기간 중 태어난 아이들의 평균 IQ는 78 정도로 낮다는 연구가 나온 것이다. 코로나19로 인해 보육원과 학교 등이 문을 닫고 부모들이 재택근무를 많이 하고 일과 육아를 병행하면서 아이들이 받는 자극이 크게 떨어진 것이 원인으로 보인다. 특히 사회적·경제적 취약층 가정의 자녀는 더 낮은 IQ 점수를 보였다. 물론 이 연구 하나로 일반화할 수는 없고, 어릴 때 인지 점수가 낮은 것이 장기적으로 어떠한 영향을 미칠지는 불확실하다. 그렇지만 여기서 중요한 시사점은 바로 아이들이 다양한 경험과 자극을 받는 것이 중요하다는 사실이다.

자녀와 함께 노는 것이 부모가 할일

왜 부모가 아이와 함께 놀고, 여행하고, 운동을 하는 것이 가장 좋은 교육일까? 이 글을 읽는 독자를 필자가 과연 설득할 수 있을지 무척 고민을 했다. 그래서 우선 필자 나름대로 정리하여 설득을 시도해 본다. 사실 지능은 선천적인 요인이 보이지 않게 강력하게 작용한다. 어린 시절 지능의 40%가 유전적인 영향이다. 다시 말해 어릴수록 타고난 것보다 환경적인 요인이 더 지적인 능력과 학습에 영향을 준다는 의미이다. 그러나 사춘기 후반에 들어서면 유전적 영향이 75%까지 증가한다. 중학교까지는 잘하다가 고등학교 고학년에 올라가면 성적이 떨어지는 경우가 많은데 그것은 유전적 영향으로 설명할 수 있다. 성장할수록 내재하는 지능이 점점 발현되면서 다른 영향에 의한 흔적을 지워 버린다.

물론 환경이 20~30% 정도 영향을 주지만 여전히 선천적인 요인의 영향이 점점 커진다. 따라서 타고난 유전성이 더욱 잘 발휘되려면 단순한 지식 공부로는 한계가 있을 수밖에 없다.

인간의 선천적인 지능이 제대로 발현되려면 육체적 정신적인 건강과 체력, 다양한 경험을 통한 감성 능력의 활성화, 뭔가 하고자 하는 의지를 키워 주는 것이 중요하다. 그것은 단순하게 지식을 전달하는 방식으로는 가능하지 않다. 바로 다양한 경험과 활동의 중요성이다.

그것은 우리나라뿐만 아니라 미국의 대학 입시에도 반영되었다. 미국의 명문 대학뿐만 아니라 대부분의 대학이 학업 성적과 봉사활동, 악기 연주, 운동 같은 과외 활동을 감안하여 신입생을 뽑는다. 다양한 인재

[그림 2-3] 동경대학 합격자 발표회 모습. 일본에서도 우리나라같이 입시 경쟁이 과다하여 사회문제이다
(출처: Wikimedia Commons, Chris 73)

를 뽑는다는 취지도 있지만, 다양한 과외 활동을 한 사람이 학업 능력
에 긍정적 영향을 준다는 것이 통계적으로 확인되었기 때문이다.

미국의 대입 전형은 학업 성적 외에 다양한 정보를 점수로 합산하지
않고 종합적, 총체적, 주관적으로 판단해 당락을 결정하는 개별적 검토
(individualized review)가 특징이다. 공통적으로 성적 및 활동, 지원자
의 개인적 특성과 경험, 학업에 대한 열정 등을 개별적이면서도 종합적
으로 고려한다.

이러한 제도가 우리나라에도 도입되었다. 약간은 걱정스러운 것은
이것이 아이들을 또 다른 입시지옥으로 떨어뜨릴지 모른다는 사실이
다. 아이들을 위한 다양한 경험이 아니라 대학 입시를 위한 '스펙' 쌓기
가 되어 아이들에게 동기와 열정이 발휘되기는커녕 아이들을 괴롭힐까
우려되고, 실제로 그렇다.

2004년 19명의 소년과 14명의 소녀를 대상으로 한 연구도 이점을 잘
설명해 준다. 실험에 참가한 사람들 중에는 어렸을 때는 수학 보충교육
을 받아야 할 정도로 힘들게 공부했지만 컴퓨터 공학 박사학위에 지원
할 계획을 세운 사람도 있었다. 그에게 변화가 온 것은 학교에서 정말로
자신이 흥미를 느끼는 과목을 배우기 시작했을 때였다고 회고하였다.

흥미와 동기 그리고 열정이 스스로에게서 나오지 않으면 무엇을 해
도 잘할 수가 없다. '열정을 가져라, 동기를 가지고 해라!'라고 말을 해봐
야 소용이 없다. 그건 그냥 잔소리일 뿐이다. 그것은 아무리 얘기해도
소용없다. 아이들을 키울 때 부모가 할 일은 아이들에게 운동하고 여행
할 수 있는 기회를 많이 마련하여 다양한 경험을 할 수 있게 하는 것이

다. 다양한 여행을 다니고, 특별한 경험을 하고, 강렬하고 힘든 도전의 경험을 하여야 건강한 아이로 성장할 수 있고 그것이 바탕이 되어 정신적인 건강과 열정도 생길 수 있다.

우선 아이들과 여행을 많이 다닌다. 명심할 것은 결코 교육을 목적으로 해서는 안 된다는 점이다. 아이들과 부모가 추억을 쌓고 즐겁고 행복한 기억을 가지는 것이다. 이것이 삶이다.

여행의 중요성은 아무리 강조해도 지나치지 않다. 그것은 인간의 역사가 말해 준다. 문화가 그 이전의 문화를 기반으로 삼아서 발전하는 과정을 인류학자들은 문화적 축적(cultural ratcheting)이라고 부른다. 과거의 문화로부터 배우고 그것을 기초로 다시 새로운 것을 쌓아가는 것이 인간의 문명이다.

그래서 보다 폭넓게 지적인 사람을 만나고 접촉하고 여행을 하고 보고 들은 사람이 많은 것을 배우고 새로운 아이디어를 만들어 낼 가능성이 높다. 진화유전학자 마크 토머스(Mark Thomas)의 말대로 새로운 아이디어를 생각해야 하는 경우 "문제는 당신이 얼마나 똑똑한가가 아니다. 얼마나 잘 연결되어 있느냐이다." 상호 연결성은 문화적 축적을 일으키는 핵심이다. 그래서 청소년기에 여행을 많이 하고, 다양한 문화와 접촉하고, 다양한 경험을 하는 것이 중요하다. 그것은 가족의 행복이자 삶이면 동시에 교육이 되는 것이다.

우리나라의 대표적인 뇌과학자인 가천대학교 서유헌 석좌교수는 아들이 중3 겨울방학이었을 때 함께 유럽 곳곳을 여행했다고 한다. 밤새워 달리는 기차 안에서 아버지와 아들이 나란히 누워 시를 읽고 마음을 나누었다. 그에게 공부란, 어린 시절 밤하늘의 별을 바라보며 느꼈던 신비스러움의 실체를 알고자 했던 바람의 실현이었을 것이다(한겨레신문, 2013.6.10. 편집).

인간이 여행을 하는 것은 그 자체가 지적인 호기심이다. 독일의 역사학자 빈프리트 크레치만(Winfried Kretschmann)은 자신의 저서 『여행의 역사』에서 "초기의 인간들은 더 먼 세계에 대한 호기심으로 여행을 시작했다."라고 말했다. 인류의 역사는 새로운 것에 대한 열망의 발로인 여행으로 확장됐고, 지금도 그 역사는 계속되고 있다. 인류는 먼 세계를 향한 막연한 호기심을 안고, 비록 그 길이 고행을 수반한다 해도 멈추지 않았다. 프랑스의 철학자 가브리엘 마르셀(Gabriel Honoré Marcel)이 인류를 호모 비아토르(Homo Viator), 즉 여행하는 인간으로 정의한 것처럼 인간은 본질적으로 낯섦을 향해 길을 가고, 여행을 한다(사이언스타임즈, 2021.9.9.). 그것이 아이들에게 여행을 하게 하는 이유이다.

등산과 야외나 자연에서의 활동에 대해서는 뒤에서 별도로 다룰 것이다. 여기서는 독서에 대해서 간단하게 말하고자 한다. 독서야말로 많은 것을 배우고 경험할 수 있는 기회이지만 아이들이나 청소년에게는 그리 쉽지 않은 일이다. 요즘은 아이들뿐만 아니라 성인도 책을 읽지 않는다. 우리나라 사람의 독서는 전 세계에서 거의 꼴찌 수준이다. 특히 아이들은 스마트폰이나 게임 등이 놀이의 주가 되었다. 이러한 환경에서 아이들이 책을 읽는다는 것은 어렵다. 이에 대해 존 로크는 "읽기를 가르칠 때 즐거움을 느끼게 하라. 강요하거나 꾸짖지 마라. 글 읽기 싫어하면 공부를 한 해 연기하는 편이 낫다."라고 말했다.

"아이들은 '스스로' 책읽기에 흥미를 느낄 때만 책을 읽는다."

필자뿐만 아니라 부모들이 잘못하고 있는 것은 아이에게 독서를 강요하는 것이다. 그런 방법은 전혀 먹히지 않는다. 우선 부모 자신들이 좋다고 생각하는 책이 아니라 아이들이 좋아하는 책을 사 주어야 한다. 아이들이 책을 좋아하려면 책이 재밌어야 한다. 그렇지 않으면 아이들은 읽지 않는다. 성인도 재미없으면 아무리 좋은 책도 읽지 않는 것과 마찬가지이다.

우선 책을 가까이 하는 것이 중요하므로 스스로 책방에서 책을 고르도록 하는 것이 가장 쉽다. 다른 것도 마찬가지이지만 아이들의 독서에서 필요한 것은 동기 부여와 흥미이다. 이를 위해 아이들이 직접 좋아하는 책을 고르도록 하는 것이 책에 대한 흥미와 의욕을 잃지 않게 하는데 도움이 된다.

특히 아이들은 단순한 사실을 나열한 교과서 같은 책을 좋아하지 않는다. 또한, 그런 책은 좋은 책이 아니다. 아이들은 인과관계가 명확하게 기술된 책을 선호한다. 아이들을 '왜', '어떻게'를 끊임없이 묻는 '학자'이자 '과학자'이다. '왜'와 '어떻게'는 인과관계를 궁금해 하는 것이다. 다양한 민족과 인종의 3~4세 어린이 48명을 대상으로 두 종류의 책을 3주 동안 읽힌 연구는 그것이 사실임을 보여 준다. 두 종류의 책 모두 동물과 관련된 내용이지만, 한 종은 단순히 동물의 특징을 나열한 것이며, 다른 한 종은 동물들의 행동과 특징을 인과관계에 맞춰 구체적으로 설명하는 것이었다. 아이들은 후자를 더 선호했으며 책 내용을 더 오래 기억했고 다음 단계의 책을 좀 더 쉽게 읽는 것으로 확인됐다.

인간은 선천적으로 인과관계에 흥미를 가진다. 환경에 적응하여 진화를 하면서 세상의 인과관계가 생존과 직결되었기 때문이다. 인과관계를 바탕으로 우리 주변의 세계를 이해하고 그 원리를 스스로 파악하려고 한다. 특히 부모부터 책을 읽어야 한다. 부모가 책을 가까이 하지 않으면 아이들도 그럴 가능성이 높아진다. 아이들은 부모의 말이 아니라 행실을 닮는다.

필자는 자녀들이 모두 컸고 모두 미국 대학 박사과정에 들어갔다. 이 책을 쓰기 전 필자의 일천한 교육관이나 인간에 대한 부족한 이해에 기초한 교육 방식을 생각하면 놀랍다. 이 글을 쓰면서 필자가 잘한 것은 늘 아이들과 여행을 다니고 낚시와 등산을 한 것이었다. 특별히 히말라야 트레킹도 함께한 것이 기억이 생생하다.

아이들을 키우면서 느낀 것은 아이들은 결코 '아이'가 아니라는 것이다. 어른들이 생각하는 것보다 훨씬 '크고' 생각도 많다. 어리지만 성찰하는 존재이다.

그래서 성공만을 위한 입시는 부작용이 있을 수밖에 없다. 아이들은 지식이 입력되는 컴퓨터 프로그램이 아니다. 아이들은 고민하고 방황하고 생각하고 성장하고 있는 '살아 있는' 존재이다.

아일랜드는 고등학교 과정 중에 1년간 정규 수업을 하지 않고 진로를 고민하는 전환학년제(Transition Year)를 제공한다. 덴마크의 방과 후 학교(After School)는 정규 수업을 하지 않고 6개월에서 1년간 과외 활동만 한다. 영국의 갭 이어(Gap Year)도 유사한 교육 프로그램이다. 청소년에게 자기 정체성을 찾을 시간을 주는 프로그램이다. 그것을 통하여 청소년이 자기 주도적으로 독립적으로 학습하고 살 수 있는 힘을 만들어 준다. 부모들이 동의하기 어려운 프로그램이다. 그러나 분명한 것은 참여한 학생들은 스스로 학습에 참여하게 되었다는 점이다.

남녀 차이로 보는 환경의 중요성

지능의 후천적인 면은 남자와 여자의 지능과 '수학' 능력의 차이를 보면 명확하다. 2014년에 마리암 미르자카니(Maryam Mirzakhani, 1977~2017) 스탠퍼드대학 교수는 여성 최초로 '수학의 노벨상'이라 할 필즈상을 받았다. 상이 만들어진 지 78년 만에 처음이다. 그녀는 이란 출신이었다. 중동에서는 남자와 여자의 수학 성적 차이가 많이 난다. 전 세계의 수학 성적도 남자가 여자보다 훨씬 잘한다. 대부분의 사람은 남자와 여자는 타고날 때부터 수리 능력에서 차이가 난다고 생각한다. 여자는 좌뇌와 우뇌가 남성보다 잘 연결돼 있어 수리 분석을 잘못하고 남성은 좌우가 잘 구분되어 수학을 잘한다는 주장도 한다. 좌뇌형은 수리 논리가 강하고 우뇌형은 창의적인 문과가 유리하다고도 말한다.

[그림 2-4] 여성 최초로 수학의 노벨상이라는 필즈상을 받은 마리암 미르자카니. 여자는 수학을 못한다는 통념과는 달리 남녀의 수학 능력 차이는 선천적인 것이 아니라 후천적이다
(출처: Wikimedia Commons, Florian Caullery)

그러나 이것은 단지 속설일 뿐이다. 미국 유타대학에서 미국인 7~29세 1,011명의 뇌를 조사한 결과 어떠한 '편중성(뇌가 특정 기능에 의존하는 현상)'도 발견하지 못했다. 학습 능력을 좌뇌와 우뇌로 나누는 것은 비과학적이다. 수학을 할 때는 좌뇌와 우뇌를 모두 사용한다. 2008년 연구를 보면 남녀의 수학 성적 차이가 성불평등지수와 비례한다. 남녀 평등이 높은 나라일수록 수학 점수 차가 작다. 남녀평등 정도가 높은 북유럽 국가에선 여학생의 수학 성적이 남학생과 비슷한 반면 그렇지 않은 터키는 큰 차이가 났다.

수학 능력뿐만 아니라 다른 부분에서도 대부분 거의 차이가 없다. 과거에는 태아가 남성 호르몬인 테스토스테론을 분비해 남성적인 뇌로 성장하면서 남녀 간 뇌 차이가 발생한다는 이론이 정설처럼 받아들여졌었다. 그러나 남녀 간 뇌 구조에 성 차이는 없고, 대부분의 사람은 남성과 여성의 사고 구조 특성을 동시에 지니고 있다는 연구가 나왔다. 남녀 1,400명의 뇌를 자기공명영상(MRI) 장치로 두뇌 영역의 크기를 측정하고 성별에 따라 주로 발달하는 부위를 구분한 연구를 진행했다. 그리고 성별에 따라 주로 나타나는 특성에 따라 남성 영역과 여성 영역, 중간 영역으로 나눴다. 분석 결과 남성과 여성은 뇌의 161개 영역 가운데 기억을 관장하는 해마와 위험을 회피하는 능력을 관할하는 하측 전두회를 포함해 29개 뇌 영역에서 차이가 나타났다. 그러나 자신의 성별에 치우친 뇌 영역이 발달한 사람은 8%밖에 안 되는 것으로 나타났다. 대부분은 자신의 성별뿐 아니라 반대 성별에서 발달하는 영역도 발달했다. 성별에 상관없이 두뇌가 중간적인 성질을 지님을 의미한다. 그동안 지나치게 성별에 근거해 뇌를 분석하는 방식에 한계가 있다는 사실을 처음으로 제시한 연구이다. 남녀 간 공간 인지 능력의 차이를 분석한 결과 성별에 거의 영향을 받지 않는다는 사실도 밝혀졌다.

이에 대해 반론도 있다. 일부 신경과학자는 기능적인 측면에서 남녀 간 차이가 나타난다고 주장한다. 20~30대 남녀 1,000명의 뇌를 촬영한 결과 남성은 두뇌 반구 안에서 신경 신호가 활발하게 오고가는 데 반해 여성은 두뇌 반구 간에 신호 전달이 더 활발하다는 연구 결과가 나왔다. 남자는 운동에 적합하고 여자는 직관적인 일에 적합하다는 의미이다. 물론 남자와 여자가 성별 차이로 인하여 일부 뇌 구조나 기능에서 차이가 날 수는 있다. 그러나 근본적인 차이는 없다.

남자와 여자의 뇌가 크기가 다르다면서 남자의 우월성을 주장하는 사람도 있다. 실제로 남자의 뇌는 여자보다 평균적으로 8~13% 정도 더 크다. 1990년부터 2013년까지 발표된 신경과학 연구논문 218개를 분석한 연구 결과에 의하여 확인된 것이다.

그러나 일반적으로 두뇌의 크기는 지능에 의미 있는 차이를 가져오지 않는다. 뇌의 크기보다는 뇌 속의 신경세포 수나 배열 구조가 지능에 더 큰 영향을 준다. 만 41세 이상 영국인 1만 3,000여 명을 대상으로 분석한 결과 뇌의 크기가 남녀에 따라 차이가 있지만 인지 능력에 영향을 주지 않는다는 것이 확인되었다. 뇌의 대뇌피질은 여성이 남성보다 두꺼운 경향이 있다. 이것으로 상대적으로 뇌가 작더라도 남녀 사이의 인지 능력에 눈에 띄는 차이는 없다는 사실을 설명할 수 있다.

남자의 뇌가 여자보다 더 크지만 지능에서 성별에 따른 지적 능력의 차이는 없다. 남성과 여성의 뇌를 구별하는 보편적인 표식도 없다. 1990년대부터 2020년까지 30년에 걸쳐 남녀의 뇌를 연구한 수백 개의 뇌 영상 연구를 분석한 결과, 거의 모든 연구에서 뇌의 성차에 대한 뚜렷한 차이점이 없었다. 대뇌피질 내 특정 영역의 부피나 두께는 종종 차이가 있는 것으로 보고되지만 차이가 나는 영역이 연구마다 크게 다르다. 남자는 좌우뇌가 독립적으로 작용하는 반면 여자는 더 잘 연결되어 조화롭게 작용한다는 견해도 반박되었다. 좌우뇌의 연결성 차이는 1% 미만일 만큼 미미했다. 남자가 뇌졸중 같은 뇌 손상 장애에 더 취약하며, 남자아이가 여자아이보다 자폐증 진단을 네 배 더 많이 받는다는 것을 증거로 남녀 간에 차이가 있다는 견해도 반박되었다. 이는 의사가 가진 편견이나 진단 기준에 의한 것이었다.

이러한 필자의 설명에도 여전히 사람들은 특히 남자들은 의구심을 가질 것이다. 왜냐하면 수학계나 과학계뿐만 아니라 대부분의 분야에서 남자들이 여자들보다 잘하고 있기 때문이다. 그래서 제대로 아는 것이 중요하다. 미국에서 물리학으로 학사, 석사, 박사 학위를 받는 여성의 비율은 2014년 기준으로 20% 정도이다. 수학과 통계는 학사와 석사 학위를 받는 여성이 40% 정도로 높지만, 박사학위에 이르면 29%로 떨어진다. 지난 10년간 국제 수학 올림피아드에 참가한 여학생은 전체의 10%에 불과하다(2018). 이런 자료를 보이는 그대로 읽으면 누구나 필자의 주장에 이의를 제기할 것이다.

그러나 2019년의 연구 결과를 보면 생각이 달라질 것이다. 국제 학생 평가 프로그램(Programme for International Student Assessment, PISA)은 15세의 학생을 대상으로 읽기, 수학, 과학 세 분야의 능력을 시험한다. 읽기 분야에서는 여학생이 더 높은 점수를, 수학과 과학에서는 남학생이 더 높은 점수를 받아 왔다. 연구진은 2006년부터 2015년까지의 결과를 분석했다. 시험 시간이 길수록 뒤에 있는 문제일수록 남녀 모두 정답률이 떨어졌다. 뒤쪽으로 갈수록 어려운 문제가 나왔기 때문도 아니었다. 뒤쪽으로 갈수록 남학생의 정답률이 더 많이 떨어졌다. 수학은 시험 초기에는 남학생의 성과가 뛰어났지만, 뒤로 갈수록 남녀가 거의 똑같아졌다. 시험 시간이 길수록 수학, 과학 분야에서 남녀의 격차가 줄어들었다.

읽기 시험에서도 마찬가지였다. 여학생이 남학생보다 더 오래 집중력을 유지할 수 있기 때문이라고 추측되었다. 수학에서는 한 문제라도 꾸준히 생각하고 오랫동안 집중해서 푸는 능력이 필요하다. 그렇다면 오랫동안 집중력을 발휘할 수 있는 여성이 오히려 수학에 더 적합할 수도 있다. 이런 연구는 앞으로 자라나는 학생들을 어떻게 평가해야 할 것인지에 관한 실마리가 될 수 있다. 어떤 방식으로 평가하느냐에 따라 묻힐 수 있는 재능을 살릴 수도 있는 일이다.

경제개발협력기구(OECD)는 학업 성취도에 대한 국제 비교를 위해 3년 주기로 국제학업성취도평가(PISA)를 실시한다. 전 세계 80여 개 국가의 만 15세 학생들을 대상으로 읽기, 수학, 과학 3개 분야에 대한 평가이다. 그 결과를 보면 많은 나라에서 읽기는 여학생이 강세를 보이지만 수학, 과학 분야는 남학생의 성적이 더 높게 나오는 경향이 있다. 과학과 수학 분야에서 남녀 간 차이가 생물적 요인 때문인지, 문화적 요인 때문인지를 놓고 전문가들이 논란을 벌인다. 그러나 2015년부터 국제학생 평가 프로그램에서 여학생이 모든 분야에서 남학생을 앞질렀다.

남성과 여성의 수학 능력에 본질적인 차이가 있는지는 알아내기 어렵다. 근본 원인을 알아내려면 외적인 환경 요소가 모두 사라져야 한다. 지금 당장은 선천적인 능력을 판단하기에 너무 많은 요소가 관여하고 있다.

『화성에서 온 남자 금성에서 온 여자』라는 책이 한때 베스트셀러였다. 또한, 그것이 사실인 것처럼 회자된다. 남자는 우뇌가 여자는 좌뇌가 발달하고 남자는 분석적이지만 여자는 감성적이라는 주장도 있다. 뇌과학자들은 두뇌의 어떤 부분도 예술, 수학 기능에만 관계된다고 보지 않는다. 인간의 거의 모든 행동과 경험들이 뇌 전체에 분포된 뉴런에 의해 이루어지고 있다. 실제로 뇌의 한 부분인 대뇌피질은 두 개의 반구로 구성돼 있지만 둘 다 뇌의 나머지 부분을 구성하는 많은 피질 아랫 부분과 복잡하게 연결돼 있다.

이렇게 길게 남녀의 지적인 능력에 대해 설명한 것은 아이들이 자랄 때 겪는 사회적 경험이 중요하다는 점을 강조하기 위해서이다. 여자와 남자의 지적인 특성 차이는 결국 사회문화적인 요인 때문이다. 수리과학 분야에 대한 성별 차이는 남성적 문화, 어린 시절 수리과학 분야 노출 정도, 어떤 일을 성공적으로 해낼 수 있다고 믿는 자신감의 차이 때문이다.

사회의 전반적인 분위기가 남녀 학생들의 수리과학(Science, Technology, Engineering, Math, STEM) 과목에 대한 흥미도와 성적을 좌우한다. 영국인과 일본인 2천여 명을 대상으로 설문조사를 실시한 결과 일본인들은 수리과학이 남성에게 더 적합하고 잘할 수 있다고 생각하는 경향이 강했다. 영국인들은 수리과학 분야를 공부하는 여성은 다른 분야를 공부하는 여성들보다 덜 매력적이라는 답변이 나왔다. 일본에서는 지적인 여성에 대해 부정적 견해를 드러내고 있고 성평등지수

가 영국보다 낮아서 여학생의 수리과학 분야 진출을 이끌어내기가 영
국보다 더 어렵다.

　아이들이 자랄 때에도 마찬가지이다. 아이가 무엇을 하던 칭찬을 받
고 격려의 말을 들으면 결국 잘하게 된다. 특히 남녀차이에 대해서는 어
렸을 때부터 아무런 차이가 없음을 듣고 경험하게 해주는 것이 좋다.
아이들을 키우면서 여행을 하고 다양한 체험을 하게 할 때에도 남녀를
구분하지 않는 것이 필요하다는 것을 길게 설명하였다. 이것은 아무리
강조해도 지나치지 않다.

2) 운동하고 뛰어노는 교육

아이들은 뛰어노는 것이 최고의 교육

　우리나라 아이들은 운동할 시간도 잠잘 시간도 친구들과 놀 시간도
부족하다. 학원과 사교육을 중심으로 한 입시 공부에 매달리기 때문이
다. 아이들은 어릴 때부터 좋은 대학에 가서 좋은 직장에 들어가라는
압박을 받는다. 물론 좋은 대학, 좋은 직장, 성공은 좋은 것이다. 문제
는 그러한 교육 방법이 그러한 목적을 달성하는 데 도움이 되지 않는다
는 것이다. 설령 입시에 성공한다고 하더라도 입시 공부를 하던 때를
지옥 같았다고 말하는 청소년도 많다.

　유엔아동권리협약(Convention on the Rights of the Child, CRC)은 청
소년의 놀 권리를 명시하고 있다. 물론 우리나라를 특정해서 만들어진
협약은 아니지만 정말로 우리나라가 관심 가져야 할 협약이다. 그것은

그냥 아이들을 놀게 하자는 것이 아니라 과학적인 근거를 갖고 제시된 것이다. 이 협약은 18세 미만 아동과 청소년의 권리를 담은 국제적인 약속으로 1989년 11월 20일 유엔에서 만장일치로 채택되었다. 하지만 우리나라에서는 아는 사람이 거의 없다. 필자도 이 책을 쓰면서 알게 되었다. 그 협약에는 아동들이 누구나 마땅히 누려야 할 생존, 보호, 발달, 참여의 권리가 담겨 있다. 발달의 권리(Right to Development)에는 교육받을 권리뿐만 아니라 여가와 문화생활을 할 권리가 포함되어 있다. 이러한 권리는 인간으로서 성장기에 누려야 할 아주 기본적인 권리이다. 특히 제31조에는 "어린이와 청소년은 충분히 쉬고 충분히 놀아야 한다."라는 조항이 있다. 그러나 2019년 우리나라의 유엔아동권리협약 이행 심의에서 "한국의 공교육의 목표는 오직 명문대 입학인 것으로 보인다. 아동의 잠재력을 십분 실현하고 발달을 목표로 하는 것이 아니라 경쟁만이 목표인 것 같다. 이는 아동권리협약의 내용과 거리가 멀다."라는 지적을 받았다. 이를 아는 사람도 거의 없고 실질적으로 정부가 관심을 기울이는지 들은 바도 없다.

청소년 운동 안 시키는 어리석은 입시 교육의 해악

세계보건기구(WHO)에서 제시한 권장 운동 시간은 5~17세 아동과 청소년의 경우 하루 최소 1시간 이상이다. 그러나 2019년 세계보건기구 (WHO)가 전 세계 146개국 11~17세 남녀 청소년을 대상으로 조사한 바에 의하면 한국 청소년의 신체 활동 수준은 세계보건기구의 권고 수준에 훨씬 못 미친다. 규칙적인 운동과 과외 활동의 필요성이 과학적으로 널리 주장되지만 여전히 우리나라는 비과학적인 교육이 계속되고 있다.

청소년뿐만 아니라 성인들의 운동 시간 특히 야외 활동도 부족한지 비타민 D 수치가 낮다. 우리나라는 일조량이 충분하여 비타민 D가 부족할 수가 없지만 우리나라 사람의 비타민 D 수치는 세계 최하위 수준이다(2008). 2008년 이후에도 부족 현상이 심화되고 있다. 일조량이 풍부한 여름철에도 적정 혈중 농도에 미치지 못하고 여성과 20~30대일수록 부족 현상이 두드러졌다. 그래서 그런지 OECD 국가 중 우울증 환자가 가장 많고 청소년의 사망 원인 1위가 자살이다. 일조량과 야외 활동 그리고 운동은 청소년의 정신 건강과 육체 건강 그리고 행복과 삶의 질을 위한 필수물이다.

[그림 2-5] 네팔 3대 트레킹 코스 랑탕 히말라야 4985m의 트레커들. 히말라야 트레킹 같은 광대한 자연에서의 경험은 청소년의 정신 건강과 인지 능력 발달에 큰 도움이 된다고 알려져 있다 (출처: Wikipedia Commons, Prabeshsdev)

운동과 야외 활동이 인간에게 왜 필요하게 되었는지는 당연히 진화의 역사에서 찾아볼 수 있다. 수백만 년 전부터 인간의 조상은 두 발로 걷고 뛰기 시작했다. 약 1만 년 전에 농업과 목축이 시작되기 전까지 인간은 사냥과 채집으로 먹고 살았다. 사냥과 채집을 하려면 공간 감각이 필요했는데, 이는 뇌의 해마와 전두엽 피질에서 담당한다. 먹을 것을 찾아내고, 사냥터와 채집할 장소도 기억해야 했다. 수렵과 채집은 혼자하기보다는 공동으로 하여야 하므로 의사소통도 필요했다. 이러한 기능은 주로 뇌의 전전두엽 피질(Prefrontal Cortex)에서 담당한다. 이러한 활동 즉 운동은 지능과 '함께' '공진화'했을 것이다. 따라서 운동과 뇌의 기능은 서로 상관관계가 있을 것임이 분명하다.

운동이 뇌에 어떤 영향을 미치는지 아직은 완전하게 규명하지 못했지만 기존 연구 결과를 종합해 볼 때, 운동이 인지 기능과 학습 능력에 유익하다는 점은 명확하다. 인간뿐만 아니라 동물도 마찬가지이다. 쥐를 대상으로 한 실험에서 운동을 하면 뉴런이 생성되고 기억력을 개선시킨다는 것이 밝혀졌다. 꾸준한 운동을 통해 심폐 지구력을 유지한 사람들은 두뇌 기능을 비교적 건강하게 유지할 수 있다. 심폐 기능이 좋아 잘 달리는 사람은 20년 이상이 지나도 다른 사람들보다 인지 능력이 더 좋다. 또한, 꾸준히 운동을 하여 심폐 기능을 잘 유지할수록 인지 능력이 잘 유지되었다.

이 같은 결과는 흡연과 당뇨 등 다른 요인을 감안해도 같은 결과가 나온다. 이는 심폐 기능을 키운 사람과 젊을 때부터 꾸준히 운동을 한 사람은 건강한 뇌를 유지할 수 있음을 보여 준다. 여러 연구에서도 심혈관 건강과 두뇌 건강 간에 상관관계가 있다는 것이 밝혀졌다. 심폐 기능은 신체가 두뇌로의 혈액 공급을 얼마나 잘 할 수 있느냐를 보여주는 지표이기 때문에 운동 지속 능력은 두뇌의 기능에 영향을 주기 때문이다.

아이나 청소년뿐만 아니라 노인의 뇌에도 운동이 긍정적인 영향을 미친다. 60~79세 노인이 유산소 운동을 하면 뇌의 신경세포 성장 인자(Brain-derived neurotrophic factor, BDNF)와 해마 영역이 증가하고, 기억력이 개선되는 것도 밝혀졌다. 운동을 통한 뇌 기능의 향상은 기존 뉴런 사이의 결합의 증가에 의한 것으로 보인다. 운동 부족은 과체중으로 이어지고 또한 복부 지방이 많아지게 된다. 복부 지방이 많아지면 뇌의 회백질도 감소한다. 회백질은 뇌나 척수에서 신경 세포체가 밀집되어 짙게 보이는 부분이다. 뇌의 회백질은 인지 기능을 담당하는 부위이다. 그런데 복부 지방은 뇌의 회백질을 줄일 수 있다. 보통 사람의 체중이 3kg 더 증가할 때마다 회백질의 양이 0.3% 감소하는 것으로 나타났다.

'잘 놀아야 공부도 잘한다.'라는 속설은 과학적 근거가 있는 셈이다. 활발한 신체 활동은 두뇌와 사회성 발달을 촉진한다. 신체 활동이 많은 어린이일수록 수학, 영어, 읽기 같은 기본 과목의 성적에서 긍정적인 상관관계가 나타난다. 활발한 신체 활동이 혈액 순환을 도와 뇌에 풍부한 산소를 공급하고 기분을 좋게 만들어 스트레스를 이기는 호르몬 분비도 촉진되기 때문이다. 입시 위주의 교육으로 사실상 체육 수업이 사장된 우리 교육이 우려된다. 아이들에게 운동은 절대적으로 필요하다.

아동과 청소년이 규칙적으로 신체 활동을 하면 정서 조절 능력이 좋아지고, 학업 성취도도 향상된다. 2000~2002년 영국의 아이들 4천여 명의 장기 추적 자료를 활용한 연구 결과에 의하면 규칙적으로 신체 활동을 하는 7세 아동은 자기 조절 능력과 초등학교 입학 후 학업 성적이 더 우수했다. 규칙적으로 체육 활동을 한 11세나 14세 청소년도 자기 조절 능력이 우수하고 학업 성취도도 높았다. 열 살이 되기 전에 규칙적으로 운동하는 아이들은 중학교에 진학하여 주의 집중력이 더 좋고 '주의력 결핍 과다행동장애'(ADHD) 발생 확률도 낮은 것으로 나타났다. 특히 초등학생 시절 체육 활동이 12세 이후 학업 성적과 집중력 향상에도 직접적 연관성이 있는 것으로 조사됐다. 이 같은 상관관계는 남학생보다는 여학생에게서 두드러지게 나타났다.

체육 활동이 아이들의 정신 건강에 다양한 도움을 준다는 것은 잘 알려져 있지만, 아무리 강조해도 우리 부모들은 대부분 수용하지 않을 연구 결과이다. 주변 학부모나 학원의 말은 들어도 과학자의 말은 따르지 않는 반과학적인 현상이 우리 사회에 팽배하다.

운동을 하면 아이들은 즐겁고 행복하고, 몸도 마음도 건강해진다. 몸이 건강할수록 시험 성적도 우수하다. 얼마나 쉽고도 좋은 교육인가!

한편 운동도 종류가 많으니 운동 효과를 잘 이해해야 한다. 6~18세 어린이와 청소년 약 2천여명의 최대 유산소 운동 능력(Cardio Respiratory Capacity), 근력(Muscular Strength), 운동 능력(Motor Ability)과 학습 성취와의 연관성에 관한 연구 결과 최대 유산소 운동 능력은 학습 성과에 영향을 미치는 것으로 나타났다. 반면 근력은 학습 성과에 영향을 미치지 않았다. 특히 심폐 능력과 운동 능력은 학업 성적과 밀접한 관계가 있다. 또한, 스피드와 민첩성, 동작 조정 능력 등의 운동 능력이 심폐 능력보다 학업 성적과 더 큰 연관이 있다. 유산소 운동을 하면 혈액

순환이 좋아져서 뇌로 전해지는 산소와 영양 공급이 늘어 뇌세포의 활동이 왕성해진 결과로 추정된다.

운동이 두뇌에 미치는 이점은 효소(GPLD1)에서도 찾을 수 있다. 노화한 쥐를 대상으로 실험한 결과 운동 후에 이 효소가 증가해 쥐의 인지 기능이 향상되었다. 그리고 7주 동안 규칙적으로 운동한 노화한 쥐의 혈액을 운동을 하지 않은 노화한 쥐에게 투여했더니 운동하지 않은 쥐도 학습 능력이 크게 향상됐다. 이들 쥐의 해마에서 새로운 뉴런의 생성이 증가하였다. 사람도 건강한 노년층의 혈액에서 이 효소가 더 많다. 이 효소는 신체의 혈액 응고 및 염증을 감소시켜 뇌에 영향을 미치는 것으로 보인다. 혈액 응고 및 염증 상승은 나이가 들어가면서 인지 능력 쇠퇴 및 치매 등과 연관이 있다.

[그림 2-6] 자연과 함께하는 운동이 청소년의 뇌와 인지 능력 향상에 매우 긍정적인 효과를 줄뿐만 아니라 정신 건강에도 좋다는 것이 과학적으로 밝혀지면서 선진국을 중심으로 자연에서의 아웃도어 활동이 강화되고 있다
(출처: Wikipedia Commons, Primavera-ol)

유사한 연구는 너무도 많지만 몇 개만 더 소개하고 마무리한다. 부디 이러한 과학 연구를 믿고 실천하기를 바라는 마음이다. 연구에 의하면 아이를 운동장에 자주 데려가서 운동을 시키면 체력이 좋아질 뿐만 아니라 인지·언어 능력까지 함께 발전된다. 7~9세 사이 학생 221명을 대상으로 방과 후 60분간 테니스, 수영, 축구 등 운동 활동을 한 아이들과 그렇지 않은 아이들 사이의 두뇌 발전 정도를 비교·분석하는 연구를 9개월 동안 수행한 결과이다. 연구 결과 신체 활동 없이 책만 읽는 아이보다 다양한 운동으로 체력을 향상시킨 아이들이 더욱 인지 능력과 언어 능력 등 두뇌 활동이 발전됐다는 것을 보여 주었다. 신체 활동 증가와 뇌 기능 발전이 상당히 연관되어 있다는 것이다. 걷기만 해도 기억력은 물론 창의성까지 향상시킬 수 있다. 2014년 스탠퍼드대학교에서 48명의 참가자들을 대상으로 걷기가 창의적 사고에 미치는 효과를 실험하였다. 용도 찾기 테스트는 물건의 용도를 찾게 하는 테스트인데 걸으면서 용도 찾기를 테스트했을 때 앉아서 했을 때보다 81% 더 좋은 성과를 얻었다.

이 모든 것은 왜 선진국의 교육 과정에 운동과 체육 활동이 많은지 그 배경을 알 수 있다. 우리나라 중학생의 10명 중 8~9명, 고등학생의 10명 중 6명이 하루 6시간도 못 잔다. 고등학생들의 수면 부족은 과도한 스마트폰 이용과 게임, 학업과 입시 부담 때문이다. 주 3회 이상 패스트 푸드 섭취는 2015년 16.7%에서 2017년 20.5%로, 주 3회 이상 탄산음료 섭취는 2016년 27.1%에서 2017년 33.7%로 증가했다. 우리나라 학생들이 하루 60분, 주 5일 이상 운동하는 비율은 13.8%에 불과했다(대학저널, 2017.11.6.). 아이들을 위해서 부모가 할 일은 너무 쉽다. 운동하고 놀게 하면 아이들은 즐겁고 행복하고 건강하고 학습 능력도 좋아진다.

4. 잘 자고 푹 쉬고 즐거운 학습

1) 잘 놀고 잘 쉬었더니 성적이 쑥쑥!

어린 시절 잘 놀아야 아인슈타인 같은 열정이 나온다

한가하게 지내고 아무것도 하지 않아도 인간의 뇌는 뭔가를 하고 있다. 입력된 정보를 정리하고 불필요한 것들을 삭제하고 있는 것이다. 쓸데없는 것들을 삭제하면 저장 공간이 늘어나고 뇌 기능이 좋아진다.

뇌는 한가하게 있을 때 활동이 비약적으로 늘어난다. 특히 내측 전전두엽피질, 전방대상피질, 쐐기앞소엽, 정수리 옆 해마(두정엽피질) 등에서 그렇다. 이름도 어려운 이 부위들은 각각 정보의 활용, 창의적 사고, 자아 성찰, 정체성과 관련된 곳이다. 아무런 정보와 자극 없이 '멍하니' 있다가 돌연 좋은 생각이 번쩍 떠오르는 것은 이들이 유기적으로 활발하게 움직이기 때문이다. "한가하게 지낼 수밖에 없게 된 요새야말로 가장 심오한 활동을 펼친 나날들"이라고 했던 시인 라이너 마리아 릴케, 원격작용에 몰두하다가 머리를 식힐 겸 정원에서 잠시 명상에 잠겼을 때 만유인력의 법칙을 발견한 뉴턴 등의 사례가 그것이다.

아인슈타인도 마찬가지이다. 그는 스스로 인정할 만큼 수학에 약했다. 동료 연구자들이 수학 계산을 도와줘야 할 정도였다. 아인슈타인의 위대함은 과거 지식에서 벗어나 창의적인 상상력으로 새로운 세계관을 보여 준 데 있다. 아인슈타인은 하루에 10시간 이상을 잤고 낮잠도 즐겼다. 아인슈타인은 집에서부터 프린스턴대학까지 약 2.4 km를 왕복하면서 산책을 했다. 인간의 뇌가 뭔가에 집중할 수 있는 시간은 90분에서 최대 120분이라고 한다. 인간의 뇌는 활발하게 활동하는 90분과 뇌 활동이 저하되는 20분으로 구성된 사이클(Basic Rest Activity Cycle, BRAC)이 늘 작동하는 것이다. 생체 리듬에 따라 자고 먹어야 하듯이 이 사이클을 따라 활동해야 뇌 활동이 최선이 된다.

사람들은 지치면 조용한 곳을 찾아 아무것도 안하고 쉬거나, 산을 오르거나 여행을 다녀오면 충전된 느낌이 들고 활력이 생긴다. 아무 소리가 나지 않고 불빛도 없는 오지에서 초록 식물과 숲, 강물이나 호수에서 가만히 앉아 있으면 마음이 평온해지고 피로가 모두 날아가는 것을 느낀다. 21세기 뇌과학은 이렇게 외부에서 들어오는 정보를 차단하는 여행뿐만 아니라 명상 그리고 수면으로 뇌를 '디폴트 모드'로 만들어 주는 것이 뇌 기능과 기억력 그리고 창의력에 좋다고 말한다.

디폴트 모드에서는 뇌신경이 빠르게 회복되고 재생되어 신경 재생 속도를 20배 이상 높일 수 있다는 연구도 나왔다. 학습할 때는 휴식 시간을 자주 갖는 것이 해마와 대뇌피질 간 연결성을 강화시켜 기억력을 향상시킨다. 충분한 수면을 취하고 학습 중간에 자주 휴식 시간을 가져 주는 것이 필요한 것이다.

휴식의 중요성은 세계의 교육 강국 이스라엘의 유대인에게도 분명하게 나타난다. 유대인의 생활은 근면과 성실이 아니라 휴식이 핵심이다. 유대인의 안식일은 일주일을 일하면 무조건 쉬는 날이다. 6년을 일하면 7년째는 안식년으로 쉰다. 7년씩 7번을 지나고 50년째 되는 희년(year of jubilee)에는 새로운 출발이 시작된다. 『탈무드』에는 "영혼까지도 휴식이 필요하다. 그래서 잠을 자는 것이다."라는 말이 나온다. 유대인의 질문과 토론식 교육 그리고 휴식에 관한 지혜는 유대인에게 놀라운 학문 업적을 낳게 했다. 한때 하버드대학 입학생의 30%가 유대인이었을 정도이다. 잠을 줄여가며 토론 없는 주입식 교육과 입시 교육 취업 교육에만 집중하는 우리와는 많이 다르다.

공부하고 일할 계획보다 쉴 계획을 먼저

'멍 때리고' 있거나 빈둥빈둥 지내는 것은 스트레스를 해소하고 피로를 푸는 데 아주 좋다. 지하철을 타고 가거나 버스를 타고 여행을 하면서 멍하니 있으면 머리가 맑아지고 새롭게 세상을 볼 수 있다. 2001년에 이렇게 아무것도 하지 않을 때 활성화되는 뇌의 부위가 어딘지 밝혀졌다. 이 부위는 생각에 골몰하거나 무언가를 바쁘게 할 때 오히려 활동이 줄어든다. 뇌의 안쪽 전전두엽과 바깥쪽 측두엽, 그리고 두정엽이 그것이다. 당시 이 부위를 '디폴트 모드 네트워크(DMN)라고 명명했다. 아무것도 하지 않고 쉴 때 또는 잠을 잘 때 디폴트 모드 네트워크가 활성화된다. 아무것도 안 하고 있는데도 뇌가 몸 전체 산소 소비량의 20%를 차지하는 이유이기도 하다.

또한, 이 네트워크가 활성화되면 창의성이 생겨나며 문제 해결 능력도 향상된다. 멍하니 있으면 백색질의 활동이 증가되면서 혈류의 흐름이 활발해져 새로운 아이디어를 신속하게 잘 생각해낼 수 있다.

[그림 2-7] 아무것도 하지 않는 '멍 때리기'가 아이디어와 통찰력에 좋다는 것은 널리 알려진 사실이고 뇌과학에 의하여도 입증되었다

(출처: Wikimedia Commons, Myousry6666)

2014년 스탠퍼드대학에서 발표한 논문의 제목은 「당신의 아이디어에 다리를 달아라」이다. 6분 동안 외부에서 걸은 집단, 6분 동안 실내에서 걸은 집단, 책상에 앉아 있기만 한 집단을 비교한 단순한 연구이다. 이들에게 창의성과 관련된 과제를 주었는데 책상에 앉아 있던 집단에 비해 외부 산책 집단은 60%, 실내 걷기 집단은 40%나 더 높은 창의성을 발휘했다.

단 몇 분 동안의 행동 차이가 이런 차이를 유발하였다. 그래서 쉬거나 낮잠을 자거나 산책이나 운동은 적극적으로 하여야 한다. 다시 말해 공부나 일을 하고 남는 시간에 쉬는 것이 아니라 놀고 운동하고 잘 시간을 먼저 짜야 한다. 할 때는 열심히 하고 놀 때는 작정하고 푹 쉬다. 피곤한 상태로 오랫동안 하면 능률도 오르지 않고 피로만 누적된다. 특히 가장 좋은 휴식은 산책이다. 산책을 하면 뇌가 휴식을 취하고 몸도 건강해지고 직관과 창의성도 살아나는 등 일거양득, '꿩 먹고 알먹고'이다.

휴식은 꼭 오랜 기간 여행을 가는 것만이 아니라 틈틈이 쉬는 것도 중요하다. 새로운 지식이나 기술을 배워 형성된 기억을 오래 유지하려면 장시간의 휴식이 필요하다는 게 정설이었다. 밤에 숙면하는 것도 그런 휴식에 해당한다.

그러나 배운 뒤의 짧은 휴식도 중요하다. 뇌는 방금 연습한 새로운 기술에 관한 기억을 짧은 휴식을 통해 강화하고 축적한다. 비록 기술과 관련된 연구이지만 학습에도 적용될 수 있다. 휴식 없이 연속적으로 학습할 때보다 휴식과 학습을 교차할 때 기억력이 더 향상된다. 과학자들은 이를 '간격 효과'라고 부른다. 과학자들은 19세기 말부터 이런 사실을 파악하고 있었지만 휴식의 기억력 강화 효과가 구체적으로 어느 정도인지에 대해선 규명하지 못했다.

2021년에야 그것이 밝혀졌다. 뇌가 새로운 내용의 학습을 할 때 휴식 시간 동안 빠른 속도로 기억을 재생하며, 그 재생 속도는 실제 학습 때보다 20배 빨랐다. 휴식 중의 신경 재생을 통한 기억 강화는 수면 중의 기억 강화 효과보다 약 4배나 더 강력했다. 새로운 걸 학습할 경우 깨어 있는 상태의 휴식이 실제 학습만큼 중요한 역할을 한다는 걸 보여준다. 휴식 시간에 뇌가 방금 연습한 것에 대한 기억을 압축하고 강화하는 것으로 보인다.

오래 앉아 있을수록 집중력이 떨어지며 피곤해지고 건강에도 안 좋다. 중간중간 자신에 맞는 휴식 시간을 만들어 시행한다. 명상, 산책, 잠깐의 잠, 누워 있기 등 자기가 좋아하는 방법을 택한다. 휴대전화, 컴퓨터, 인터넷 등은 끈다. 기타의 시간에는 햇빛을 받으며 산책이나 운동 등을 한다.

수면 시간은 가급적인 일찍 자도록 조정해 나간다. 그래야만 7시간 이상 일정한 시간에 숙면할 수 있다. 낮에 햇빛을 많이 볼수록 밤에 숙면을 취할 수 있다. 창문이 있는 곳에서 활동하기만 해도 밤에 평균 47분 더 깊게 잠들 수 있다는 연구 결과도 있다. 이는 빛이 생체 리듬을 관장하고 몸이 잠들고 깨어나게 하는 신호를 보내기 때문이다.

명상은 최고의 쉼이다

명상은 힌두교나 불교의 수행같이 종교적 색채와 신비감이 강한 것으로 인식되어 왔지만, 오늘날에는 생활 속에서 이루어지고 있으며 뇌과학의 연구 대상이 되었다. 미국에서만 매년 천 편이 넘는 명상 관련 논문들이 학술지에 쏟아져 나온다. 명상을 과학적으로 연구하는 배경에는 뇌의 가소성(plasticity)이 있다. 인간이 겪는 경험이나 외부 자극에 의해 뇌의 크기나 기능이 변한다는 것으로 명상이 그런 역할을 한다.

명상 프로그램에 참가한 이들의 뇌 구조를 분석한 결과, 학습과 기억에 중요한 역할을 하고 자기 인식, 열정, 자기 성찰 기능과 관련된 해마에서 회색 물질의 밀도가 증가하는 것이 관찰되었다. 오랫동안 명상을 해온 사람들은 대뇌, 해마, 감정 조절을 담당하는 안와전두피질 등 뇌의 여러 부위가 명상을 하지 않은 사람보다 더 컸다. 놀라운 사실이다. 아무것도 하지 않는 '멍 때리기', 산책에 이어 명상이 인간의 뇌와 학습에 중대한 영향을 준다는 것을 직접적으로 보여 주는 증거이다.

명상은 종류별로 각기 다른 대뇌피질 부위를 자극한다. 주의 집중 (Attention)이라는 고전적인 명상법은 주의를 한 곳에 집중시키고, 호흡 하나하나에 신경 쓰면서 머리부터 발끝까지 감각에 귀를 기울이는 방식이다.

이러한 명상은 우뇌 전전두엽 피질에서 전대상 피질로 이어지는 뇌의 앞쪽 부분이 두꺼워진다. 집중력을 높이고 감정을 조절하는 두뇌 부위가 발달된 것이다. 자비(Compassion) 명상은 다른 참가자와 감정 이입을 하여 연민과 감사 등의 마음이 우러나오게 하는 방식이다. 두 사람이 하루 10분씩 서로의 말을 경청하고, 힘든 감정을 위로하는 것을 반복한다. 그 결과 우뇌의 연상회에서 시작하는 대뇌섬, 배외측 전전두 피질 등 부위가 커졌다. 사랑에 빠질 때 활성화되는 대뇌섬에 자극이 가해진 것이다.

마음 챙김(Mindfulness)은 맑은 마음으로 다른 사람을 바라보고 받아들이는 방법이다. 그 결과 뇌의 인지 기능을 통제하는 좌뇌의 복외측 전전두피질과 후두엽, 우뇌의 중측두회 등이 발달하였다. 뇌 구조뿐 아니라 스트레스에 반응하는 호르몬인 '코티솔' 분비량도 달라졌다. 명상을 한 사람의 코티솔 분비가 최대 51%까지 감소했으며, 특히 마음 챙김 명상의 스트레스 완화 효과가 두드러졌다.

그러나 명상은 만병통치약이 아니다. 명상은 엄밀한 검증과 임상이 요구된다. 잘못된 정보와 허술한 연구 결과가 만연하고 있기 때문이다. 다양한 주장이 언론 보도, 과학 저서, 논문에 나오지만 과장된 면이 많다. 미국 국립보건원에 따르면 '마음 챙김'에 기반한 명상 프로그램

(Mindfulness-Based Intervention, MBI)의 30%만이 임상의 첫 단계를 통과했으며, 9%만이 클리닉의 엄격한 통제 아래 효능을 검증받았다. 따라서 휴식의 개념으로 접근하는 것이 좋을 것 같다.

2) 생체 리듬에 따르는 자신만의 학습

사람마다 생체 시계와 리듬은 다르다

우리가 사는 은하와 태양계는 시간과 함께 순환하는 시스템이다. 해가 뜨고 해가 지고, 달이 찼다가 기우는 반복되는 주기를 가지고 있다. 지구상에 사는 생명이나 인간도 이러한 주기를 따르는 생체 시계를 가지고 있다. 생명뿐만 아니라 인간도 진화를 하면서 환경에 적응한 결과일 것이다.

한때 생체 시계가 뇌에서만 작동한다고 생각했지만 생체 시계는 모든 신체 기관에 있다는 것이 밝혀졌다. 인간은 밤이 되면 자고 아침이 되면 깨는 수면의 생체 리듬에 따라 해가 떠 있는 낮에는 규칙적으로 밥을 먹고 일하고 때로는 운동을 한다.

생체 리듬은 수십억 년 동안의 진화를 거치면서 인간뿐만 아니라 생명계에 저장되어 있다. 식물은 새벽에 광합성을 준비하는 것부터 개화 시기를 조절하는 것까지 생체 시계가 조율한다. 식물도 종달새족과 올빼미족으로 나눌 수 있는 생체 시계의 변이를 지니고 있다. 이를 결정하는 것은 DNA 코드 중 단 하나의 염기쌍 변화이다. 애기장대라는 식물의 경우 종달새족 식물과 올빼미족 식물 간에는 최대 10시간 이상의 차이가 있다. 이런 차이는 식물의 지리적 위치와 유전자가 모두 영향을 미치는 것으로 추정된다.

인간도 종달새족과 올빼미족이 있다. 인간에게서 아침형 인간과 저녁형 인간이 공존하는 것은 진화론적인 이유가 있다. 현재 아프리카에서 구석기 시대의 생활로 살아가는 사람들의 수면 형태가 그 이유를 말해 준다. 이들은 구석기 시대처럼 사냥하고 열매를 따 먹으며 생활하며 전기불도 없는 생활을 하니 모두 같은 시간대에 일찍 잠들 것 같지만 그렇지 않았다. 취침 시간이 제각각이었다. 즉 밤사이 부족 중에 누군가는 교대로 깨어 있었다. 불침번 역할을 하는 셈이다. 부족이 외부공격에 살아남을 진화적인 유리함 때문이었을 것이다. 즉 구석기 시대에는 아침형이든 저녁형이든 모두 필요했다는 이야기다.

인간은 제때에 자고, 때맞추어 일어나도록 진화되었고 그렇게 오랜 세월을 살아왔다. 인간의 육체적 건강과 정신적인 건강 모두 생체 리듬을 잘 따르면 대부분 문제가 없는 것도 그런 이유일 것이다. 불규칙적인 생활과 생체 리듬에 반대로 하는 생활은 건강뿐만 아니라 뇌 기능에도 악영향을 준다. 한 시간 정도의 시차가 날 때마다 생체 시계가 적응하는 데 거의 하루가 걸린다. 그것이 반복되면 불면증, 우울증 등의 정신적인 고통, 당뇨병과 암으로까지 이어질 수 있다. 현대를 사는 우리는 바쁘고 쫓기는 생활로 늘 피로를 느끼며 때로는 무기력함이 나타난다. 깨진 생체 리듬 때문이다. 생체 리듬을 좀 더 이해하고 싶다면 사친판다(Satchidananda Panda)의 저서 『생체 리듬의 과학』(2020년 번역출간)을 읽어보기 바란다.

우리의 생체 리듬은 뇌가 만들어 내는 시계(Circadian)이다. 일출과

일몰, 낮과 밤에 맞춰 호르몬과 효소 분비량을 조절하고, 혈압과 체온이 변화된다. 밤 9시경부터 잠을 유도하는 수면 호르몬인 멜라토닌이 분비되기 시작하고, 해가 뜰 무렵 잠에서 깨도록 준비시키는 호르몬인 코티솔 분비량이 최고에 달한다.

생체 리듬이 활동하게 하는 것은 빛이다. 낮에는 빛이 망막을 통해 뇌 중앙의 송과체로 들어온다. 송과체에 있는 시계 유전자는 이를 감지하고 낮임을 안다. 이를 통해 신체 주기를 24시간에 맞춘다. 그래서 잠 잘 때 최대한 어둡게 하는 게 좋다. 창문을 검은 커튼으로 하고 자면 깊은 잠을 잘 수 있다.

빛에 반응하는 생체 시계인 햇빛 시계(light clock)뿐만 아니라 식욕을 따르는 생체 시계인 음식 시계(food clock)도 있다. 그래서 규칙적으로 자고 일어나 때맞추어 밥을 먹는 것이 중요하다. 생체 시계와 음식 시계는 보통 조화롭게 함께 작동하기 때문이다. 빛 시계가 이상이 생기면 몸은 음식 시계에 맞춰 생체 리듬을 조절한다. 그래서 해외여행으로 시차 적응이 안 될 때 현지 시간에 맞추어 음식을 섭취하면 생체 리듬이 빨리 회복될 수 있다. 밥을 먹지 않으면 생체 리듬은 먹는 것에 맞춰서 바뀐다. 그래서 장거리 해외여행에서 비행기에서 안 먹으면 더 빨리 시차에 적응이 가능하다.

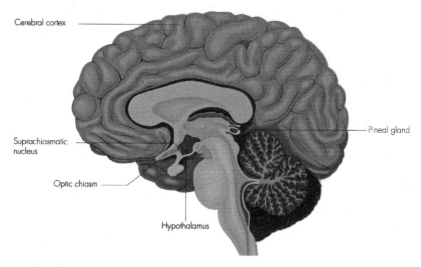

[그림 2-8] 인간의 하루 생체 시계와 관련이 있는 교차상핵(suprachiasmatic nucleus).
위에서 시계 방향으로 윗부분은 대뇌피질(cerebral cortes), 송과체(pineal gland),
시상하부(hypothalamus), 시신경교차(optic chiasm)
(출처: Wikipedia Commons, 黃雨傘)

재밌는 것은 성인의 평균적인 일주기는 24.18시간으로 정확히 24시간
이 아니라는 점이다. 그럼에도 24시간에 맞추어 살아가는 것은 몸 안에
생체 시계 튜닝 시스템이 있기 때문이다. 사람의 생체 리듬은 매일 미세
하게 변화하고, 사람마다 고유의 생체 리듬이 있다. 생체 리듬은 당연
히 유전자에 반영되어 있다. 아침형의 사람은 오전에 주의력이 높고 저
녁 형은 오후부터 집중력이 높아져 오후 6시 이후에 가장 활발하게 활
동한다. 늦잠을 자는 사람도 유전자 때문이다. 잠을 많이 자게 하는 유
전자도 있다. 아인슈타인은 매일 11시간씩 잤다.

반면 잠을 적게 자는 사람도 많다. 2009년 잠을 아주 적게 자고도
건강한 삶을 유지하는 사람에 대한 연구 결과가 발표되었다. 이런 사람

은 선천적으로 적게 자고도 정상적으로 살아 'Natural Short Sleeper'라고 불린다. 이들에게는 12번 염색체에 있는 'DEC2'라는 유전자에 아주 미미한 하나의 변이(C염기가 G염기로 대체 변이)가 있다. 단 한 개의 염기쌍 변화로 적게 자고도 수면의 질은 정상인과 크게 다르지 않았다. 또 다른 유전자 돌연변이도 발견되었다. DEC2 유전자의 돌연변이는 하루 평균 수면 시간을 정상인의 수면 시간을 기준으로 약 1~2시간 정도 감소시킨다.

발견된 또 다른 'ADRB1' 유전자 돌연변이의 경우 하루 평균 약 3~4시간까지 수면의 길이를 줄여 주는 유전자 돌연변이다. 2019년에는 약 400만 분의 1의 확률로 나타난다는 'NPSR1' 유전자에 돌연변이가 생긴 사람이 보고되었다. 이들은 총 수면 시간이 짧아짐에도 수면 부족으로 인한 기억력 감퇴 등의 문제조차 겪지 않는다. 이들은 낙천적이고, 활력이 넘치고, 멀티태스킹(multi-tasking)에 능하고, 통증에 강하고, 시차에 더 쉽게 적응하며, 더 오래 산다는 연구 결과도 나왔다.

여러 연구로 수면에 대한 연구가 진행되면서 사람마다 수면 패턴이 달라 다른 사람의 수면 패턴을 따라 맞추려 할 필요는 없다는 것을 알게 되었다. 자신의 고유한 생체 리듬과 최적의 수면 시간을 따르는 것이 좋은 것 같다. 이 유전자의 비밀이 밝혀져서 적게 자고도 더욱 건강하고 효율적으로 생활할 수 있는 신기술이 나올지도 모른다.

올빼미형도 유전적인 요인이 강하다. 올빼미형의 야행성인 사람은 수면 호르몬인 멜라토닌이 보통 사람보다 몇 시간 늦게 나온다. 이들은 대부분 돌연변이 수면 유전자(cRY1)를 가지고 있다. 생체 리듬과 수면 리듬은 사람마다 다르니 잠자는 시간을 무턱대고 줄여야 한다거나, 무조건 일찍 일어나야 할 이유는 없다. 저녁형인가 아침형인가는 가지고 있는 수면 유전자와 그 사람이 살아온 환경에 의해 결정된다. 수면 시간뿐만 아니라 인간의 정신과 육체는 대부분 유전과 환경이 거의 반반씩 작용한다. 사람마다 유전자도 다르고 살아온 환경도 달라 개개인의 생활 방식도 다르다. 산업혁명 이후 회사든 학교든 아침에 시작하고 저녁에 끝난다. 이런 상황에서 저녁형은 불편하다. 물론 아침형과 저녁형은 각각 장단점이 있다. 타고난 기질과 선택의 문제이다.

그러나 유전적으로 매우 특이한 경우를 제외하면 수면 타입은 조정할 수 있다. 우선 잠을 규칙적으로 자고 밥도 규칙적으로 먹는 것이 생체 리듬 유지에 좋다. 낮에 햇빛을 적게 받으면 멜라토닌 분비가 줄어 신체 리듬이 깨진다. 따라서 낮에는 가급적 야외 활동을 많이 하는 것이 좋다. 해가 뜨는 낮에 활동하고 해가 진 밤에 자는 것이 자연적인 생체 리듬상 더 좋을 것이기 때문이다. 잠자는 시간을 당기려면 수면 호르몬인 멜라토닌이 나오는 시간을 바꿔야 한다. 낮에 햇볕을 많이 쬐고 점차 잠자는 시간을 당기면 몇 달이 지나지 않아 생체 리듬이 대체로 바뀐다고 한다. 잠이 부족하면 그만큼 나중에 더 자야 피로가 풀린다.

겨울에는 늦게 일어난다. 일조량의 변화 때문일 가능성이 크다. 잠을 오게 하는 호르몬인 멜라토닌은 밤이 길어질수록 분비되는 시간이 길어진다. 이 때문에 밤이 긴 겨울에는 멜라토닌이 아침 늦게까지 남아 있어 늦잠을 자게 된다.

청소년의 수면 리듬

일주기성(日週期性, chronotype)은 아침형인지 저녁형인지는 결정하는 인자를 말한다. 아침형은 오전 시간 정신이 맑고 활기차고 저녁형은 저녁과 밤에 주로 활동적이다. 필자는 아침에는 정신이 맑고 호기심도 충만한데 점심 먹고 나면 나른해지며 의욕이 떨어진다. 그래서 오후에는 운동을 하거나 외부 활동을 많이 한다. 그런데 사춘기의 청소년은 생물학적 시계가 성인과 매우 다르다. 10대의 뇌에서는 주야간 리듬에 영향을 미치는 호르몬의 변화가 진행되기 때문이다. 저녁이 되면 뇌는 자연적으로 멜라토닌(melatonin)을 생산해서 잠을 잘 때가 되었다는 기분이 들게 해준다. 그런데 10대의 뇌에서는 이것이 아동기 초기나 청소년기 후기보다 두 시간 늦게 생산된다.

10대 청소년은 대부분 올빼미형이다. 청소년들은 노인들과 어린아이들보다 늦게 잠들며 대개 자정을 넘기기 일쑤이다. 아침잠이 많고 잘 못 일어나고 아침도 잘 거른다. 청소년은 멜라토닌 호르몬이 오래 머물러 아침에 잘 못 일어나기 때문이다. 반면 어른이 되면 아침에 멜라토닌이 거의 없기 때문에 졸리지 않다. 청소년들에게 오전 7시 30분에 일어나도록 하는 것은 성인에게 오전 5시 30분까지 일어나라고 요구하는 것과 같다. 청소년이 아침에 늦게 일어나서 등교 전쟁을 벌이는 것은 의지 부족이 아니라 뇌가 덜 발달되었기 때문이다. 그래서 늦게 자고 이른 아침 수업을 들어야 하는 학생일수록 '시차로 인한 피로'가 커진다. 게다가 우리나라 청소년은 공부할 것이 많고, 학원 숙제, 게임, 휴대폰 등으로 수면 시간이 절대적으로 부족하다. 그래서 학교 수업 시간과 아이들의 수면 패턴이 일치하지 않고 입시 열기로 인한 사교육으로 만성 수면 부족에 시달리는 아이들이 많다. 아이들이 이 시기에 겪는 상황을 부모가 제대로 알아야 대처할 수 있다.

문제는 통계적으로 밤늦게 잠드는 아이들은 그렇지 않은 아이들보다 성적이 저조하다는 점이다. 우리나라 아이들을 대상으로 한 연구는 아니지만 어느 나라 아이들이나 비슷할 것이다.

네덜란드에서 11~17세 사이 청소년 500여 명을 대상으로 조사한 것을 보면 수면 시간은 성적과는 큰 관계는 없었지만 올빼미형은 저조한 성적을 보였다. 재미있는 것은 시험을 오후 늦게 보면 상대적으로 좋은 성적을 거뒀다. 하지만 학교의 수업 시간이나 시험 시간은 정해져 있어 바꿀 수가 없다. 올빼미형은 인문 과목이나 언어 과목보다 과학과 수학 분야에서 더욱 나쁜 성적을 보였다. 이것이 선천적인 것인지 아니면 생활 습관 때문인지는 밝혀지지 않았다. 다만 학생들의 학업 성취도를 높이기 위해선 등교 시간을 늦추는 것이 합리적이다. 그래서 사라-제인 블랙모어(Sarah-Jayne Blakemore) 교수는 10대들의 등교 시간을 두 시간 정도 늦춰야 한다고 주장했다. 우리나라에서도 경기도는 2014년 등교 시간을 오전 9시로 늦춘다고 최초로 발표했다.

3) 충분한 수면이 최고의 학습 방법

잠을 줄이며 공부하면 우울증과 자살 비율이 높아진다

"부모는 청소년의 늦잠이 의지의 문제가 아니라 생물학적 명령이라는 사실을 깨달아 자녀가 늦잠을 자면 이를 받아들이고 격려하고 권장해야 한다. 자녀가 수면 부족으로 뇌가 비정상적으로 발달하거나 정신 질환에 걸릴 위험성이 커지는 걸 바라지 않는다면 말이다."

『Why We Sleep』(2017)을 쓴 매튜 워커(Matthew Walker)가 한 말이다. 수면 시간은 두뇌 발달과 학습 효과와도 관련이 있지만 잘못되면 정신병까지 걸릴 수 있다는 것을 아는 것이 중요하다.

수면 부족으로 조현병(과거 정신분열증으로 불림)도 발생할 수 있다. 신경세포 사이의 연결인 시냅스는 청소년 시기에 큰 변화를 겪는다. 청소년기 뇌의 성장은 시냅스 가지치기(synaptic pruning)에 의하여 일어난다. 시냅스 가지치기는 시각, 청각, 후각같이 감각을 처리하는 영역이나 운동을 조절하는 영역이 먼저 일어난다.

다음으로 공간 감각, 언어에 관여하는 영역에 변화가 일어난다. 이성적이고 고차원적인 사고를 담당하는 부위는 10대 후반에 가서야 변화가 시작되고 20대가 돼서도 이어진다. 따라서 결혼과 선거 연령은 만 18세를 유지하되 음주와 흡연 나이는 올리자는 주장이 제기된다. 아직 뇌가 충분히 성숙하지 않았기 때문이다. 청소년기에 전두엽의 가지치기가 제대로 일어나지 않으면 조현병(정신분열증)이 발생할 수 있다. 조현병의 대부분이 청소년이나 성인 초기에 처음 발병한다는 임상적 관찰과도 맥이 통한다.

1983년 어윈 파인버그(Irwin Feinberg)는 청소년기 전두엽의 시냅스 가지치기가 비정상적으로 이뤄질 경우 조현병이 발병할 수 있다는 '가지치기 가설(pruning hypothesis)'을 발표했다.

가지치기 가설이 나오고 30여 년이 지나는 사이 이를 지지하는 연구 결과가 쌓였다. 2000년대 들어 조현병 관련 유전자가 밝혀지면서 가지치기 가설은 더 지지를 받고 있다. 2016년에는 C4 유전자의 복제 수가 많은 사람이 조현병에 걸릴 위험성이 높다는 연구결과가 나왔다. C4 유전자의 복제수가 많을 경우 과도한 가지치기가 일어나고 그 결과 조현병이 생긴다는 것이다. 지금까지 밝혀진 조현병 관련 유전자 가운데 상당수가 시냅스 가지치기와 관련된다. 그러던 중에 버클리 캘리포니아주립대학 매튜 워커(Matthew Walker)는 자신의 저서 『Why we sleep』(2017)에서 청소년기 수면 부족이 조현병을 포함한 정신질환 발병의 주요 환경 요인이라고 주장했다. 즉 합리적이고 논리적인 사고를 하는데 중요한 전두엽이 성숙하는 민감한 시기에 만성적인 수면 부족을 겪으면 결국 뇌 구조가 비정상적으로 만들어진다는 것이다.

수면 부족은 정신 질병의 원인이 될 수 있고 심지어는 자살로 이어질 수도 있다. 그런데 우리나라 청소년 사망 원인 1위는 '자살'이고 10% 정도가 자살을 생각해 봤다고 한다. 어쩌면 수면 부족이 그 원인일 수 있다. 물론 가장 큰 원인은 성적 및 진학 문제(39.2%)이지만 수면 부족과의 관련성을 배제할 수 있다. 우리 청소년의 행복지수가 경제협력개발기구 회원국 가운데 꼴찌인 것도 수면 시간과 직간접적으로 관련된다. 무모한 입시 경쟁으로 아이들을 불행과 죽음의 문턱으로 내몰고 있다.

잠을 잘 잘수록 뇌 기능이 업데이트된다

인간의 머리뼈(두개골)는 외부 충격으로부터 뇌를 보호해 준다. 머리뼈의 안(뇌실 腦室, ventricle)에는 액체인 뇌척수 액(腦脊髓液, cerebrospinal fluid, CSF)이 있어 뇌를 보호한다. 또한, 뇌척수 액은 뇌를 청소하는 역할을 한다. 운동을 많이 하면 피로를 느끼듯이 머리를 많이 쓰면 피곤해진다. 근육에 피로 물질이 쌓이듯 뇌에도 피로 물질인 노폐물이 쌓인다. 뇌에 쌓이는 노폐물에는 알츠하이머의 원인이 되는 베타아밀로이드, 타우

단백질 등이 있다. 이렇게 쌓이는 노폐물은 뇌척수 액에 의하여 제거된다. 즉 잠을 자는 동안 뇌척수 액이 뇌의 노폐물을 청소하는데, 이를 '글림프 시스템(Glymphatic System)'이라고 부른다. 쥐를 대상으로 한 실험에서도 이러한 청소 기능이 있다는 것이 확인되었다. 나이가 들면 뇌액의 흐름이 느려져 뇌세포에 발생하는 유해한 단백질을 효과적으로 청소하지 못하게 된다.

세뇌라는 단어의 '세'와 같은 의미의 영어 단어 'brainwash'의 wash'도 청소를 뜻한다. 나쁜 의도로 사용되는 단어이지만 잠자는 동안 뇌 신경 조직을 씻는 기능에도 사용된다. 뇌가 청소되는 모습은 세탁기에서 옷이 씻어지는 것과 거의 동일하다. 우리가 잠을 자면 뇌의 신경세포인 뉴런이 활동을 멈추고 혈액이 빠져나간다. 그 자리에 뇌척수 액(Cerebrospinal Fluid, CSF)이 흘러 들어오고 파동(pulse wave)을 타고 뇌를 씻어낸다.

그래서 잠을 충분히 자지 않으면 노폐물이 제대로 제거되지 않아 피곤하고 뇌 기능도 제대로 이루질 수 없다. 잠을 제대로 자지 않는 것은 컴퓨터에 온갖 파일과 잡동사니가 쌓여 기능이 나빠지고 느려지는 것과 유사하다. 이렇게 되면 컴퓨터의 기능은 뚝 떨어진다. 인간의 뇌도 마찬가지이다. 잠을 줄여 가면서 공부하거나 일하는 것은 힘들고 지치기만 하고 효과적이지도 못하다.

뇌척수 액은 심장 박동에 따라 같이 출렁인다. 연구에 의하면 뇌가 맥박과 함께 규칙적으로 박동을 하면, 그 압력 파에 의해 약 20초마다 뇌척수 액이 새롭게 순환되는 것으로 나타났다. 이러한 파동은 맥파라고 하는데 맥박으로 만들어지는 파동이다. 뇌척수 액도 주파수와 파장

을 가지고 파동이 일어나는 것이다. 뇌파의 주파수가 낮아지는 서파
(slow-wave) 활동은 뇌에 축적되는 독성 단백질의 배출을 돕는다. 사
람이 깨어 있을 때는 뇌척수 액이 완만하게 흐르다가, 잠이 들면 뇌척수
액이 빠른 속도로 흐른다. 뇌척수 액이 빨리 흐르면 그 압력파가 뇌의
혈관에 산소를 원활히 공급하여 뇌세포에서 생겨난 해로운 물질을 효과
적으로 청소한다. 나이가 들면 뇌에서 서파가 줄어들어 뇌척수 액의 파
동이 감소하면서, 독성 단백질이 축적되고 기억력 감퇴가 나타난다.

포유동물이나 조류뿐만 아니라 인간이 잠을 자면 렘수면(REM, Rapid
eye movement)과 비렘수면이 나타난다. 인간이 잠을 자는 동안에도 우
리의 뇌는 렘수면을 하면서 활동하며 기억들을 통합(memory
consolidation)한다. 이러한 통합 활동은 뇌 청소와 함께 이루어진다. 우
리의 기억은 깨어있을 때 의식적 활동으로 입력되지만 뇌 속에 정리하여
기억하는 것은 우리의 의지와는 관계없이 뇌가 혼자서 알아서 하는 것
이다. 우리의 몸에 자율신경이 있듯이 우리의 정신도 자율신경이 있는
셈이다.

잠을 자면 뇌가 스스로 공부한다

우리가 흔히 '간질병'이라고 부른 뇌전증 환자의 뇌수술로부터 해마
의 기능이 밝혀졌다. 뇌전증을 앓았던 헨리 몰레이슨(Henry Molaison)
은 1953년 뇌의 '해마' 부위를 잘라내는 수술을 받았다. 수술 후 '간질'
증상은 없어졌지만 새로운 것을 기억하지 못했고, 수술 전에 겪었던 일
들만 기억해 냈다. 이로부터 해마가 새로운 기억을 저장한다는 사실이
밝혀졌다.

해마(海馬, hippocampus)는 1㎝ 정도의 지름과 5㎝ 정도의 길이로 바다에 사는 해마를 닮은 부위이다. 기억은 뇌의 신경세포 간 시냅스(synapse)에 의해서 저장되고, 해마는 정보들을 연결하는 역할을 한다. 해마가 손상되면 새로운 조합이 만들어지지 않아 새로운 기억이 생기지 않는다. 그러나 기존에 형성된 기억은 계속 유지하고 있기 때문에 과거의 기억은 보존된다. 새로운 기억이 생기지 않으면 매일 자고 나면 옛날 기억만 있어 시간이 흐르지 않고 과거에 머무른다.

또한. 해마는 일시적으로 기억을 저장하는 역할을 하고 장기 기억은 대뇌피질에서 이루어진다. 그러나 모든 기억이 장기 기억으로 남지는 않는다. 해마와 대뇌피질에서 이루어지는 단기 기억과 장기 기억에 잠의 비밀이 있다.

[그림 2-9] 인간의 뇌에 있고 인간의 정신 활동에 중요한 역할을 하는 것이 해마이다. 동일한 이름의 생물인 해마는 정말 특이하게 생긴 물고기로 인간 뇌의 해마와 비슷한 모양이다
(출처: Wikipedia Commons, https://blog.naver.com/jacomall)

　수면은 뇌의 해마와 특히 관련성이 있다. 우리가 잠을 자는 이유는 몇 가지가 알려져 있다. 그중 첫 번째 이유가 앞에서도 설명했듯이 기억을 정리하는 것이다. 해마는 기억을 일시적으로 보관하다가 필요한 기억을 대뇌 신피질로 보낸다. 이렇게 기억을 분류하여 보내는 데는 6시간 정도 걸린다. 최소한 여섯 시간을 자지 못하면 해마는 기억을 분류하여 저장하지 못하게 된다. 잠을 줄여 가면서 공부해 보았자 소용이 없다는 과학적인 근거이다. 과학계에서 주장하는 수면의 최소 기준이 나이와 관계없이 7시간 이상인 것도 이 점과 관련이 있다.

　잠을 자는 두 번째 이유는 마찬가지로 앞에서 설명했듯이 뇌에 있는 독소를 제거하는 것이다. 자고 있을 때 신경세포 간 공간이 확장되어 뇌척수 액이 청소를 한다. 뇌척수 액이 들어와서 뇌 곳곳을 흐르면서 신경세포의 활동으로 쌓인 베타-아밀로이드 같은 노폐물들을 제거한다. 이 짧은 설명만으로도 잠을 잘 자는 것이 얼마나 중요한지 깨달을 수 있다.

　필자는 점심과 저녁 먹고 꼭 몇 분 동안 잠을 잔다. 정말로 뇌 청소가 이루어진 것 같이 머릿속이 맑아진다. 그러나 그 잠시의 잠을 못 자면 온종일 머리가 아프고 머리가 기능하지 않는 느낌이 든다.

충분한 렘수면은 학습에 최고의 효과

　뇌가 없는 생물도 잠을 잔다. 바로 뇌가 없는 원시 동물인 히드라 (hydra)가 그렇다. 히드라는 잠을 자면서 체세포가 성장되고 잠을 못 자면 체세포 증식이 억제된다. 뇌가 있는 고등 동물은 잠을 자면서 하루 동안 쌓인 뇌의 노폐물을 제거하고 기억을 정리한다.

　잠을 자는 것은 단순히 아무것도 하지 않는 육체적 휴식만이 아니라 정신 활동이 일어나는 뇌의 휴식에도 필요하다. 인간은 잠자는 동안 렘수면(rapid eye movement, REM)과 비렘수면(Non-Rapid Eye Movement, N-REM) 상태가 반복된다. 특히 렘수면은 자면서 눈이 빠르게 움직이는 수면으로 인지 기능과 학습과 큰 관련이 있다.

　인간 그리고 포유류와 조류 그리고 파충류에게 나타나는 렘수면은 잠을 자는 동안에도 뇌가 깨어 있는 상태를 의미한다. 사람은 자는 동안 몇 차례의 렘수면을 경험하는데, 대부분의 꿈은 렘수면 상태에서 이뤄진다. 잠이 들면 비렘수면이 먼저 나타나고 이후 렘수면이 오는데, 약 1시간 반 정도 주기로 몇 차례 반복된다. 인간은 깊은 잠을 자는 비렘수면과 얕은 잠을 자며 기억을 되살리고 꿈을 꾸는 렘수면을 반복한다. 비렘수면 단계에는 체온 조절이 이루어지고, 호흡이 느리고 규칙적이며, 팔다리나 안구 운동도 최소화되면서 깊은 잠에 빠진다. 렘수면으로 바뀌면 체온 조절이 되지 않고, 급속한 안구 운동과 함께 호흡이 불규칙하게 빨라지고, 팔다리도 자주 움찔거리고, 깨어 있는 것처럼 뇌 활동이 활발해 악몽을 꾸기도 한다.

　보통 인간의 렘수면은 전체 잠자는 시간의 20% 정도이며, 악몽은 렘수면의 주기가 잦아질 때 주로 나타난다. 밤사이에 악몽을 꿨다면 우리의 뇌가 잘하고 있었다는 증거일 수 있으니 너무 우려하지 않아도 될 것 같다.

　렘수면은 잠자는 시간의 약 25%를 차지한다. 렘수면은 체온 조절에 투입됐던 에너지를 뇌로 돌려, 여러 뇌 기능을 활성화시킨다. 렘수면을 통제하는 부위는 시상하부라는 곳으로 거기에 특별한 신경세포

(Melanin-Concentrating Hormone. MCH)가 있다. 실내 온도에 따라 렘수면을 한다는 것은 2019년 처음 확인되었다. 체온 조절에 에너지를 쓸 필요가 없을 때, 뇌는 렘수면을 하여 뇌 기능을 활성화하는 것이다. 결국 따뜻하게 잘 자야 뇌의 기능이 좋아질 수 있다.

과거에는 렘수면이 포유류와 조류에만 있고, 파충류에는 없다고 생각했다. 그래서 렘수면은 깃털 달린 새가 처음 나타났던 약 1억 년 전과 포유류가 처음 나타났던 약 6500만 년 전경부터 진화해 나타났다고 추정했다.

그러나 파충류도 렘수면이 있다는 것이 발견되었다. 따라서 렘수면은 포유류, 조류, 파충류의 공동 조상인 최초의 양막류 만큼이나 오래된 것일 수 있다. 조류, 포유류, 파충류에서 임신 중 양막이 관찰되며, 따라서 이러한 생물들을 양막류(amniota)라고 부른다. 파충류인 오스트레일리아 도마뱀도 렘수면이 있지만 그렇다고 다 같은 수면 패턴을 가진 것은 아니다.

파충류, 포유류, 조류의 수면은 상당히 다르다. 인간의 수면 사이클은 1시간에서 1시간 반인데, 고양이의 수면 사이클은 30분, 도마뱀의 수면 사이클은 80초에 불과하다. 렘수면과 관련된 유전자도 밝혀졌다. 쥐의 'Chrm1'과 'Chrm3' 유전자가 렘수면과 밀접한 관련이 있다는 것이 확인되었다. 이들 유전자 중 한 개를 제거하자 쥐의 수면 시간이 82~118분 짧아지는 것을 확인했고, 두 개를 모두 제거하자 렘수면 시간이 거의 없어졌다(정상적인 쥐의 평균 렘수면 시간은 70여 분). 렘수면도 결국 유전자에 각인된 것이다.

진화의 과정에서 초기 인류의 수면(睡眠) 양식이 크게 변했다. 인간

4. 잘 자고 푹 쉬고 즐거운 학습 | 129

은 아프리카가 숲에서 초원으로 바뀌자 나무에서 내려와 두 다리로 서서 직립 보행을 하였다. 맹수로부터 살아남기 위하여 인간은 불을 피워 놓고 무리 지어 잠을 잤다. 이때부터 인간은 다른 영장류에 비하여 뇌 발달에 중요한 렘수면을 깊게 취할 수 있게 됐다. 대부분의 영장류는 모두 인간보다 잠이 깊지 않아 인간의 수면과 질이 다르다.

그렇다고 인간의 수면 시간이 원숭이나 유인원 같은 다른 영장류에 비해 긴 것은 아니다. 다른 영장류들은 14~17시간을 자지만 인간은 그 반밖에 안 되는 7~8시간 정도를 잔다. 하지만 인간의 렘수면은 전체 수면 시간의 약 25%를 차지한다. 반면 다른 영장류의 렘수면 시간은 수면 시간의 5% 정도밖에 안 된다. 인간의 렘수면에 잠의 비밀이 있는 것이다.

사실 렘수면에 대해서 알게 된 것은 얼마 되지 않았다. 20세기 초까지도 자는 동안 뇌도 활동을 멈추고 잠을 잔다고 생각했다. 하지만 1950년대 렘수면이 발견되면서 자는 동안에도 뇌는 무엇인가를 한다는 것이 밝혀졌다. 몸은 잠들었지만 뇌가 활동하면서 지나간 하루의 경험을 기억할 것인지 아닌지를 정리하는 '시냅스 재정규화'라는 것을 하는 것이다. 이를 통해 뇌는 필요한 정보는 기억하고 불필요한 경험을 지워 뇌의 과부하를 막아 준다. 이러한 일은 특정 호르몬(Melanin-Concentrating Hormone, MCH)이 하는 것으로 밝혀졌다.

자고 일어나면 꿈을 꿨다는 것은 기억나는데 그 내용은 거의 기억나지 않는다. 잠을 자면 뇌가 뉴런과 뉴런 사이의 시냅스 연결을 방해해 낮 동안 있었던 일이나 간밤에 꾼 꿈을 기억하지 못하게 하는 경우도 있기 때문인데, 이는 '시냅스 재정규화'를 통해 이루어진다.

꿈을 꾸는 렘수면 과정에서 특정한 신경세포(멜라닌 응집 호르몬의 뉴런)가 활성화되면, 깨어 있을 때 경험했던 많은 일뿐만 아니라 이것들이 나타난 꿈마저도 선택적으로 지워진다. 결과적으로 꿈이 빨리 잊히게 되는 것이다. 흔히 꿈이 이상한 내용이 많고 혼란스럽기도 한 것은 아마도 불필요한 정보들을 삭제하다가 기억나는 것이기 때문이다. 반면 뇌의 해마 부위에 있는 뉴런은 수면 중에 재활성화하면서 낮 동안의 기억을 강고하게 만든다. 잠을 자면서 렘수면을 통하여 이미 알고 있는 것과 새로운 정보를 연결시키고 확장시킨다. 특히 단순 암기보다 종합적 사고를 요하는 문제 해결에서 렘수면이 중요한 역할을 한다.

[그림 2-10] 유아의 충분한 수면은 인지 발달에 결정적이다. 유아뿐만 아니라 청소년도 충분한 잠을 자지 못하면 뇌 발달이 늦어지고 정신적 질환에 걸릴 수 있다
(Wikimedia Commons, Stephanie Pratt)

신생아는 전체 수면 시간의 50%가 렘수면이다. 렘수면은 나이가 들고 뇌가 커지면서 감소한다. 인간을 포함한 포유동물은 두 살이 조금 넘으면 잠자는 패턴이 극적으로 바뀐다. 또한, 두 살쯤 되면 렘수면이 급격히 줄고 비렘수면으로의 터닝 포인트가 발생한다. 렘수면은 10세 때엔 25%로, 50세 때엔 전체의 15%로 뚝 떨어진다. 어린아이는 잠을 자는 동안 뇌가 발달하면서 신경 인프라스트럭처를 구축한다. 성인의 수면은 하루 내 축적된 독성 물질을 뇌에서 제거하는 주요한 기능을 담당한다. 이러한 메커니즘은 주로 비렘수면 중에 작동한다. 결국 잠은 공짜 보약인 셈이다. 아쉽게도 우리나라 아이들은 잠을 줄여 가면서 학원과 사교육을 전전한다. 뇌 기능에 해가 되는 비싼 독약을 먹이는 셈이다.

4) '4당4락'의 미신에서 '8당5락'의 과학으로

잠 줄이고 하는 학습이 가장 비효과적

수면과 학습과의 관계는 오래전부터 관심의 대상이었겠지만, 19세기부터 본격적인 관심을 받았다. 독일 심리학자 헤르만 에빙하우스(Hermann Ebbinghaus, 1850~1909)는 1885년 단어 공부를 한 뒤 잠시 잠을 자면 단어를 더 잘 기억한다는 사실을 밝혀냈다.

1914년에는 독일의 심리학자 로자 하이네(Rosa Heine Katz)가 잠들기 직전 공부하는 것이 낮에 한 것보다 기억에 더 오래 남는다는 연구 결과를 발표했다. 이후 수면과 기억과 학습과의 관련성에 대한 연구가 계속 발표되었다.

과거에는 잠을 자면 뇌도 아무것도 하지 않고 쉬는 상태가 된다고 생각했다. 그러나 쥐를 대상으로 연구한 결과 놀라운 사실을 알게 되었다. 잠자는 동안에 일어나는 뇌 활동을 관찰하니 해마 신경세포들의 활성 패턴이 깨어 있는 동안과 거의 유사했던 것이다. 이는 뇌가 아무것도 하지 않고 '잠드는 것'이 아니라 무언가를 한다는 것이다. 잠을 자는 것 자체가 학습 활동일 수 있음을 의미한다. 잠을 오래 못 자면 뇌의 시냅스가 더 많이 제거되어 비정상적인 신경회로망을 만들 수 있다는 연구도 나왔다. 수면 부족이 뇌의 기억 기능을 나쁘게 하는 것이다.

잠을 잘 자지 못하면 장기 기억의 형성에도 좋지 않다. 기억은 신경세포 사이에서 정보 전달이 잘 이루어지면서 만들어진다. 신경세포 사이에서 정보를 수신하는 일은 수상돌기가 한다. 공부를 하면 수상돌기에서 버섯 모양의 가지가 생기면서 정보가 전달되고 기억된다. 깊은 잠에 빠지는 비렘수면 단계에서 이런 수상돌기 가지가 더 많이 생성된다. 잠을 제대로 못 자면 결국 뇌의 기억 능력이 떨어져 학습 효과는 떨어진다.

뇌 안에 있는 해마는 이렇게 뇌로 들어온 정보를 단기간 저장하고 있다가 대뇌피질로 보내 장기 기억으로 저장하거나 삭제한다. 이러한 장기 기억은 주로 밤에 잠을 자면서 이루어진다. 잠을 안 자면서 공부 시간을 늘리는 것은 어리석은 일이다.

만성적인 수면 부족은 일시적으로 기억력 감퇴가 오는 것뿐만 아니라 단기적으로 '기억상실증'까지 유발할 수 있다. 수면 부족이나 수면장애가 오래 지속되거나 수면제를 자주 복용하면 기억과 관련된 뇌 속 시스템이 교란된다. 생쥐를 대상으로 한 실험을 봤을 때 잠을 자지 못하면 학습 내용을 장기 기억으로 전환시키지 못하는 것을 알 수 있다. 깨어 있는 중에 아무리 많은 정보를 머릿속에 넣더라도 잠을 통해 충분한 뇌 신경세포의 재조정 시간을 갖지 못한다면 학습 내용을 장기 기억으로 전환시키지 못하게 되고 기억 상실이나 기억력 퇴보마저 일어난다. 이것은 정말로 진지하게 생각하고 기억하고 명심해야 할 내용이다.

충분히 자는 것 자체가 학습이다

사람은 잠을 자는 동안 한 시간의 비렘수면과 30분 정도의 렘수면이 다섯 번 반복되는데 총 7~8시간 정도 걸린다. 깨어 있을 때 공부를 했거나 들었던 것이 잠을 잘 때 렘수면 상태에서 편집 가공되어 장기 기억이 된다.

결국 잠을 잘 자는 것이 휴식이자 곧 학습인 것이다. 잠을 못자면 장기 기억이 안 되고 피로가 누적되어 단기 기억도 나빠진다. 잠을 줄이고 학원을 다니고 강의를 듣고 문제를 풀어 봐야 밑 빠진 독에 물 붓기인 것이다.

인간은 기계나 컴퓨터가 아니다. 기계나 컴퓨터는 용량이 크면 많은 정보를 입력시켜도 문제가 없다. 하지만 인간은 컴퓨터와는 달리 생각하고 감정이 있는 존재이다. 지나치게 잠을 줄이면서 공부를 하면 고생만 하고 심지어는 정신적인 질병으로 몰아넣을 수 있다.

렘수면 중에는 단기 기억이 장기 기억으로 저장된다. 렘수면을 하면서 꿈을 꾸면 기억이 더 강력하게 저장된다. 밤사이에 꿈을 꾸면 꿈은 기억나지 않아 찝찝하지만 기억이 잘 되었다니 기뻐할 일이다.

사실 밤에 꾼 꿈 중에 기억할 만한 것은 없었던 것 같다. 비렘수면에서 깊은 잠에 들면 뇌파가 느린 서파 수면(slow-wave sleep)이 나타난다. 서파 수면 중에는 낮에 들어온 정보를 정리하는 작용을 한다. 젊은 사람이 나이 든 사람보다 기억력이 좋은 것은 서파 수면 때문이다. 이마에 있는 뇌의 전전두엽 부위가 서파 수면과 관련이 있는데, 나이가 들면 이 부위가 퇴화해 질 좋은 서파 수면을 갖지 못한다. 그래서 나이가 들면 기억력이 뚝뚝 떨어지고 실수도 많다. 필자도 외출할 때마다 뭔가를 자주 놓고 나가서 다시 들어오게 되니 생활이 힘들다.

인간이 진화하면서 잠을 자게 된 것은 기억을 정리해서 저장하고 지적인 능력이 좋아지도록 뇌를 쉬게 하려는 것이다. 이런 사실도 모르고 잠을 참고 줄이라고 하면서 공부시키는 것은 어리석은 일이다. 물이 흐르는 방향으로 수영을 하면 되는데도 역방향으로 수영을 하여 고생만 하는 셈이다. 아이를 키우는 부모들이 꼭 기억할 일이다. 아니 메모지에 적어 주머니에 넣고 다니면 좋겠다.

공부하는 아이들도 피곤하게 늦게까지 공부하면 잘될 거라는 생각을 버려야 한다. 학습은 잠을 잘 자 머리가 맑을수록 더욱 잘된다. 맑은 머리로 한 시간 하는 것이 피곤한 머리로 몇 시간 하는 것보다 훨씬 좋다.

'4당5락'은 미신이다

따라서 '4당5락' 즉 '잠자는 시간을 줄이고 공부하는 시간을 최대화하면 성적이 오른다!'라는 말은 완전히 오류이다. 그 오류는 실제 사례로도 증명되었다. 독일의 한 고등학교에서 학생들 스스로 첫 수업 시간을 선택하도록 하는 실험을 했다. 그 결과 9시 수업을 선택한 학생 중

97%는 수업 시작이 늦어지면서 잠을 더 잘 수 있었다. 평균적으로 9시에 첫 수업을 시작한 학생들은 8시 첫 수업을 선택한 학생들 보다 1.1시간 더 잠을 잤으며, 평균 수면 시간이 6.9시간에서 8시간으로 늘었다. 학생들은 덜 피곤하고, 수업에 더 잘 집중할 수 있고, 방과 후에 집에서 공부하는 능력도 향상되었다고 응답했다.

미국에서도 유사한 실험이 이루어졌다. 정도는 다르지만 미국 청소년도 숙제와 공부, 방과 후 활동, 스포츠, 대입 준비로 늦게 자고 일찍 등교해야 한다. 시애틀은 2016~2017 학년도부터 등교 시간을 오전 7시 50분에서 오전 8시 45분으로 늦췄다. 만성적인 수면 부족이 신체적, 정신적 문제를 일으킬 위험이 크다는 우려가 커지자 등교 시간을 조정한 것이다. 학생들은 등교 시간이 늦춰지자 평균 34분을 더 자게 되었고, 총 수면 시간이 6시간 50분에서 7시간 24분으로 늘어났다. 등교 시간 조정으로 수면 시간이 길어졌는데도 성적이 향상되었고, 지각 및 결석까지 줄어들었다.

결국 이러한 사례는 '4당5락' 즉 '잠자는 시간을 줄이고 공부하는 시간을 최대화하면 성적이 오른다!'는 것과는 정반대의 결과를 보여 주고 있다. 너무도 당연한 결과이다. 우리나라 학생들은 많이 배우고 조금 자느라 뇌가 정보와 경험을 재정리할 시간이 없다. 아마도 세계에서 가장 비효율적으로 학습할 것 같다. 피곤한 몸과 머리로 5시간 공부하는 것보다 1시간 더 자고 맑은 정신으로 4시간 공부하는 것이 훨씬 효과적이다.

사람마다 다르지만 깨어 있는 2시간당 약 1시간의 잠이 필요하다. 수면 부족 상태가 지나치면 회복도 어렵다. 적정 수면 시간의 70% 이하를 자는 수면 부족 상태가 10일 이상 이어지면 그 후 일주일 동안 못 잔 잠을 자더라도 이전 상태로 완벽하게 회복할 수 없다는 것이 밝혀졌다. 육체적 피로는 풀리지만 인지 기능이 원상 복구되지 않는다는 것이다. 따라서 잠을 못 자고 몰아치는 학습이나 일처리보다 일정하게 꾸준히 수면 시간을 확보하면서 처리하는 것이 좋다. 잠을 못 자면서 무턱대고 하는 노력을 강조할 것이 아니라는 의미이다.

잠을 충분히 잔 아이일수록 신체 발달은 물론 학습에도 도움이 될 뿐만 아니라 인지 기능도 좋아진다. 즉 잠을 충분히 잔 아이는 IQ 점수도 더 높다. 만 6세 아동 538명을 대상으로 조사한 결과 수면 시간이 많을수록 언어 지능 점수가 높다. 수면 시간이 8시간 이하인 남자아이는 10시간 이상 잠을 잔 남자아이보다 IQ 점수가 10점 낮았다. 여자아이들은 이런 경향이 나타나지 않았다. 충분한 수면은 그야말로 1석 5조이다. 육체적 건강과 정신 건강에 좋고 행복하고, 성적도 오르고, 지능 지수도 좋아진다.

충분한 최적 수면으로 맑고 유쾌한 공부

인간의 뇌는 천억 개가 넘는 신경세포가 조 단위의 회로로 연결되어 정보를 전달하고 있으며, 이들은 미세한 간격으로 떨어져 있다. 뇌세포들이 정보를 주고받으려면 이 미세한 간격을 오가는 '신경전달물질'이 있어야 한다.

신경전달물질은 잠을 자고 일어난 오전에 많고 저녁이 되면 점차 고갈된다. 밤이 되어 신경전달물질이 고갈되었는데 계속 뇌에 뭔가를 집어넣으면 과부하가 걸릴 뿐이다. 앞에서도 말했듯이 잠은 신경전달물질을 만드는 것뿐만 아니라 낮에 입력된 정보와 기억을 재정비하게 해준다.

뇌가 정상적으로 기능을 하려면 연령대별 권장 수면 시간 만큼은 꼭 잠을 자는 것이 좋다(성인은 8시간, 초등학생은 10시간, 영아들은 20시간).

적정 수면 시간에 대해선 학자들마다 조금씩 견해가 다르다. 세계보건기구(WHO)가 권장하는 일반 성인의 적정 수면 시간은 7~9시간이다. 하지만 수면 욕구는 개인별로 천차만별이기 때문에 반드시 이 시간을 지켜야 할 필요는 없다. 미국 수면재단은 연령대별 수면 시간을 제시하였는데 이것이 합리적인 기준으로 생각된다. 미국 수면재단은 매년 해부학, 생리학, 신경학, 노인학 등 광범위한 분야의 전문가들에게 의견을 물어 연령대별 권장 수면 시간을 발표한다. 수면 권장 시간은 낮잠을 포함한 총 수면 시간을 말한다. 이 기준에 따르면 0~3개월의 신생아는 14~17시간, 4~11개월 영아는 12~15시간, 1~2세 유아 11~14시간, 3~5세 유치원생 10~13시간, 6~13세 초등학생 9~11시간, 14~17세 중학생 8~10시간, 18~25세 고등·대학생 7~9시간, 26~64세 성인 7~9시간, 65세 이상 노년층 7~8시간이다. 보면 알겠지만 청소년은 최소 8시간은 자야 한다. 18~25세의 젊은 성인들의 경우도 뇌가 아직 발달 중이기 때문에 정기적으로 9시간 이상의 수면을 취하는 게 좋다. 어떠한 연령대든 부상, 질병, 수면장애로부터 회복할 때는 9시간 이상의 충분한 수면을 취해야 한다.

대한수면학회는 '건강한 수면 7대 수칙'을 발표했다.

"수면과 기상 시간을 규칙적으로 유지하라. 주말에 너무 오래 자지 말라. 낮에는 밝은 빛을 쬐고 밤에는 빛을 피하라. 지나친 카페인 섭취와 음주를 삼가라. 졸리면 낮잠을 자라. 늦은 저녁 운동은 피하라. 수면장애는 전문가의 도움을 받아라."

인간의 생리와 생태를 감안할 때 우리의 적정 수면 시간은 9.55시간이라고 한다. 아인슈타인은 정확하게 매일 이만큼 잤다고 한다.

수면 시간도 중요하지만 제때 자는 것이 필요하다. 인간은 아침에 일어나고 밤에는 자는 생체 리듬을 따르도록 되어 있다. 해외여행을 가면 며칠이 지나야 시차 적응이 된다. 우리 몸이 해가 뜨고 지는 것에 생체 리듬을 스스로 맞추는 것이다. 뇌의 시각교차상핵이라는 부위에 있는 별아교세포가 시차를 복원하는 역할을 한다. 별아교세포에서 나오는 '아쿠아포린4'가 뇌 청소를 잘하도록 해준다. 뇌는 잠을 자는 시간에 뇌척수 액이 더 많이 활동하여 뇌의 노폐물을 더 많이 제거한다. 따라서 해가 지고 밤이 되면 일찍 잠을 자야 한다. 야행성이거나 야간 근무를 하면 뇌 청소가 제대로 되지 않아 뇌 기능이 떨어지거나 뇌 질환 위험이 높을 수 있다.

[그림 2-11] 잠깐의 낮잠은 학습에 효과적이다
(Wikimedia Commons, Sardaka)

잠을 잘 자려면 취침 시간을 일정하게 하는 것이 좋다. 매일 같은 시간에 잠자리에 들면 몸이 리듬에 따라 잠이 들 수 있다. 잠에 잘 들기 위해서는 밤에는 스마트폰을 보지 말아야 한다. 전자기기의 빛은 몸이 깨어 있도록 하기 때문이다. 명상이나 요가는 수면에 아주 좋고, 밝은 낮에 운동을 하는 것이 좋다. 낮 시간의 운동은 스트레스를 해소하고 수면에 큰 도움을 주기 때문이다. 음식도 중요하다. 가공식품이나 초가공식품은 피하고 자연식품 위주로 먹어야 한다.

성인이나 아이나 점심을 먹고 잠깐 동안 잠을 자는 것도 좋다. 일주일에 서너 번 이상 매일 30~60분 정도 낮잠을 자는 어린이는 만족감이 높아 행복하고, 학업 성적이 좋고, 문제 행동을 할 위험도 작아진다. 낮잠 습관이 있는 초등학생은 문제 해결 능력이나 인내력이 강하고, 언어 능력과 지능지수가 높고 학업 성적이 우수하다. 특히 6학년에서 주 3회 이상 낮잠을 자면 학업 성적이 7.6% 우수한 것으로 나타났다.

60세 이상 성인의 경우, 낮잠을 자는 습관이 있는 사람이 그렇지 않은 사람에 비하여 기억력도 좋고 사고 능력도 좋다. 낮잠 자는 사람은 짧게는 5분 많이 자는 사람은 2시간도 잔다. 낮잠을 너무 오래 자면 깊은 잠에 빠져 오히려 깨는데 어렵고 피로감이 더할 수도 있다. 그래서 20분 이하가 좋다.

낮잠을 저녁 시간에 자면 오히려 밤잠을 설쳐서 좋지 않다. 물론 낮잠을 잔다고 반드시 머리에 좋은 것은 아니다. 다른 생활 습관도 영향을 미친다. 낮잠도 좋지만 가장 중요한 것은 밤에 잘 자는 것이다. 청소년에게도 낮잠은 분명 좋은 영향을 줄 것이다. 피곤하면 머리가 잘 돌아가지 않기 때문이다.

2012년 하버드대학 의과대학은 수면과 낮잠이 인지 능력을 개선시키고 문제 해결 능력을 향상시킨다고 발표했다. 1년 뒤인 2013년 하버드대학은 낮잠의 중요성을 인정하고 캠퍼스 내에 별도의 낮잠 자는 장소 (nap room)의 설치를 추진했다. 당시 하버드 학생의 50% 이상이 설치를 원한다는 설문조사 결과도 나왔다. 하버드대학뿐만 아니라 콜로라도대학, 텍사스대학 등도 낮잠 자는 곳을 만들어 운영한다. 잘 먹는 것이 보약이라는 어른들의 말과 '잠이 보약'이란 주장이 결코 헛말이 아니다.

특히 청소년의 생체 시계는 성인과 차이가 있다는 것도 알아야 한다. 아이일 때는 생체 시계가 어른에 비해 시간이 약간 빠르게 맞춰져 있다. 아이들이 대체로 일찍 자고 일찍 일어나는 이유다. 그런데 사춘기에 들어서면 생체 시계가 급격히 늦춰져 어른보다도 대략 두 시간이나 늦어진다. 즉 수면 호르몬인 멜라토닌이 분비되는 시점이 아이 때에 비해 서너 시간 뒤로 밀린다.

따라서 청소년 자녀에게 밤 10시에 자라는 건 어른에게 8시에 자라고 하는 것과 같다. 청소년 자녀에게 6시에 일어나라는 건 어른에게 4시에 일어나라는 말이다. 다만 잠자는 시간만큼은 충분할 수 있도록 도와주어야 한다.

그래서 청소년의 등교 시간을 늦추는 정책이 시도되었다. 과거 청소년의 등교 시간이 너무 일러서 청소년들을 만성 수면 부족에 시달리게 됐고 그 결과 우울증, 불안, 조현병, 자살 성향 등 만성 정신질환의 만연이라는 결과로 이어졌다. 청소년 시기 새벽부터 밤까지 학교와 학원을 전전하는 삶을 살아야 하는 우리나라가 OECD 자살률 1위인 게 우연한 일이 아니다. 다행히 우리나라도 '9시 등교' 움직임이 일면서 많은 학교가 9시 또는 8시 반 등교를 실시하고 있다.

뇌가 부족한 에너지를 재충전하고 기억을 강화할 수 있도록 초기 저주파 수면으로 4시간 동안 뇌가 에너지를 충전하게 한 뒤 나머지 4시간 동안은 렘수면을 취하여 학습 내용을 공고히 할 수 있도록 8시간은 자는 게 좋다. 결국 잠자는 동안 뇌는 낮에 공부한 내용을 복습하는 것이다. 피로도 회복되고 건강에도 좋고 복습도 하니 얼마나 좋은가. 사당오락(4시간 자면 붙고 5시간 자면 떨어진다는 유행어)이라는 신화는 폐기되어야 한다.

따라서 무엇을 하던지 계획을 세울 때 먼저 잠과 휴식 그리고 운동을 위한 계획을 먼저 세워야 한다. 그렇지 않으면 바쁘고 쫓기는 생활을 하는 청소년이나 성인은 자고 쉬고 운동할 시간을 가질 수 없기 때문이다. 그러다 보면 지쳐서 '번 아웃' 돼서 힘만 들고 지치고 제대로 되는 것이 없다.

잠을 잘 자는 것은 학습뿐만 아니라 정신 건강과 육체 건강 더 나아가 인간의 행복과 삶의 질에도 중요하다. 잠이 부족하면 유아는 육체적 성장이 떨어지고 정신 발달에도 영향을 준다. 건강을 잃으면 아무것도 의미가 없다.

한 번만이라도 정신 차리고 생각해 보자. 늦은 밤 학원을 떠도는 대신 밤하늘의 별을 보며 꿈을 키울 수 있다면, 충분히 잠을 잔 뒤에 더 초롱초롱한 눈망울로 등교한다면 아이들은 좀 더 행복하지 않을까. 재미가 없고 즐겁지 않은 심지어는 지겹다는 생각이 드는 공부를 억지로 시키면 성적이 오를까. 우리의 취학 통지서에도 선행학습의 폐해를 경고하는 문구가 나오기를 바란다. 뇌과학을 아는 학부모라면 이렇게 말할 것이다.

"얘야, 이제 자야 할 시간이다. 이 시간쯤이면 너의 뇌엔 신경전달물질이 바닥나서 공부를 해도 별로 도움이 안 된단다. 소중한 내 새끼. 뇌 버릴라. 어서 자거라." (한겨레신문, 2013.6.10.)

5. 자연 친화적 자녀 교육

1) 아이들과 부모가 함께 자연에서 놀기

스마트폰과 게임이 아이들에게 유일한 놀이가 된 사회

"명심하라. 이 메일, 페이스북과 트위터를 자꾸 들여다보는 것은 뇌(신경세포)가 중독되었음을 암시한다."

아이들이나 어른이나 스마트폰에 중독된 사람이 많다. 필자도 그렇다. 부모들의 고민은 한결같다.

"우리 애는 어렸을 때는 책을 좋아했는데 지금은 게임밖에 안 해요."

우리나라 청소년의 하루 스마트폰 사용 시간은 5시간에 이른다고 한다. 대부분 아이들은 어린 시절부터 스마트폰, 인터넷 게임과 함께 자란다.

2016년 1월 26일 「PD저널」의 기사를 보면 아이들의 스마트폰 중독을 잘 보여 준다. 방학을 맞은 한 중학생의 하루 일과를 소개한 기사이다. 기상 시간은 아침 11시, 일어나자마자 스마트폰 게임을 한다. 오후에 학원에 갔다가 집에 오면 스마트폰으로 친구들과 약속을 정한다. 밤에는 온라인 게임을 한다. 자정이 되면 게임은 차단되지만, 스마트폰은 꺼지지 않는다. 새벽 네다섯 시에 다시 스마트폰 게임을 하다 곯아떨어진다. 잠에서 깨어 보면 오전 11시이다. 여학생들도 새벽까지 스마트폰 채팅을 한다. 친구들이 말을 걸어오면 무시할 수 없기 때문이다. 다 같이 늦게 자게 된다.

하지만 아이에게 스마트폰을 사 주지 않을 수 없다. 스마트폰이 없으면 친구들과 어울릴 수 없고 왕따도 당할 수 있다는 아이의 말을 무시할 수가 없다. 사 주고 나서도 개운하지 않다. 아이들의 스마트폰 문제를 놓고 부부싸움이 벌어지는 가정도 부지기수다. 부모가 자녀를 키우면서 가장 골치 아픈 일이다. 아이들의 생활에 악영향을 끼치는 것은 둘째 치고 게임에 중독되어 헤어나지 못하는 아이들도 많다. 막을 수 있는 방법도 떠오르지 않는다. 모든 아이들이 스마트폰을 가지고 다니고 게임을 하는데 막을 방법이 없다. 아무리 못하게 잔소리 해보아야 소용없다. 아이들은 잠자리에서 자지도 않고 시간만 되면 그것에 매달린다.

지능 악화로 이어지는 스마트폰과 게임

20세기에 걸쳐 인간의 지능은 점차 높아졌지만, 2000년대 들어서는 10년간 1.5포인트씩 감소했다. 서유럽 사람을 대상으로 한 연구에서도 지능지수가 1930년대부터 1980년대까지 10년마다 3점씩 올라간 후 1990년대 후반부터는 0.38%씩 떨어졌다. 여러 원인이 제기되지만, 휴대폰과 인터넷의 과다 사용이 원인으로 거론되고 있다. 이로 인한 수면 부족으로 인지 능력이 떨어졌다는 연구도 나왔다.

20세기에 전 세계적으로 삶의 질이 높아지고 아이들이 교육을 많이 받았다. IQ가 높아졌다고 인간의 지적 능력의 실질적으로 향상된 것은 아니다. 인류에게 별다른 유전적 변화 없이 그렇게 짧은 시기에 지적 능력의 진화가 일어날 수 없기 때문이다. 아이들이 더 많은 교육을 받고 '정신적인' 일을 더 많이 요구하는 현상이 반영된 결과이다. 컴퓨터나 텔레비전의 영향도 컸다. 울릭 네이서(Ulric Neisser)도 자신의 저서 『The Rising Curve: Long-Term Gains in IQ and Related Measures』에서 영화, 텔레비전, 비디오 게임의 영상이 아이들의 사고 능력에 영향을 미쳤다고 주장했다.

그러나 20세기 후반에 인간의 지능지수 또는 지적 능력이 좋아진 것은 학습 능력에서 중요한 수리 능력이나 어휘 능력이 아닌 것으로 밝혀졌다. 예를 덜어 두뇌를 훈련시킬 수 있다는 컴퓨터 두뇌 게임이 유행한 적이 있지만 연구 결과 지능을 좋아지게 하지 못했다. 게임 실력만 늘고 지능 변화는 없었다.

2008년 일본의 게임 업체 닌텐도가 개발한 두뇌 개발 게임기 닌텐도 DS는 전 세계적으로 1,000만 대나 팔렸다. 치매 예방에도 좋다고 하면서 노인들도 구매해 대성공을 거뒀다. 그러나 과학자들은 이 게임기로 단기 기억을 향상시키거나 게임 반응 시간을 단축시킬 수는 있지만 인지 능력을 향상시킬 수는 없다는 결론 내렸다. 컴퓨터로 두뇌 훈련을 하면 지능지수가 좋아질 수 있다는 주장도 있었지만, 실험 참가자 수가 적어 신뢰도가 낮은 연구 결과였다.

아이들이 스마트폰이나 디지털 기기에 중독되어 있는 것은 '자발적인' 집중이 아니라 '비자발적'이거나 '수동적인' 주의 집중이다. 텔레비전도 마찬가지이다. 스스로 책을 눈으로 읽는 것과는 다르다. 그래서 텔레비전을 '바보상자'라고 부른다. 스마트폰은 아마도 '마약 상자'라고 부를 수도 있다.

스마트기기에 빠져 있을 때 못하게 하거나 억지로 중단시키면 아이들이 통제력을 잃기도 한다. 그것은 밥을 먹고 있는 개에게서 갑자기 밥그릇을 빼앗았을 때 으르렁거리고 덤벼드는 것과 유사하다고 한다. '바보상자'에 빠진 사람은 여전히 인간이지만 '마약상자'에 빠진 사람은 마약중독자이다.

특히 아기 때에는 전자기기에 노출되지 않도록 유의하여야 한다. 30개월 미만의 아이가 태블릿 PC 혹은 아이패드나 스마트폰에 노출되면 수학과 과학 학습 능력이 떨어진다. 심지어는 어휘와 독서 능력을 향상시키는 전자책이나 독서 교육 프로그램이라도 만 2.5세 이하의 아이에

[그림 2-12] 스마트폰을 보는 프랑스의 골목 모습. 청소년기에 지나치게 스마트폰을 사용하면 뇌와 인지 능력 발달에 나쁜 영향을 준다
(출처: Wikipedia Commons, Miwok)

게는 아무런 소용이 없다.

스마트폰 등이 아닌 블록 쌓기 같은 놀이를 직접 해보거나 부모와 함께 감각을 이용해 배우는 것이 문제 해결 능력과 사회성을 기르는 데 유익하다. 유아가 TV, 스마트폰, 컴퓨터 등 스크린에 노출되는 시간이 많을수록 뇌 백질의 발달 속도가 느려진다. 특히 스크린 노출이 잦을 경우 뇌 전체 신경세포에 전기적 신호를 신속하게 전달하는 신경 임펄스(nerve impulse)의 속도가 느려지고 인지 기능도 떨어진다. 스크린을 본다는 것은 수동적이고 2차원적인 것이기 때문이다. 뇌가 발달 과정에 있는 경우 아기는 실생활로부터의 자극이 있어야 기능이 향상된다. 미국 소아과학회는 18개월 미만 아이들은 스크린 노출을 피하고, 18~24개월에는 양질의 프로그램만 보게 하고, 5세까지는 스크린 노출 시간을 하루 1시간으로 제한할 것 등을 구체적으로 권장한다.

어린이가 장기간 게임을 하면 뇌 발달과 언어 지능에 악영향을 미친다. 5세에서 18세까지 건강한 어린이를 대상으로 3년 동안 연구한 결과 게임이 언어 지능뿐만 아니라 두뇌 전체에 걸친 지능에도 영향을 미친다는 것을 밝혀냈다. 결국 어린이의 장시간 게임은 뇌의 고등 인지 기능과 관련된 영역에 부정적인 영향을 줄 수 있다.

스마트폰은 지능에 정말로 악영향을 미친다. 인터넷 중독은 뇌 구조까지 변화시킨다. 인터넷에 중독된 청소년의 뇌를 조사한 결과 사고·인지를 담당하는 전전두엽과 소뇌의 역할이 비활성화되거나 크기가 줄어든 것이 관찰되었다. 그래서 그런지 집중력도 뚝 떨어지는 것으로 나타났다. 주의력 결핍 장애를 앓는 사람은 스마트폰을 가진 사람의 증상과 놀랍도록 유사하다.

2000년과 2013년 사이 인간의 평균적인 주의 집중 시간은 12초에서 8초로 감소했다고 한다. 이는 금붕어보다도 상대적으로 낮은 수치이다. 늘 인터넷이나 스마트폰으로 연결되어 있는 상태가 집중해야 할 것에 주의를 덜 기울이도록 만들기 때문이기도 하다.

또한, 절제 능력과 사회성과 관련된 정서의 발달에 나쁜 영향을 준다. 심하게 말하면 아이를 망가뜨린다. 스마트폰 같은 자극에 반응하는 뇌는 '본능과 욕구'를 담당하는 변연계와 감각 피질에서 일어나기 때문이다. 따라서 어렸을 때 이러한 자극에 많이 노출될수록 뇌 시냅스의 연결이 본능에 반응하고 욕구에 사로잡히는 방향으로 발달되고 강화된다. 반면 스스로 선택을 하는 것이 필요하여 주의력이 필요한 주제는 전두엽의 시냅스가 연결되고 발달돼야 한다. 본능을 억제하는 반복적인 연습과 훈련을 통해서 이러한 시냅스가 연결되고 강화되면서 아이들은 서서히 자기 통제력을 발휘하기 시작한다.

멀티태스킹도 지능을 낮춘다

요즘 청소년들은 음악을 들으면서 공부하고 일하면서 메시지 보내는 '멀티태스킹'에 익숙하다. 다양한 일을 한꺼번에 하니 뇌를 많이 써서 지능 발달에 도움이 될 것 같다는 생각이 든다. 그러나 직관적인 생각과는 정반대로 오히려 지능을 떨어뜨린다.

동시에 여러 가지를 하면 공부든 일이든 효율이 떨어진다. 게다가 TV를 보면서 동시에 음악을 듣고 휴대전화 문자를 보내는 등의 멀티태스킹은 오히려 지능을 떨어뜨린다.

멀티태스킹을 하는 사람은 뇌의 중요한 부위가 쪼그라들면서 뇌 기능을 저하시킨다. 실제로 75명을 대상으로 멀티태스킹을 한 뒤 뇌를 검사한 결과 피질 크기가 줄어든 것이 관찰되었다. 동시에 여러 가지 기기를 조작하는 행위는 주의력 결핍, 우울증, 불안증, 그리고 학습 장애를 일으킨다는 연구 결과는 과거에도 이미 있었다. 따라서 다중 작업은 청소년의 학습에 지장을 가져온다. 연구에 의하면 다중 작업을 할 경우 10대가 과제를 마무리하는 데 25~400% 정도의 시간이 더 걸린다.

그렇지만 청소년들은 다중 작업이 도움이 된다고 생각한다. 공부가 효과적이었기 때문이 아니라 텔레비전이나 스마트폰과 함께하면서 공부가 즐거워졌기 때문이다. 다중 작업이 주는 만족이 학습 효율을 높인 것과 같은 착각을 들게 한 것이다. 멀티태스킹은 대마초를 피는 사람과 유사한 수준의 IQ 손실을 가져오는 요인으로 관찰됐다. 심지어 '멀티태스킹'이 마리화나보다 지능에 나쁘다고 다니엘 레비틴(Daniel J. Levitin)은 말했다.

우리가 다중 작업을 계속하는 이유는 대부분 습관 때문이다.

"멀티태스킹이 어렵다고 안 하지 않는다. 판단력이 떨어지고 도파민 아드레날린이 자신이 뭔가 잘한다고 착각하게 만들어 멀티태스킹에 빠진다."

과학자들은 다중 작업이 학습에 방해가 될 뿐 아니라 코르티솔과 아드레날린 같은 스트레스 호르몬의 분비도 재촉할 수 있다고 말한다. 코르티솔 수치가 만성적으로 높으면 공격성과 충동성이 증가하고, 단기 기억 손실이 일어나고, 심혈관 질환도 발생할 수 있다. 바꿔 말하면 다중 작업은 우리를 서서히 약화시키고, 혼란과 피로를 야기하고, 유연성을 잃게 만든다.

또한, 생각이 혼미해지게 만들며 도파민 중독 피드백 회로를 만들어 뇌를 과도하게 자극하고 핵심을 잃고 새로운 외부 자극을 계속해서 찾도록 만든다. 더욱더 나쁜 것은 전전두엽피질은 새로운 것에만 관심을 갖는다. 새롭고도 신기한 것에 마음이 팔려 버리는 것이다. 멀티태스킹도 중독이라는 의미이다. 그리고 청소년의 습관은 특하나 깨기가 어렵다. 일단 10대들이 다중 작업에 익숙해지면 지속할 가능성이 높은 것도 이 때문이다.

그럼 어떻게 하여야 할까

문제는 우리나라 청소년은 대부분 만성적으로 잠이 부족하고 놀 시간이 부족하다는 데 있다. 거의 대부분의 청소년이 학교 수업이 끝나면 학원에 가서 늦게 온다. 아이들의 거의 유일한 '낙'이 스마트폰과 게임이 될 수밖에 없다. 결국 학교 수업과 학원 수업, 숙제와 시험 그리고 스마트폰과 게임으로 이어지는 생활은 피곤의 누적과 잠의 부족으로 치닫는다.

스마트폰과 게임만이 위로가 되고 결국은 중독될 수밖에 없다. 아이들이 게임과 스마트폰에 빠지는 것은 '놀이 문화'의 부재와 입시 과열이 원인이다. 아이들은 입시를 위한 사교육에 대부분의 시간을 뺏기다 보니 놀이나 야외 활동을 할 겨를이 없다. 게다가 잠이 만성적으로 부족해지고 피로가 누적되다 보니 무언가를 하려는 동기나 의욕을 상실할 수밖에 없다.

분명한 것은 스마트폰이나 게임을 하지 못하게 한다고 안 하는 것이 아니라는 점이다. 그리고 안 할 수도 없다. 친구들이 모두 스마트폰으로 소통하고 좋은 정보가 넘쳐나기 때문이다.

실제로 유용한 면도 있다. 문제의 핵심은 청소년들이 거의 중독성을 보이며 몰입하고 다른 어떤 활동도 하지 않는 것이 문제이다. 아이들이 성적과 입시에만 치중하다보니 야외 활동이나 운동할 시간은 거의 없다. 아이들에게는 놀 시간은커녕 잘 시간도 부족하니 말이다. 이런 상황에서 아이들과 청소년의 게임과 스마트폰이 놀이 문화가 된 것은 자연스런 일이다. 스마트폰은 친구, 책, 대화, 운동, 자연을 대체하였다.

그렇다면 스마트폰 등의 사용을 줄이는 것이 좋을까. KBS에서 출간한 『중학생 뇌가 달라졌다』(2020년)에는 중학생 일곱 명을 대상으로 10주 정도 스마트폰 절제 실험이 소개되었다. 스마트폰 안 쓰기에 도전한 중학생들은 한결같이 생각하는 시간이 많아졌고, 책을 보게 되고, 친구들과 뛰어놀게 되었다고 한다. 전두엽 기능이 유의미할 정도로 좋아졌고, 뇌 전두엽의 변화가 생기면서 주의 집중력이 높아지고 가족관계도 좋아졌다. 충동 조절과 작업 기억 능력이 향상됐고 수면 시간도 늘었다. 그러나 아이들을 모두 이런 실험에 참가하게 할 수는 없는 노릇이다. 일단 아이들은 그럴 시간도 없고 그럴 의사도 없다.

그럼 어떻게 이 문제를 해결할 수 있을까. 문제를 해결하려면 문제를 알아야 한다. 문제는 명확하다. 스마트폰 등을 너무 많이 사용하는 것은 나쁘다. 그럼 문제의 원인은 무엇인가. 그 원인은 우리 사회의 입시 위주의 사교육과 부모의 극성이다. 그럼 입시를 포기해야 한다! 말도 안 되는 결론이다. 스마트폰 등의 해악을 피하고 아이들의 건강이 좋아지고 학습 효과가 나면서도 행복해지는 방향으로 가는 것이 정답이다.

영유아기 때부터 사교육과 선행학습을 받으면 주의 집중에 문제가 발생하므로, 어렸을 때에는 게임 같이 즉각적인 재미를 억제하는 능력을 키우는 것이 필요하다. 따라서 유아기와 아동기에는 놀면서 감정과 정서가 충족되어야 전두엽이 발달하여 감정 조절 능력이 생긴다. 전두엽의 중요한 기능인 '감정 조절'이 약한 아이는 게임 중독에 빠질 가능성이 높기 때문이다. 교육과 선행학습은 가능한 줄이거나, 하더라도 나이에 따라 조화롭게 하여야 한다. 더 중요한 것은 놀이와 운동, 휴식과 자연 접촉과 아웃도어에 더 많은 시간을 투자하여야 하는 것이다. 그래야 아이들은 스마트폰보다는 놀이와 운동 등에 더 많은 시간을 가질 수 있다. 이러한 활동이 아이들의 육체적 건강에 당연히 좋을 뿐만 아니라 정신 건강 더 나아가 학습에도 장기적으로 긍정적인 효과를 낳는다.

자녀 교육은 자연과 함께해야 한다

미국 예일대학이 발표한 2018년 세계 환경지수에는 국가별로 녹지 공간이 얼마나 되는지가 포함되어 있다. 녹지가 많은 국가의 순위를 보면 스위스 87.42, 프랑스 83.95, 덴마크 81.60, 몰타 80.90, 스웨덴 80.51, 영국 79.89, 룩셈부르크 79.12, 오스트리아 78.97, 아일랜드 78.77, 핀란드 78.64로 70~80%이다.

거의 다 유럽 국가들이다. 반면 녹지 공간이 적은 국가로는 부룬디 27.43, 방글라데시 29.56, 콩고민주공화국 30.41, 인도 30.57, 네팔 31.44, 마다가스카르 33.73이다. 우리나라는 62.30을 기록해 60위를 차지했다. 선진국일수록 녹지가 많고 후진국은 선진국의 반도 안 된다. 물론 경제력과 자연환경적인 배경이 다른 결과이지만 교육에도 중요한 의미를 갖는다.

녹지 공간을 언급한 것은 그것이 인간의 육체적 정신적 건강에 미치는 영향뿐만 아니라 아이들에게도 중요하기 때문이다. 오랜 세월 자연에서 진화하고 살아온 인간에게 도시 환경은 스트레스가 될 수 있으며 대기 오염, 소음 등으로 정신질환을 일으킬 수 있기 때문이기도 하다. 이 책의 주제와 관련하여서 더 의미가 있는 것은 녹음이 우거진 곳에서 성장한 아이가 지능지수가 높고 문제 행동을 일으킬 가능성이 거의 없다는 점이다. 녹지 환경에서 성장한 아동에 비해 녹지 공간이 적은 곳에서 성장한 아동의 지능지수 점수가 평균 2.6점 낮다는 연구도 있다. 이러한 차이는 경제적 수준과는 관계없이 나타났다.

뇌과학적으로도 녹지 환경이 중요하다는 점이 밝혀졌다. 초등학생을 대상으로 한 연구를 보면 녹지 노출이 좌우의 전전두엽 피질, 왼쪽 전운동 피질의 회백질 부피, 양쪽 소뇌 반구의 백질의 부피와 양의 상관관계를 나타냈다. 회백질은 인지 기능을 담당하는 부위이고, 소뇌는 운동 기능과 언어, 주의력 등의 기능을 담당하는 부위이다. 숲과 같은 자연과 밀접한 생활이 편도체 활성에도 영향을 미친다. 편도체는 스트레스 처리와 위험 반응에 중요한 역할을 하며 숲과 같은 녹지 공간이 스트레스에 더 잘 대처할 수 있도록 해준다.

아이들의 미래를 위하여 초목에 둘러싸이고 바람과 새소리를 들을 수 있으며 햇빛과 신선한 공기를 즐길 수 있는 주거와 야외 활동이 요구됨을 보여 준다.

자연에서의 야외 활동이 많은 아동이 성년이 됐을 때 정신질환 발생률이 55%가량 낮다. 또한, 유년기의 야외 활동이 인지 능력도 개선시킨다. 야외에서 시간을 보내기만 해도 뇌 구조가 좋아진다. 야외에서 많은 시간을 보낸 사람은 오른쪽 배외측 전전두피질의 회백질이 3% 정도 증가했다. 배외측 전전두피질은 전두엽의 측면 부분으로, 행동 계획 및 조절과 인지 조절에 관여한다.

또한, 전두엽 부위의 회백질 감소는 정신질환과 연관성이 있다. 비록 소수의 사람을 대상으로 한 연구의 한계가 있지만 야외 활동의 중요성을 보여 준다.

어린이와 청소년이 자연을 접할수록 좋지만 오지일수록 좀 더 깊은 산중일수록 더욱 좋다. 청소년이 밀도 높은 삼림 지대와 그렇지 않은 삼림에 노출된 것에 비교했을 때 인지 발달 변화는 약 6.83%의 차이가 있다는 연구가 그것을 보여 준다. 또한, 2년 후 정서 및 행동 문제를 겪을 위험은 약 16% 낮게 나타났다. 다시 말해 높은 산이나 오지를 찾는 것이 좋다는 의미이다.

에베레스트 트래킹을 가보면 서양에서 온 청소년들이 많이 보인다. 필자가 갔을 때에는 한 고등학교 학생 전체가 트래킹 온 것을 보았다. 자연이 주는 교육적인 의미를 이미 알아 실천한 것으로 생각된다. 한편 초원이나 호수, 강 등의 효과는 오지 산행 같은 경험보다는 효과가 덜했는데 왜 이런 효과가 있는지는 알려지지 않았다. 피톤치드나 음이온 등을 거론하지만 원인이라고 하기는 불충분하다. 다만 연구 대상 학생 중 절반 이상의 부모가 전문 직업을 가져서 사회 경제적 요인이 아동 발달에 영향력을 미쳤을 수도 있다.

실제로 녹지에 접한 아이일수록 인지력 측정에서 좋은 점수를 받았지만, 사회경제적 요인도 함께 작용했다는 연구 결과도 나왔다. 하지만 전적으로 사회경제적인 요인을 아닐 것이다. 그동안 여러 연구를 보면 자연이 분명 인지 능력에 커다란 영향을 주는 것은 확실해 보인다.

[그림 2-13] 뇌 발달에 좋은 것들을 나열한 그림. 청소년들의 뇌가 발달하려면 운동, 독서, 대화, 음악, 요가 다양한 활동이 요구된다.
(출처: Wikipedia Commons, Pedros.lol)

　이에 따라 세계의 교육 선진국들은 자연 교육을 강화하고 있다. 싱가포르는 2017년 청소년들이 아웃도어 교육을 받는 것을 필수로 한다는 원칙을 세웠다. 싱가포르 교육부는 자연 교육의 목표를 이렇게 설명한다.

　"자연에서의 경험은 결코 교실에서는 제공할 수 없는 값지고 실질적인 것이다. 아웃도어 교육은 청소년에게 강인함(ruggedness), 역경을 극복할 수 있는 힘(resilience), 자존감(confidence)과 독립심(independence)을 키워 준다. 서로 협력하고 함께하는 것의 가치를 배울 것이며, 친구들과의 경험을 통해 평생 지속할 추억을 간직할 것이다. 이것이 우리 청소년들이 도전에 대처하고 보다 나은 사회를 만들게 하는 핵심적인 가치들이다."

그 후 3년 뒤 2020년부터 시행된 싱가포르 아웃도어 교육 계획(National Outdoor Adventure Education Master-plan)은 공교육을 통해 모든 청소년에게 아웃도어 교육을 하려는 시도이다. 중학교 3학년 청소년은 모두 4박 5일 동안 배낭을 지고 백 패킹을 하며 숲속에서 밥을 지어 먹고, 카약과 세일 요트를 타고 바다를 항해해야 한다. 모든 학교의 학생들을 무작위로 섞어서 그룹을 만들어 진행하여 낯선 친구와 어울리고 난관을 극복해 나가는 프로그램이다.

유럽의 많은 국가에서도 자연에서의 교육이 오랫동안 시행되어 왔다. 덴마크 학교의 거의 20%가 아웃도어 스쿨인 우드스콜레(Udeskole) 프로그램을 진행한다. 학교 운동장, 주변의 자연 공간, 또는 지역의 공원과 도시 환경을 활용하여, 매주 혹은 격주로 교실을 벗어나 수업을 한다. 1941년 영국에서 발족된 아웃워드 바운드(Outward Bound)는 유럽과 미주 대륙은 물론 아시아와 아프리카, 오세아니아에 이르기까지 전 세계로 퍼져 나가면서 지대한 영향을 주었다.

우리나라는 2014년 세월호 사고 이후 아웃도어 교육은 답보 상태이다. 물론 학교 교육도 입시 위주의 교육으로 거의 유명무실해지고 있다. 이미 아이들의 행복지수는 가장 낮고 정신질환이 늘고 있으며 자살률은 세계 최고를 기록하고 있다. 부모들은 아이들을 자유롭고 즐겁게 자연에서 뛰어놀 수 있는 기회를 주어야 한다. 특별히 아웃도어 활동은 더욱 좋다. 오지 탐험, 트레킹 등은 그야말로 가족애와 사랑 그리고 교육과 건강 모두에 유익하다.

자연에서의 활동은 범죄 청소년도 바꾼다. 『나는 걷는다』(2003년 번역 출간)의 저자 베르나르 올리비에(Bernard Ollivier)는 2000년에 쇠이유(Seuil) 협회를 만들었다. 쇠이유(seuil)는 문턱이나 한계 등을 뜻하는 프랑스어이다. 이 협회는 범죄 청소년에게 소년원에 들어가는 대신 여행의 기회를 주는 단체이다. 법원의 동의를 받아 청소년들은 둘씩 짝을 지어서 친구나 가족 없이 동행인 한두 사람과 90일 동안 서울 부산 거리의 4~5배인 1,600~1,800km를 걷는다. 조건은 단 한 가지. 녹음된 음악을 가져가서는 안 된다. 그 여정은 프랑스와 스페인 지역을 아우르는 자연과 종교 순례의 길이다. 동행인은 함께 걸으며 밥을 먹고 숙소를 찾고 차를 마시고 여유를 즐기기도 하는, 말 그대로 동행인일 뿐 조언 역할을 하지 않는다. 이 프로그램에 참여한 청소년의 95%가 일상생활에 성공적으로 복귀했다. 프랑스에서 수감 생활을 거친 청소년이 다시 범행을 저지른 비율은 75%에 이른다.

2) 자연식품을 골고루 먹어야 지능 발달

분유를 먹이면 지능 발달에 나쁠까

아기가 세상에 태어나서 처음 먹는 것은 모유이다. 모유가 건강에 좋다는 말을 많이 듣는다. 오랜 세월 아기는 엄마의 젖을 먹고 자라왔으니 당연해 보인다. 여기저기 검색해 보면 모유가 좋다는 기사는 많다. 과학자들의 연구 결과도 많다.

모유가 좋다는 연구 중 필자가 아는 가장 오래된 연구는 1999년의 것이다. 모유를 먹으면 조제 분유를 먹인 아이보다 지능이 평균 3~5점 높다는 연구 결과였다. 모유와 분유가 지적 능력 발달에 주는 영향을 연구한 20여 개의 보고서들을 분석한 연구이다.

모유를 오래 먹일수록, 저체중 태아일수록 지능에 미치는 효과가 컸다. 지능이 좋아지는 효과는 모유의 영양 성분에 의한 것이 3.2점, 어머니와의 친밀감 향상에 의한 것이 2.1점으로 분석됐다. 모유를 먹인 아이들의 인지 능력 향상은 생후 6개월부터 나타나기 시작해 15세에 이를 때까지 계속됐으며 모유를 먹인 기간이 길수록 그 차이가 커졌다.

유사한 연구 결과는 계속 나왔다. 2002년에도 오래 모유를 먹은 아이일수록 지능지수가 더 높고 건강하다는 연구가 발표되었다. 이에 따라 유럽연합은 2002년 신생아에게 모유를 먹이자는 프로젝트를 수립하여 이를 확산해 나가기로 합의하기도 했다.

2009년에는 모유와 성적 간의 상관관계에 대한 수치까지 나왔다. 모유를 먹은 기간이 한 달 더 늘어날수록 고등학교 성적 평점이 평균 0.019점 높아지며 이에 따라 대학 진학 가능성 또한 높아지는 것으로 나타났다. 5년 동안 모유를 먹이면 평균점수가 1점이 올라간다는 연구 결과이다. 모유를 먹은 학생들은 절반 이상이 고교 성적이 좋았고 5분의 1은 대학 진학에도 좋은 결과를 보여 모유 수유는 아이의 인지 능력과 건강을 향상시키는 것으로 분석되었다.

2015년에도 약 3,500명의 신생아를 35년에 걸쳐 추적 조사한 결과가 있다. 모유를 먹은 사람이 머리가 좋은 것은 물론이고 경제적으로도 풍족하게 잘살았다. 최소 1년간 모유를 먹은 아이는 한 달 이하인 아이보다 IQ 지수는 4포인트, 학교 교육 기간은 0.9년, 소득은 월 100달러 정도 더 높은 것으로 나타났다. 모유 수유가 교육 기간과 소득까지 연결된다는 것을 보여 준 첫 번째 연구이다.

이에 대해 반론도 제기되었다. 2017년 사회경제적 지위 및 교육 수준이 비슷한 가정의 아이들을 대상으로 조사를 했는데, 6개월 이상 모유를 수유한 아이들이 3세가 되었을 때는 문제 해결 능력 검사에서 더 높은 점수를 얻었지만 5세가 되자 이러한 긍정적인 효과가 없어졌다. 결국 모유는 장기적으로 봤을 때, 아이의 문제 해결 및 어휘 능력과 같은 인지 능력에는 별다른 영향을 끼치지 않는다는 것이다.

2018년에도 모유 수유가 아이의 IQ에 별반 영향을 미치지 않는다는 연구 결과가 나왔다. 1만 3,000명이 넘는 큰 규모로 장기간에 걸쳐 사회경제적, 가정과 관련된 변수를 더 엄격하게 통제하며 연구를 진행했다. 유아기의 모유 수유는 16세에 이를 때까지 아동의 인지 기능에 특별한 영향을 미치지 않는다는 것이며, 언어 능력에서만 약간의 우위를 보였을 뿐이다. 아주 어렸을 때는 몰라도 청소년기에 들어서는 거의 영향이 없다는 결과이다. 뒤에 나온 연구가 더 타당한 것으로 받아들여지는 것이 일반적이지만, 쉽게 어느 것이 맞는다고 확신하기가 어렵다.

분명한 것은 모유 수유가 아이와의 정서 교류로 인하여 매우 긍정적인 영향을 준다는 점이다. 우리 인간이 포함된 사람속(Homo)의 조상은 오스트랄로피테쿠스가 속한 원인(猿人)보다 모유 수유 기간이 더 길었다. 이런 차이는 우리 인간이 높은 지능으로 진화하는 데 영향을 주었다.

화석을 분석한 결과 사람속의 초기 조상들은 상당수가 3~4세가 될 때까지 모유를 먹인 것으로 나타났다. 그러나 오스트랄로피테쿠스의 유아는 태어난 첫 달부터 모유 수유의 양을 크게 줄인 것으로 나타났다. 모유 수유 자체가 지능을 발달시키는 '직접적인' 요인은 아니더라도 최소한 이로 인한 오랜 교육과 엄마와의 정서적인 교류가 지능 발달에 영향을 준 것은 확실하다.

아이가 자라면서 부모와의 교류는 정서 발달뿐만 아니라 지능 발달에도 중요한 역할을 한다. 더욱이 모유 수유는 엄마와의 강한 교류를 의미한다. 모유와 분유가 지능 발달에 중요한 차이를 가져오는지 명확하지는 않지만 최소한 엄마의 역할이 중요한 것은 확실하다. 특히 모유 수유는 더 강력할 것으로 보인다.

모유가 아닌 우유를 먹인다고 하더라도 출생 초기에는 강화 우유가 좋다. 출생 후 첫 주 동안은 영양분이 보강된 강화 우유를 먹이는 것이 뇌 발달에 커다란 영향을 준다. 이로 인한 효과는 10대 이상에 걸쳐 계속 되는 것으로 나타났고, 뇌의 특정 영역이 더욱 잘 발달했다. 강화 우유만을 먹거나 모유와 더불어 강화 우유를 먹은 아이들이 7~8세가 되었을 때 일반 우유를 먹은 아이들보다 IQ가 12.2가량 높은 것으로 나타났다. 또한, 학습이나 기억력과 연관된 뇌 속 미상핵(caudate nucleus)이라 불리는 피질하부(subcortex) 영역의 크기에 큰 차이가 난다.

분유는 잘 선택해야 한다. 아기가 분유를 장기간 섭취할 경우 철분이 부족할 수 있다. 1~3세의 유아 2,121명의 분유 섭취 기간과 체내 철분 수치를 조사한 연구 결과이다. 분유를 먹은 기간이 12개월 미만인 아기 중 3.8%, 13~23개월인 아기 중 11.5%, 24~48개월인 아기 중 12.4%가 철분이 부족한 것으로 확인됐다. 철분이 부족하면 지능 발달에 나쁜 영향을 미친다. 따라서 생후 6개월 이후부터 고기, 달걀노른자, 아욱, 시금치 등 철분이 풍부한 이유식을 먹이는 것이 좋다.

[그림 2-14] 모유는 진화 과정에서 최적화된 아기 음식일 것이다
(출처: Wikipedia Commons, Aswindaagna)

가공식품은 아이 지능에 악영향

대부분의 가공식품은 건강과 다이어트 더 나아가 지적인 능력에 까지 나쁜 영향을 준다. 특히 자라나는 아이들에게 심각한 문제를 일으킨다. 세 살이 될 때까지 지방, 설탕 등이 많은 가공 음식을 즐겨 먹은 아이는 식습관을 바꿔도 그렇지 않은 아이보다 8세 무렵 지능지수가 평균 1.6점이 낮다는 연구가 있다. 지방과 당류가 많은 가공식품을 많이 먹은 아이, 고기류와 채소류를 주로 섭취하는 전통적인 음식을 먹은 아이, 채소와 과일, 파스타, 쌀 등을 많이 섭취한 아이 등 세 그룹으로 분류하여 약 4천 명의 부모를 대상으로 조사한 결과이다.

어릴 때부터 과일, 채소, 밥 등을 먹었던 어린이의 지능은 평균보다 1.2점 더 높았다. 가공식품을 가장 많이 섭취한 상위 20% 아이들의 평균 IQ는 101인 반면 가장 건강 지향적인 식사를 한 아이들 상위 20%의 평균 IQ는 106인 것으로 나타났다. 물론 이 연구는 부모의 사회경제적 요인을 감안하지 않았기 때문에 부모의 경제적 수준이 높을수록 가공식품을 덜 먹는 경향이 있다는 점을 간과한 한계가 있다. 그러나 수많은 연구에 의하여 가공식품의 문제점이 계속 드러나고 있으며 그중에서도 당분과 지방 성분이 문제이다.

마가린을 많이 먹어도 지능에 나쁜 영향을 준다. 1990년대 중반 태어난 아이들의 경우 마가린을 먹은 경우 3~4세 때의 IQ 점수가 평균 3포인트가 낮았다. 부모의 경제력과 사회 계급에 영향을 미치는 부모의 직업 같은 다른 요인도 감안한 결과이다. 원인은 알 수 없지만 트랜스지방이 연관돼 있을 가능성이 있다. 동물 실험에서도 트랜스지방은 기억력에 문제를 일으키는 것으로 밝혀진 바 있기 때문이다. 가공식품에서 대게 당분과 지방 성분이 많다.

가공식품에 들어가는 액상 과당은 뇌에 심각한 영향을 미친다. 액상 과당은 기억력을 떨어뜨리고 뇌 기능을 급격하게 변화시킨다. 탄산음료, 가공된 과자, 가공식품 같은 정크 푸드를 더 많이 섭취하면 과채류와 어류 위주로 음식을 섭취한 사람에 비해 좌측 해마가 작아지는 것으로 나타났다. 인간의 뇌 구조 자체를 바꾸어 버린다. 이는 우울증과 치매와도 연관이 있다. 어린 시절 지적 능력 저하가 나이 들어 뇌 기능 손상으로 이어진다는 끔찍한 결과이다.

가공식품은 단기간만 먹어도 해롭다. 평소 좋은 음식을 먹었던

20~23세 젊은이 110명을 대상으로 지방과 설탕이 많은 서구식 음식을 1주일간만 먹게 했더니 뇌 기능이 손상되고 식욕을 조절하기 어렵게 만들었다.

배부른 데도 가공식품을 찾는 사람은 해마 기능에서 장애가 나타났다. 해마 기능의 문제가 기억력과 식욕 조절 양쪽에 영향을 줄 수도 있다는 의미이다. 서구식 식단이 해마에 문제를 일으켜 배가 부른 데도 스낵이나 초콜릿이 더 먹고 싶고, 많이 먹을수록 다시 해마에 손상을 줘 과식의 악순환이 이뤄질 수 있음을 알 수 있다.

해마의 손상이 식욕 조절에 어떻게 영향을 주는지는 아직 명확하게 밝혀진 것은 없다. 다만 서구식 식단은 해마 등 뇌 기능에 문제를 일으켜서 식욕 조절 장애로 살이 찌고 질병으로 이어질 가능성이 높다. 인간의 뇌는 자연 음식에 맞게 진화되었기 때문일 것이다.

그러면 어떤 음식이 좋을까. 당연히 가공식품이나 초 가공식품이 아닌 자연식품이 좋다. 그리고 다양한 자연식품을 두루 먹는 것이 가장 좋다. 특히 집중력, 기억력, 지능에 좋은 음식에는 달걀, 호박씨, 연어, 다크 초콜릿, 블루베리, 해조류를 꼽는다. 달걀 노른자엔 콜린, 비타민 B, 철분이 풍부하여 학습 능력과 기억력에 도움이 된다. 연어는 DHA 등 오메가-3 지방이 풍부하다. DHA는 IQ에 좋다. 호박씨에 있는 마그네슘과 아연은 인지 능력을 높이는 데 필수적인 재료이다.

해조류에 많은 요오드도 인지 기능을 돕는다. 다크 초콜릿에 들어있는 마그네슘, 철분, 아연도 좋다. 조심할 것은 설탕이 많이 든 초콜릿은 피해야 한다는 것이다. 블루베리는 특히 노인의 뇌 건강에 이롭다. 일반적으로 자연식품 위주로 골고루 때맞춰 먹는 것이 권장된다.

아이들에게 채식과 육식의 균형 식단을

생명체는 음식을 먹어 그 에너지로 생존한다. 또한, 어떤 음식을 먹느냐에 따라 건강도 질병도 심지어는 지능도 영향을 받는다. 사람의 식성은 사람의 수만큼이나 다양하고, 타고난 유전자와 자라온 환경의 영향을 받는다. 환경의 영향을 받는 만큼 어려서부터 접하게 되는 가족의 식단이 아이의 미래에 중요한 역할을 한다. 앞에서도 이미 설명했지만 가정에서 어려서부터 자연식품을 위주로 골고루 먹을 수 있는 식단을 제공하는 것이 최선이다.

오늘날 건강을 위하여 육식보다는 채식이 널리 권장되고 있다. 특히 지능에는 채식이 중요하다는 주장도 나온다. 물론 그것은 동물 실험에서 증명되었다. 쥐에게 식물성 지방산인 리놀렌산을 먹이면 동물성 지방에 비해 기억력이 좋다. 육류에 있는 포화지방산은 뇌의 시냅스 간 신호 전달을 어렵게 하여 학습 능력을 저하시키고 우울증과 같은 정신질환까지 유발한다. 특히 동물성 지방이 산소와 결합하여 생성되는 과산화지질은 뇌의 기능을 떨어뜨리고 뇌세포의 노화를 촉진하는 주원인으로 알려져 있다.

반면 식물에 풍부한 불포화 지방산은 뇌의 신경세포를 유연하게 하여 뇌가 제 기능을 하도록 돕는다. 따라서 지방은 가급적 식물성 지방을 중심으로 먹는 것이 좋다.

머리가 좋은 사람 중에는 채식을 좋아하는 사람이 많다. 아인슈타인도 채식을 좋아했다. 채식을 좋아하는 사람의 지능이 10점 가까이 높다는 연구도 있다.

연구에 의하면 어렸을 때 지능이 좋은 아이는 어른이 되어서 채식주의자가 될 가능성이 크다. 30대 8,000여 명의 남녀를 대상으로 그들이 10대였을 때 측정한 지능지수를 보면 지능지수가 높은 사람일수록 채식주의자가 될 확률이 높게 나타났다. 채식을 하여 지능이 좋은지 지능이 좋은 사람이 채식을 하는지 분명하지가 않고 채식을 좋아하는 사람이 모두 IQ가 높다고 일반화시키기에는 무리가 있지만 육식을 주로 하는 사람들보다 채식으로 인한 영양 섭취가 안정적이기 때문에 나타난 결과일 수 있다. 단백질이나 지방은 가급적 식물을 통해서 섭취하는 것이 좋다는 것은 널리 알려져 있다. 그러나 뭐든지 지나치면 안 된다. 채식만 하면 문제가 발생한다.

아프리카에서 이루어진 연구는 오히려 육식이 좋다고 결론을 내리고 있다. 케냐 학생 555명을 대상으로 7학기 동안 세 그룹으로 나뉘어 각각 고기, 우유, 오일만 들어간 스프를 먹게 하였다. 그 결과 매일 고기가 들어간 스프를 먹은 그룹이 다른 그룹 학생들보다 학업 성취도가 뛰어났다(사람을 대상으로 이런 연구를 해도 윤리적으로 문제가 없는지 모르겠지만, 채식과 지능의 상관관계를 판단하는 것을 신중하게 검토를 해야 할 것 같다.).

이러한 연구 결과에 따라 채식이 뇌 발달을 저하시킬 수 있다는 논쟁이 제기되었다. 뇌에 필요한 영양소 중 몇 가지는 식물성 식품에 전혀 들어 있지 않기 때문이다. 채식만 할 경우 뇌 발달에 중요한 타우린, 오메가 3, 철분, 비타민 B12 등이 부족할 수 있다. 비타민 B12가 부족하면 뇌 발달에 중요한 문제가 발생할 수 있다.

채식주의자들이 영양제로 B12 등을 보충할 수 있지만 완전할 수는 없다. 채식이 비타민 B12와 철분 결핍으로 이어지고 지능에 영향을 미칠 수 있다. 철분은 혈액 내 헤모글로빈의 구성 성분으로 산소를 운반

하는 데 중요한 역할을 하며 대뇌 핵의 조가비핵(putamen) 부분의 신경망 연결에 관여한다. 철분이 부족하면 산소 공급이 원활하지 않아 빈혈과 피로감이 나타나고 집중력과 기억력이 떨어지며 인지 기능 발달 장애와 지능지수 하락, 학습 능력 저하 등의 증상이 나타날 수 있다.

따라서 뇌신경과 인지 능력을 위해서는 충분한 철분 섭취가 중요하다. 철분이 부족하면 수학 관련 과제 해결에 어려움을 겪는다. 특히 청소년들은 아침 식사를 통해 충분한 철분 섭취를 하도록 해야 한다.

철분 결핍을 예방하려면 철분이 풍부한 콩류, 조개, 쇠고기, 달걀을 비롯하여 해산물도 골고루 먹어야 한다. 연구에 의하면 아이가 생선을 자주 먹으면 잠을 잘 자고 지능지수도 약 5점 정도 향상될 수 있다. 생선의 오메가 3 지방산이 두뇌 발달에 좋으며 질 높은 수면을 유도한다. 사람은 어린 시절 맛본 음식을 좋아하므로 일찍부터 생선을 먹게 하는 것이 좋다.

어쩌면 채식과 육식에 대한 논란의 답은 상식적으로 생각하면 쉽게 결론지을 수 있을지 모른다. 즉 채식과 육식을 골고루 먹되 자연식품 위주로 먹어야 한다! 위의 연구를 잘 보면 같은 답이 나오는데 서구 사람들을 대상으로 한 연구에서와 아프리카 사람들을 대상으로 한 연구에서 서로 연구 결과가 달랐는데 그것은 바로 골고루 먹는 것이 중요하다는 것을 이야기하고 있는 것이다.

현대의 도시 생활은 단것과 지방이 과다한 가공식품으로 둘러싸여 있다. 이것을 어떻게 제어시킬지가 큰 숙제이다. 골고루 먹는 것이 좋지만 아이들은 대부분 편식을 한다. 식성은 선천적인 요인도 있지만, 어렸을 때 부모와 어떤 음식을 먹고 자랐는지도 중요하다. 어릴 때부터 채소를 섭취하는 버릇을 들이면 나중에 자라서 성인이 된 후에도 균형 잡힌 식사를 하는 데도 도움이 된다.

그러나 아이들은 대부분 채소를 싫어한다. 채소는 단맛보다는 쓴맛이 강하기 때문이다. 아이들이 채소를 싫어하는 또 하나의 이유는 화학물질 때문이다. 브로콜리 같은 채소 속에 들어 있는 화합물(Dimethyl trisulfide)은 채소가 맛이 없다고 느끼게 하는 대표적인 성분이다. 이러한 화합물이 구강 내 미생물과 만나면 썩은 냄새나 유황 냄새를 유발한다. 입속의 침과 채소가 만났을 때 생성되는 이러한 화합물의 양은 사람마다 큰 차이가 있다. 이렇게 차이가 나는 것은 입속의 미생물이 다르기 때문이다. 자녀들은 대부분 부모와 비슷하여 유전적 영향이 있는 것으로 나타난다. 그러나 어른이 되면 아이들에 비하여 채소를 덜 싫어하는데 나이가 들수록 채소에 익숙해질 수 있기 때문이다.

어린이들이 채소를 싫어하더라도 늘 채소를 제공하여야 한다. 같은 채소를 계속 제공하면 결국 먹을 가능성이 커진다. 처음에는 식탁에 채소를 적게 보이도록 올린다. 채소는 눈에 띄지 않게 음식에 조금씩 넣는 방법도 좋다. 다른 식재료와 섞거나 소스를 넣어 조금씩 채소 맛에 익숙해지게 한다. 자녀가 특정 채소를 거부했다면, 좋아하는 음식에 몰래 채소를 일부 살짝 추가한다.

채소의 모양과 온도를 바꾸는 방법도 있다. 특정 모양의 채소나 데운 채소를 먹는 아이들도 있다. 채소를 별이나 하트 등 다양한 모양으로 자르고 밝은 색상의 그릇이나 접시에 놓는다. 또한, 마트에서 쇼핑할 때 자녀를 데려가서 농산물 코너에서 함께 시간을 보내며 채소 이름과 맛에 대해 얘기하며 채소에 익숙해지도록 한다. 요리를 할 때 채소로 음식을 만드는 것을 보게 하고 자녀가 직접 믹서에 채소를 넣게 하거나 가는 것을 시켜 본다.

채소를 강요하지 말고 자연스럽게 먹을 수 있도록 조금씩 적응하도록 하는 것이 중요하다. 그러다 보면 채소에 대한 거부감이 사라지고 성인이 돼서도 신선한 채소를 맛있게 즐길 것이다. 다른 음식도 마찬가지이다.

수돗물과 농약이 지능에 미치는 영향

수돗물에 불소를 첨가하면 충치를 예방하는 데 도움이 된다. 미국, 호주, 캐나다, 뉴질랜드, 영국 등에서 불소를 넣은 수돗물을 공급한다. 전 세계 인구의 약 5%가 불소화 수돗물을 이용한다. 국내에서도 불소화 수돗물을 공급해 왔지만 유해성 논란으로 대부분 중단되었다.

이런 가운데 임산부가 불소가 든 수돗물을 마시면 아이의 지능지수가 낮아질 수 있다는 연구가 나와 논란이 크게 일었다. 수돗물에 있는 불소가 지능을 저하시킨다는 것은 끊임없이 제기되었다. 출산 후 3~4년이 지난 뒤 자녀의 IQ를 측정한 결과 소변 내 불소 농도가 1리터당 1밀리그램 높을수록 자녀 중 아들의 IQ가 4.5포인트씩이나 떨어진다는 결과이다. 임산부의 불소 섭취가 아이의 IQ에 미치는 영향에 대한 연구는 최초의 연구이다. 논란이 많은 연구 결과여서 비슷한 연구를 통해 객관적으로 검토할 필요가 있다.

의학 데이터베이스를 메타 분석한 결과도 있다. 총 27건의 연구를 종합한 결과, 수돗물 속 불소 농도가 높은 지역의 아이들이 낮은 지역의 아이들보다 IQ가 더 낮은 것으로 나타났다. 동물 실험에서 불소는 신경 발달에 유해한 결과를 보인 적이 있다. 불소뿐만 아니라 수돗물의 물질에는 어린이의 뇌 성장에 방해하는 화학물질의 수가 12개가 있다는 연구도 나왔다. 이 연구는 신뢰성에 대한 논란이 많았지만 불안하기는 마찬가지이다.

농업에서 흔히 사용하는 살충제도 심각하다. 클로르피리포스는 살상용 신경가스의 원료로 화학전에 사용되었는데, 1960년대부터 농도를 낮추어 농업용이나 가정용 살충제 등으로 사용되고 있다. 그런데 1990년대부터 그 유해성이 밝혀지기 시작했다. 뇌신경 발달을 저해하며, 임신부 및 영유아가 노출되면 영유아의 지능지수가 낮아진다. 또한, 장기간 노출되면 인지 능력 및 운동 능력이 손상되며, 성인의 경우 파킨슨병의 발생도 증가할 수 있다.

그리고 피로감, 두통, 관절통, 소화불량, 현기증, 호흡기 질환 등도 일으킬 수 있다. 더욱이 전 세계적으로 유행하는 비만의 한 원인이 될 수 있다는 연구가 2021년 나왔다. 클로르피리포스를 사용한 것으로 의심되는 농산물은 철저히 세척하고 먹어야 한다. 유럽 등에서는 클로르피리포스 사용을 제한하고 있으며, 미국도 농작물에 대해 이 성분이 함유된 살충제 사용을 전면 금지하기로 결정했다. 미국의 이번 결정은 클로르피리포스를 사용하는 우리나라에도 영향을 미칠 전망이다.

필자가 결론을 내릴 수는 없지만 화학 물질이 인간에게 좋다는 말은 들어본 적이 없다. 채소와 과일은 충분히 씻어서 먹는 수밖에 없다.

3) 좋은 장내 미생물로 지능 향상과 학습 효과

인간의 정신과 장내 미생물의 관계

과거에는 장과 뇌는 호르몬에 의하여 연결되는 것으로 알았었다. 예를 들어 음식을 먹거나 배가 고프면 식욕을 조절하는 호르몬을 분비해 뇌에 그 신호를 전달한다는 것이다. 호르몬이 방출돼 뇌에 전달되기까지는 약 10분이 걸리므로 식사를 천천히 해야 한다는 말을 많이 들었을 것이다. 뇌는 장에서 신호를 받아 소화를 위해 장이 운동을 하도록 '지시'를 내린다고 알려졌다.

그러나 최근에 장과 인간의 정신 활동이 연결된다는 사실이 밝혀졌다. 신경세포가 척추로 집중되면서, 척추에 집중되었던 신경세포가 다시 뇌로 집중되면서 인간이 탄생하였다. 신경세포가 뇌에 집중되어 있지만 우리 몸에 뇌에만 신경세포가 있는 것은 아니다. 뇌에 있는 신경세포가 장에도 있어 장과 뇌 사이에 정보를 주고받는다. 뇌를 구성하는 뇌간이 이러한 기능을 주도하며 우리의 의식과는 관계없이 자동으로 이뤄진다. 특별히 신경세포가 있는 장과 장내 미생물은 인간의 정신과도 관련이 있다.

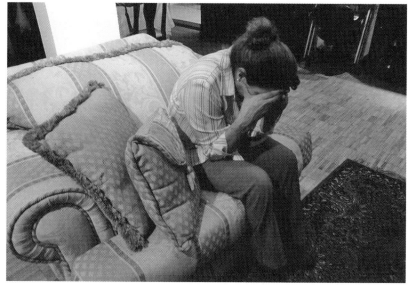

[그림 2-15] 현대인에게 많이 나타나는 우울증이 현대인이 섭취하는 음식으로 인한 장내 미생물의 영향이 크다는 사실은 놀랍다
(출처: Wikimedia Commons, Irais Esparza)

신경세포(뉴런)에 많이 있는 바이러스를 생쥐의 소장에 넣었더니 이들이 뇌까지 이동하는 것이 관찰되었다. 이 바이러스의 이동 패턴은 장과 뇌의 신호 교환 과정과 비슷했다. 장의 신호가 지각신경(sensory neuron)을 통해 뇌로 올라가고, 뇌의 신호가 운동신경(motor neuron)을 거쳐 내려올 뿐만 아니라 이 바이러스도 유사한 경로를 거치는 것이다. 확실할 것은 모르지만, 바이러스가 장과 뇌의 연결에서 어떤 역할을 하는 것으로 보인다. 이렇게 장내 미생물은 우리 인간의 의식을 생성하는 뇌 활동에도 영향을 준다. 결국 장내 미생물은 기억과 학습에도 영향을 주어 제2의 뇌(Second Brain)라고도 부른다.

장내 미생물이 인간의 정 신활동에 영향을 준다는 것은 19세기 말부

터 알려지기 시작했다. 엘리 메치니코프(Élie Metchnikoff, 1845~1926)
는 장내 세균이 생로병사와 밀접한 관계가 있다고 본 선구적인 학자이
다. 엘리 메치니코프의 연구는 노년학 탄생의 기초가 됐다. 노화는 전
신에 생기는 염증의 증가와 관련된다. 뇌의 경우 면역반응에 중요한 역
할을 하는 소교세포(microglia)가 나이가 듦에 따라 줄어들어 각종 문
제가 생긴다.

오랜 연구를 통해 소교세포의 활동이 장내 세균총에 의해 조절된다
는 것이 밝혀냈다. 장내 세균은 질병 치료는 물론 뇌도 젊게 할 수 있고
면역 기능까지 끌어올린다. 암, 감염 질병에서 알코올 의존 심지어 자폐
스펙트럼 장애, 더 나아가 코로나19 감염증 치료에 효과가 있다는 주장
도 나왔다. 장내 세균을 늘려 주는 식사나 장내 세균의 이식이 노화를
늦추고 인지 기능도 향상시킬 수 있는 것이다.

장내 미생물은 호르몬 배출에도 영향을 미친다. 소화관에서는 '행복'
호르몬인 세로토닌과 도파민을 50% 이상 만든다. 이때 장내 미생물이 세
로토닌 등의 신경전달물질을 만드는 데도 관여한다. 또한, 사람이 화가 나
거나 기분이 나빠지면 스트레스 호르몬(에피네프린이나 노르에피네프린)을
분비하여 독소를 생산하는 장내 세균을 활성화시킨다. 그러면 인간 몸에
세로토닌의 약 90%를 가진 장크롬 친화성 세포(enterochromaffin cell)가
세로토닌을 많이 분비하여 장운동을 활발하게 하여 설사를 통해 독소
를 체외로 배설하여 복원시킨다. 장내 미생물은 우리의 기분까지 좌우
하는 셈이다.

그동안 장과 뇌가 상관관계가 있다고 생각해 왔지만, 2018년 인간의
장과 뇌가 직접 연결돼 있다는 연구 결과가 나왔다. 그동안 장과 뇌가

연결돼 있으며 서로 긴밀하게 영향을 주고받는다는 연구가 많았다. 하지만 이번 연구에서는 장과 뇌를 직접 연결하는 뉴런 세포가 처음 보고되었다. 장 세포 중 일부가 신경전달물질을 방출해 감각신경을 직접 자극하고 이를 뇌에 전달한다는 것이다. 뇌가 아니라 장에도 신경세포가 있어 '뇌 기능'을 일부 하는 것이다. 직감 또는 육감(gut feeling)을 영어 단어에서 장을 의미하는 'gut'을 쓰는 것이 우연은 아닌 셈이다. 이러한 주장을 한 논문 제목도 '직감'(A gut feeling)이었으니 센스가 있는 학자이다. 또한, 대장이 전기 신호를 뇌에 직접 전달한다는 사실도 밝혀졌다. 대장과 뇌가 신경으로 연결돼 있다는 것이다.

인간의 정신 질환도 장내 미생물과 관련이 있다. 자폐 스펙트럼 장애를 겪은 어린이의 장에서 보통 아이와는 다른 양상의 장내 미생물이 나타났기 때문이다. 그러나 장내 미생물의 독소로 인해 자폐 스펙트럼 장애가 나타났는지, 자폐 스펙트럼 장애의 영향으로 미생물 군집에 변화가 있었는지는 확실하지 않다.

우울증 환자의 장내 미생물 중에서 신경 활동을 억제하는 뇌 속 물질인 가바(GABA)를 만들어 내는 미생물이 더 많다는 것도 발견되었다. 우울증 환자 156명과 우울증이 없는 사람 155명의 대변 표본을 통해 장내 미생물을 분석했더니 우울증 환자에게 많은 미생물(Bacteroides)과 적은 미생물(Eubacterium과 Blautia)이 발견되었다. 우울증 환자의 염증 수준이 더 높은 것도 이들 미생물과 연관성이 있는 것으로 추측된다.

이를 보면 장내 미생물과 정신 질병 사이에 연관성이 있음을 알 수 있다. 우리가 먹는 음식이 인간의 정신 질환에 영향을 미친다는 의미다. 어떤 음식을 먹느냐에 따라 장내 미생물이 바뀌기 때문이다.

또한, 우리가 먹는 음식 자체도 정신 건강에 영향을 준다. 철분이 부족하면 우울감이 심해진다고 알려져 있다. 철분 부족으로 혈류량이 부족하면 뇌로 가는 산소가 부족해지면서 뇌 기능이 저하돼 우울해진다. 하루 세끼를 규칙적으로 챙겨 골고루 먹는 것이 중요하다.

장내 미생물은 사교성이나 신경질 같은 성격 형성에까지 영향을 미친다. 사회관계(social networks)가 넓을수록 장의 미생물도 더 다양해지는 경향이 있다. 현대인의 생활은 스트레스, 사회관계 위축, 식물 섭취 감소, 항생제 의존으로 장의 미생물 생태계가 균형을 잃어 인간의 행동과 심리에 나쁜 영향을 준다.

결국 우리의 정신이란 단순하게 우리가 막연하게 생각하는 자아나 영혼이라기보다는 뇌와 장내 미생물의 복합 반응인 셈이다. 과학이 발견해 낸 이런 지식을 잘 활용하면 우리 자신의 정신과 인지 기능을 개선시킬 수 있다. 특히 장내 미생물과 관련하여 우리가 할 수 있는 간단한 실천은 자연식품을 골고루 먹는 것이다.

학습에 중대한 영향을 주는 장내 미생물

장내 미생물은 지능과 학습과도 관련이 있다. 생쥐를 대상으로 한 실험들이 이를 잘 보여 준다. 항생제를 투여해 장내 미생물 수를 줄이거나, 무균 상태에서 기른 생쥐를 대상으로 한 실험은 장내 미생물과 지능과 깊은 관련이 있음을 보여 준다. 이렇게 키운 생쥐는 외부의 환경 변화를 인식하는 능력이 크게 떨어졌다. 이들 생쥐는 소교세포(microglia)의 유전자 발현에 변이가 생겨 시냅스 가지치기(pruning)가 교란되고, 학습에 필수적인 시냅스 생성에 방해를 받는다.

생쥐의 장내 미생물을 복원하면 학습 능력을 되살릴 수 있는지도 실험했다. 그 결과 무균 생쥐는 기억 능력을 되살릴 수 있지만, 반드시 태어난 직후에 개입해야 가능했다. 이는 장내 미생물이 생애 초기부터 인지 능력에서 핵심적인 역할을 한다는 걸 시사한다. 이러한 실험 결과를 보면 인간의 장과 뇌의 축(gut-brain axis)이 인지 능력과 학습에 중대한 영향을 준다는 것을 알 수 있다.

어린 쥐의 장에는 유익한 미생물이 많이 산다. 그래서 어린 쥐의 분변을 나이든 쥐에 이식하면 면역력이 회복되고 뇌 인지 기능까지 눈에 띄게 향상된다. 노화로 떨어진 학습 능력과 기억력이 급속히 좋아지는 것이다. 어린 쥐의 분변은 늙은 쥐의 몸에 들어가 염증 수를 줄여 주어 학습과 기억을 관장하는 해마의 화학 구성 물질을 어린 쥐와 비슷하게 변화시켰다. 장내 세균이 노화를 억제할 가능성도 있음을 의미한다.

쥐를 대상으로 한 실험이므로 향후 추가 연구가 필요하다. 이것은 인간도 마찬가지이다. '분변 미생물군 이식(Fecal Microbiota Transplantation)'이라고 불리는 이 분변 이식은 건강한 사람의 장내 미생물을 환자에 이식하는 치료 방법이다. 그만큼 장내 미생물이 지능과 인지 기능에 미치는 영향이 크다는 의미이다.

장내 미생물에 대한 설명은 책 한 권을 써야 하는 '커다란' 주제이다. 따라서 여기서는 더 이상 설명하지 않고 또 다른 책에서 다룰 예정이다. 마지막으로 강조하는 것은 가공식품이나 초 가공식품을 지양하고 자연식품 특히 채식을 중심으로 다양하게 먹는 것이 유익한 장내 미생물 형성에 좋다는 것이다.

제3장

부모가 알야야 할
자녀 교육의 과학

부모가 알아야 할 자녀 교육의 과학

1. 부모의 생활 습관과 아이의 지능

1) 결혼 전 부모의 삶이 아이 지능에 영향

부모의 후천적 유전성이 아이 지능에 영향을 미친다

2010년 『Time』의 표지 기사의 제목은 "왜 당신의 유전자는 당신의 운명이 아닌가?"였다. 살면서 획득된 형질이 유전된다고 주장하는 후성유전(epigenetics)을 다룬 기사이다.

후성유전은 다윈의 자연선택 진화론에 의하여 폐기된 '용불용설'과 관련이 있다. 용불용설(用不用說)용은 라마르크가 주장한 것으로 자주 사용하는 기관은 발달하고, 반대로 사용하지 않는 기관은 퇴화해서 점점 기능을 못 하게 된다는 내용이다. 용불용설은 진화론에서 틀린 것으로 판정받았지만 후성유전학이 각광받으면서 라마르크의 용불용설이 재조명받고 있다.

우리는 부모의 유전자를 반반씩 가지고 태어난다. 그럼에도 형제자매는 모두 다르다. 유전자의 조합이 다르고 개별적인 변이가 발생하기 때문이다. 또한, 인간의 유전자는 후천적으로 바뀔 수 있는 여지가 있다. 바로 이것이 '후성유전'이다. 물론 유전자가 바뀌는 것은 아니지만 획득한 능력이 자식에게 전달되는 것이다. 후성유전학은 1940년대에 등장했다. 영국의 생물학자 콘래드 와딩턴(Conrad H. Waddington, 1905~1975)이 염색체가 아닌 다른 요인에 의해 유전 현상이 일어날 수 있다고 주장한 것이다.

부모가 잘못 살면 자녀 지능도 나빠져

후성유전은 지능의 유전에도 나타난다. 동물을 대상으로 한 연구가 그것을 말해 준다. 쥐에게 신체 활동을 많이 하도록 하면 학습 능력이 좋아진다. 또한, 새끼들의 학습 능력 향상에도 영향을 주었다. 새끼 쥐의 경우 학습에 필수적인 뇌 영역인 해마에서 시냅스 가소성이 향상됐다. 정신적, 그리고 육체적으로 활동적이었던 쥐들의 정자로부터 얻은 RNA를 추출해 수정된 난자 세포에 주입해서 태어난 새끼들은 향상된 시냅스 가소성을 가지고 학습 능력 역시 뛰어났다. 부모의 육체적, 정신적 활동이 자녀의 건강과 지능에도 영향을 미칠 수 있음을 시사한다.

물론 인간과 동물 같은 복잡한 유기체의 정자 세포에는 부모 유전자가 포함되어 있지만 후성유전은 번식 과정에서 대부분 사라진다. 수정된 난자가 분열해 자라기 시작하면 유전자를 빈 상태로 되돌리기 때문이다. 그러나 일부 소수의 유전자는 이런 과정을 거쳐도 후성 표식을 유지할 수 있다.

또 다른 쥐 실험도 후성유전을 보여 준다. 쥐가 에탄올에 노출되는 양이나 시간에 따라 2세의 지능이나 뇌 건강 등이 영향을 받는다. 쥐의 정자가 만들어지는 과정에서 히스톤이라는 단백질이 영향을 미치기 때문이다. DNA가 감겨 있는 히스톤 단백질에 변형이 생기면 이를 물려받는 2세의 건강이나 성장에 영향을 미친다.

부모의 흡연도 자녀의 인지 기능에 심각한 영향을 준다. 쥐의 정자를 분석한 결과 정자 생성 단계에서 유전자 발현에 영향을 미칠 수 있는 DNA 메틸화가 일어났다. DNA 메틸화는 유전자의 염기 서열은 바뀌지 않지만 유전자의 형질이 발현하는 것을 조절하는 변형을 말한다. 특히 도파민 D2 수용체에 메틸화가 발생하여 새끼의 인지적 결핍 및 뇌 기능 장애를 가져올 수 있다.

실제로 니코틴에 노출된 쥐는 그 새끼에게서 과잉 행동, 주의력 결핍, 인지적 경직성 등이 나타났다. 이러한 영향은 일시적이겠지만 오래 지속될 수 있을지 모른다.

담배는 자신과 자녀에게 백해무익하다. 또한, 엄마의 체중도 영향을 준다. 과식으로 과체중인 상태에서의 출산은 아이의 식이 장애나 주의력 결핍 장애 등 정신 건강에 악영향을 끼칠 개연성을 높고 지능지수도 떨어뜨릴 수 있다.

쥐 실험에서 볼 수 있었던 후천적인 유전자의 변화가 인간에게도 일어날 수 있다. '후성적인' 변화를 통해 변형된 정자를 받은 아이는 건강과 수명뿐만 아니라 지능도 달라질 수 있다. 남자의 '후천적' 유전자가 자식 및 손자에게까지 영향을 미칠 수 있다. 자녀를 낳기 전 부모의 생활 습관이나 환경의 영향 등이 정자에 기록되고 이것이 후손에게 영향을 미친다. 책을 읽고, 글을 쓰며 운동을 하면 뇌를 자극하여 뇌의 회로가 바뀐다. 이는 기억력과 학습 능력을 바꾸고 자식에게도 유전될 가능성이 있다.

결혼 시기도 아이 지능에 영향

요즘 사람들은 결혼을 하지 않는 '비혼'이 많고 결혼을 하더라도 늦게 하는 만혼도 많다. 이번에는 부모의 결혼 연령이 아이의 지능에 미치는 영향이 있는지를 알아본다.

아버지의 나이가 40대를 넘는 경우 아이가 자폐아가 될 위험이 높다고 한다. 1980년대에 태어난 이스라엘 아이 31만 8,506명을 분석한 결과이다. 40대가 넘은 아버지에게 출생한 아이는 아버지가 30세가 되기 전에 태어난 아이에 비해 자폐증을 겪게 될 위험이 거의 6배 높았다. 아버지가 30~39세일 때 태어난 아이는 아버지가 30세 전일 때 태어난 아이에 비해 자폐증의 위험성이 1.5배 높았다. 어머니의 나이는 자폐증에 영향을 미치지 않았다. 아버지가 자폐증 환자인지 여부에 대한 정보가 없기 때문에 이 연구 결과는 한계가 있다. 아버지가 자폐증인 경우라서 늦게 결혼했을지도 모르기 때문이다. 그러나 수치만 보면 분명 아버지의 나이와 상관관계가 있음이 눈에 띈다.

또한, 아버지의 나이가 많으면 자녀가 조현병에 걸릴 위험이 높다는 연구도 있다. 조현병 환자 1,600여 명을 대상으로 유전체 분석을 한 연구이다. 아버지의 나이가 10년 증가할 때마다 자녀의 조현병이 조기 발병될 위험이 30%씩 증가했지만 어머니의 나이는 관련이 없었다. 자녀뿐만 아니라 손자 손녀에게까지 영향을 준다.

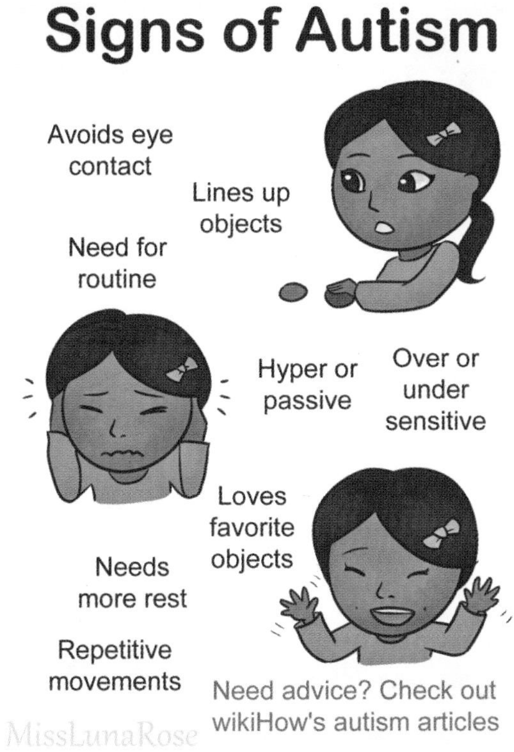

Signs of Autism

Avoids eye
contact

Lines up
objects

Need for
routine

Hyper or
passive

Over or
under
sensitive

Loves
favorite
objects

Needs
more rest

Repetitive
movements

Need advice? Check out
wikiHow's autism articles

MissLunaRose

[그림 3-1] 자폐증의 특성을 나타낸 그림. 상대방의 눈을 피하고, 모든 것을 줄을
세워 정리하고, 일정한 루틴이 필요하고, 과도하거나 과소한 민감성이
나타나고, 특정한 것에 몰입하고, 반복 행동이 나타나고, 휴식이 더 필요하다
(출처: Wikimedia Commons: MissLunaRose12)

할아버지가 늦게 자녀를 낳은 경우에도 그 손주는 자폐증에 걸릴 위
험성이 높다는 연구 결과도 있다. 할아버지가 50세 이상일 때 태어난
부모로부터 출생한 아이들은 그보다 젊은 나이일 때 자식을 낳은 경우
보다 자폐증이 걸릴 확률이 1.7배나 더 높았다.

이 연구에서 부모의 나이는 자녀의 자폐증 위험성과 관련이 없는 것
으로 나타났다. 앞에서 부모의 나이가 자녀의 자폐증에 영향을 준다는

것과는 상반되는 결과이다. 자폐증과 관련된 조부의 유전자가 아버지 세대를 거치면서 변이를 일으키고 그것이 손주에게로 전해지는 것으로 추정된다.

아버지가 늦게 결혼한 경우 자녀에게 정신적인 질환이 나타나는 이유도 밝혀졌다. 아버지의 나이가 많을수록 자녀의 유전자 변이 발생 빈도가 증가한 것이다. 아버지의 나이가 20세인 경우 25개의 변이 유전자를, 40세의 아버지는 65개의 변이 유전자를 물려주는 것으로 나타났다. 또 어머니는 나이와 상관없이 평균 15개의 변이 유전자를 자녀에게 물려주었다. 여자는 난자를 한꺼번에 가지고 태어나지만 남자는 매번 새로운 정자를 만들다 보니, 나이가 들면 유전자 결함이 있는 정자를 생산할 가능성이 높기 때문이라는 추정이다.

아이슬란드인 1만 4,000명의 게놈(유전체)을 분석한 결과 아버지에게는 8개월에 한 번씩 새로운 변이가 나타나고, 어머니에게는 3년에 한 번씩 새로운 변이가 나타난다. 부모 모두 30세인 경우 아버지로부터는 변이된 유전자를 평균 45개를 물려받고 어머니에게서는 11개의 변이 유전자가 전해졌다. 부모의 나이가 많을수록 자식에게 나타나는 변이가 그만큼 많아진다. 물론 변이 자체가 나쁜 것만은 아니다. 유전체의 다양성을 가져와 종의 생존 능력을 향상시키는 등 진화의 원동력이기 때문이다. 그러나 자녀의 유전 관련 질병의 대부분 또한 이러한 변이로 인해 일어난다.

또한, 아버지의 나이가 많으면 아들의 사회 적응력이 떨어지고 정신분열병과 자폐증 위험이 높으며 지능지수도 평균적으로 낮다는 연구 결과도 있다. 16~17세 남녀 45만 명을 대상으로 한 연구로 우리가 다루는 지능과 관련된 흥미로운 연구이다. 하지만 사회성이 낮은 사람은 결혼을 늦게 했을 가능성이 있고, 이런 특성을 아들에게 물려주었을 가능성이 있다.

1959~1965년 미국에서 태어난 3만여 명의 아이들을 대상으로 지적 능력에 대한 조사를 한 연구 결과도 아버지의 나이가 많을수록 아이의 지적 능력 점수가 떨어지는 것으로 나타났다. 아버지의 나이가 50세인 경우 IQ가 평균 100.7이었는데, 아버지의 나이가 20세인 경우 IQ 평균 106.8로 상당한 차이가 있다.

반대로 출생 당시 엄마의 나이가 많은 아이들의 경우에는 오히려 지적 능력 점수가 높게 나타났다. 1973년부터 2001년까지 스웨덴에서 태어난 261만 5,081명을 대상으로 그들의 140만 8,669명의 아버지와 140만 4,484명의 어머니를 분석한 대규모 연구 결과도 있다. 분석 결과 45세 이상의 아버지로부터 태어난 아이들은 20~24세의 아버지로부터 태어난 아이들보다 정신과 질병 및 학업 능력의 저하가 더 빈번히 관찰됐다. 특히 학업 성적 저하 및 학업 성취도 저하는 1.5배 정도 그 가능성이 더 증가하는 것으로 분석됐다.

그러나 과학 연구가 일관성이 있으면 좋겠지만 늘 반증이 나온다. 그것이 과학이다. 그런 논증과 반증을 거치면서 과학은 발전한다.

늦게 결혼하면 아이가 수재가 될 가능성이 높다는 연구도 있다! 12세가 된 영국계 쌍둥이 1만 5,000쌍을 대상으로 한 연구 결과를 보면, 아버지가 늦게 아이를 낳을수록 남자아이는 더 지적이며 집중력을 보이고 남들과 어울리는 일에 별다른 관심을 보이지 않는 괴짜 성향이 나타날 가능성이 높았다. 특히 남자아이의 경우 자라면서 수리과학(Science,

Technology, Engineering, Math. STEM. 과학, 기술, 공학, 수학) 과목에서 뛰어난 성적을 받았다.

이 연구가 분석하지는 않았지만 고령의 아버지는 상대적으로 사회적 지위가 높고 경제력도 좋기 때문에 자녀가 유복한 환경에서 성장할 수 있는 환경 요인이 있을 수도 있다. 또한, 지능이 높고 고학력자인 경우 결혼도 늦다. 이 연구에서 어머니의 나이는 자녀의 지능에 별다른 영향을 미치지 못했고 아들과 달리 딸은 어느 부모의 나이에도 영향을 받지 않았다. 결국 부모의 나이와 아이의 지능 간의 상관관계는 일부 반론이 나오면서 아직 확실하지는 않다. 앞으로 추가적인 연구 결과를 기대해야 할 것 같다.

2) 엄마가 먹는 자연식품, 아이 지능 좋아져

엄마가 먹는 음식의 중요성

부모는 대부분 임신 중 아이의 건강과 태교에 관심을 가진다. 아이가 똑똑한 것은 인간 대부분의 희망 사항이다. 그래서 엄마는 임신 중에 음식에도 관심을 가진다. 엄마가 먹는 음식과 영양소가 아이의 지능에 영향을 준다는 연구 결과는 1960년에 발표되었다. 물론 그 전에도 관련된 연구가 있었는지는 모르겠지만, 이 연구가 필자가 아는 최초의 연구이다. 혈중 비타민 C 농도가 높을수록 아이의 지능지수가 높다는 연구 결과였다.

임신 중 먹는 양도 중요하다. 임신하면 2인분을 먹어야 할 것 같지만 그렇지 않다. 다이어트도 좋지 않다. 임신 중의 심한 다이어트는 영양실조 등으로 태아에게 해를 미칠 수 있다. 동물을 대상으로 한 연구 결과이지만 보통 임신 중에 다이어트를 하게 되면 태아의 뇌에 충분한 영양분이 공급되지 못해 지적 능력 발달에 나쁜 영향을 줄 수 있다고 한다. 또한, 산모가 임신 초기 6개월간 칼로리 섭취를 제대로 하지 못할 경우 태아의 뇌가 손상을 입을 수 있다는 주장도 있다. 30% 낮은 칼로리를 섭취한 산모의 태아에서 유전자 수백 개와 뉴런 수백 개의 성장이 저해된 뇌 손상 징후가 발견되었다. 임신 초기에 칼로리 섭취를 제대로 하지 못하면 아이의 지능 저하와 행동 장애를 일으킬 가능성이 있다는 것이다. 따라서 음식을 골고루 충분하게 먹는 것이 필요하다. 그러나 일부 의사들은 임신 초기의 다이어트가 해를 끼친다는 증거는 없으며 임신 후기에는 약간의 영향을 끼칠 수 있다는 주장을 하기도 한다.

전반적인 음식의 섭취뿐만 아니라 그 종류도 음식마다 영향이 다르다. 뇌 성장이 가장 왕성한 유아기에서 10대 초반 사이에는 영양 공급이 충분히 이뤄져야 지능이 함께 발달한다. 종합 비타민과 종합 미네랄을 섭취한 아이들의 지능지수가 높다는 연구 결과도 나왔다. 12~13세의 아이들 90명을 30명씩 세 그룹으로 나누어 연구한 결과 영양 보조제를 섭취한 아이들의 비언어적 지능지수가 약 10포인트 상승했다. 이후 연구에서도 유사한 결과가 많이 나왔는데 뇌를 포함한 우리 몸속의 장기는 먹는 음식에 따라 건강이 좋아지기도 하고 나빠지기도 한다.

엄마의 오메가3 섭취는 아이 지능에 영향

오메가3 지방산은 널리 알려진 영양제이다. 오메가3 지방산은 태아의 뇌와 망막 조직 발달을 돕는다. 따라서 임산부가 적당량의 생선을 먹어 오메가3 지방산 섭취를 늘리면 태아의 뇌 발달에 상당한 도움이 된다. 미국 식품의약청도 2014년 임산부에게 일주일에 2~3차례 227~340 g의 생선을 섭취하라고 권고했다. 멕시코만에서 잡히는 옥돔, 상어, 황새치, 삼치 등 수은을 함유한 생선을 피하고 연어, 새우, 명태, 캔에 든 참치, 대구, 메기 등을 먹으라고 기준을 제시했다. 그러나 임산부가 생선을 과다 섭취하면 신생아의 발육이 빠르고 4~6세 무렵 신생아의 비만도도 높아진다는 연구 결과도 있으니 유의하여야 한다.

임신 중인 여성을 대상으로 DHA가 들어 있는 대구를 먹은 그룹과 DHA가 없는 옥수수기름을 먹는 그룹으로 나누어 태아가 4세가 된 후 지능을 측정한 결과 DHA를 섭취한 그룹의 지능지수가 4포인트 정도 높게 나타났다. 임신 중 불포화지방산인 오메가3 섭취를 위해 DHA 영양제를 챙겨 먹는 경우가 많다. 그러나 10년이 넘는 연구 결과, 임신 중 생선 기름으로 된 DHA 영양제를 섭취해도 태아의 지능 향상은 없었다. 2500명의 임산부에 대해 그들의 아이가 7세가 될 때까지 추적 연구한 결과이다.

자연식품이 최고이다. 미국 하버드의대 연구팀의 연구에서도 임신 중 생선에 들어 있는 DHA와 오메가3를 먹은 산모가 낳은 아이들은 그렇지 않은 경우보다 문제 해결을 하는 뇌 기능이 월등히 뛰어난 것으로 나타났다. 전문가들은 임산부와 수유 중인 여성이라면 하루 300㎎의 DHA를 섭취하는 것이 좋다고 조언하고 있다.

엄마의 요오드 섭취와 아이의 지능과의 관계

요오드는 아이의 성장에 아주 중요하다. 요오드가 결핍되면 정신 지체와 발육 부진, 지능 저하를 가져올 수 있다. 심각하지 않은 요오드 결핍의 경우에도 임산부나 태아에게서 발생하면 10~15 정도의 지능 감소를 야기할 수 있으니 정말 중요하다. 요오드 결핍이 심하면 갑상선종, 왜소증의 부작용이 있으며 이는 고산 지대나 바다가 없는 산악 지대 사람들에게 많이 나타난다. 카자흐스탄이 대표적이었다. 그래서 카자흐스탄 정부는 요오드로 처리한 소금을 공급하는 정책을 시행했다. 1999년경 카자흐스탄의 요오드 처리 소금 보급률은 29%에 불과했다. 그러나 2003년 말 요오드 소금 사용을 의무화시켜 2006년경에는 94%의 가정이 요오드 처리 소금을 사용하고 있다.

카자흐스탄의 성과는 중앙아시아 내 주변국 투르크메니스탄, 타지키스탄, 우즈베키스탄, 키르기스스탄에도 영향을 주었다.

요오드 섭취에는 우유가 좋다. 우유를 하루 $250m\ell$ 미만 마시는 여자 그룹과 하루 약 $430m\ell$ 마시는 그룹을 대상으로 연구한 결과가 그것을 보여 준다. 전자의 그룹은 12주 후 소변 1리터당 요오드 농도는 $3.8\mu g$ 감소했지만 후자는 $51.6\mu g$이나 증가했다. 우유를 마시면 요오드가 생성되는 것이다.

임신 중엔 요오드가 더 많이 요구된다. 태아의 갑상선 호르몬을 만들고 뇌 발달을 위해 요오드가 필요하기 때문이다. 임신 기간에 요오드 섭취가 부족하면 아이의 정서 발달에 악영향을 미치며 아이의 지능을 8~10 낮추는 것으로 알려졌다. 그러나 과도한 요오드 섭취도 나쁘다. 연구에 의하면 요오드 섭취가 과다하면 각종 갑상선 질환 발생 위험이 1.63배까지 높아진다. 우리나라 사람 약 만 명의 요오드 섭취량과 갑상선 질환의 관련성을 연구한 결과이다. 뭐든지 과도하거나 부족하면 안 된다.

태아의 지능에 좋은 지중해 식단

태아의 뇌 발달에 좋다는 음식을 여러 가지 소개하겠지만 사실 자연 식품 위주로 다양하게 먹는 좋다. 여기서는 태아의 뇌 발달에 특히 의 미가 있는 음식 몇 가지를 소개한다. 달걀을 매일 먹는 것은 임산부의 건강에 좋을 뿐만 아니라 태아의 지능에도 좋다. 달걀을 섭취한 임산부 의 아이는 지능이 높다는 구체적인 연구가 있다. 하루에 달걀 9개 분량 에 해당하는 콜린(choline)을 섭취한 임신부가 지능지수가 높은 아기를 낳을 가능성이 있다는 것이다.

콜린은 비타민 B군 복합체의 일종으로 뇌의 신경전달물질인 아세틸 콜린의 재료가 되는 지질 성분이다. 신경전달물질의 재료이니 뇌에 아 주 중요하다. 임산부에게 권장되는 하루 콜린 섭취량은 480㎎ 정도이 다. 임신 29주차에 들어선 임신부 26명을 대상으로 임산부 중 절반에게 는 콜린 480㎎을, 나머지에게는 콜린 930㎎을 매일 보충제로 출산할 때 까지 먹게 한 연구에 의하면, 930㎎을 섭취한 어머니들이 낳은 아기들 은 기억력과 정보 처리 능력에 관한 반응 속도가 훨씬 빠른 것으로 나 타났다.

쥐를 대상으로 한 실험에서도 식단에 콜린을 추가하면 새끼 쥐의 인 지 기능이 좋아지고, 성장한 후에도 인지 기능이 좋다는 연구 결과가 있다.

인간을 대상으로 한 연구에서도 비슷한 결과가 발견된다. 2011년 연구를 보면 콜린이 많이 포함된 음식을 먹은 사람은 기억력 검사 점수가 높으며 치매와 관련된 뇌의 변화도 적었다. 1991~1995년 36~83세의 성인 1,400명의 식습관에 대해 설문조사를 하고 1998~2001년 이들의 인지 능력을 검사한 결과 점수 차는 크지 않지만 상위 4분의 1은 하위 4분의 1에 비해 기억력 검사에서 더 높은 점수를 받은 것으로 나타났다.

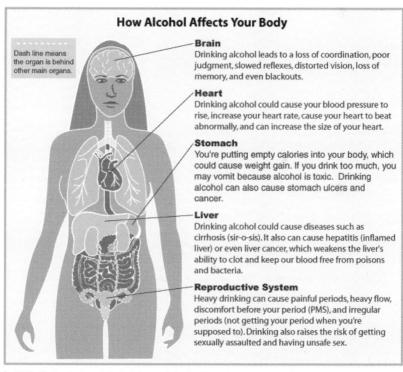

[그림 3-2] 알코올이 우리 몸에 미치는 영향을 설명한 그림. 뇌에 미치는 영향으로 통제력 상실, 판단 능력 저하, 반응 속도 저하, 시각 왜곡, 기억 상실 심지어는 의식 상실, 심장에는 혈압 상승, 맥박 증가, 불규칙한 맥박, 심장 크기 확대, 위장에는 영양 없는 에너지 비축, 구토, 위궤양과 위암으로, 간에는 간경화, 간암으로, 생식계에서 생리 불순과 통증 그리고 성범죄로 이어질 수 있다. (출처: Wikimedia Commons, Office on Women's Health - http://www.girlshealth.gov/substance/alcohol/index.cfm)

이것은 콜린 섭취량이 적은 사람은 많은 사람에 비해 지능이 쇠퇴하는 길로 들어섰을 가능성이 더 크다는 점을 시사한다. 인지 능력은 교육 환경뿐만 아니라 칼로리, 지방, 비타민 B6와 B12 등의 섭취량과 관련이 있지만 이런 요소들의 영향을 제거한 뒤에도 여전히 콜린 자체만으로도 기억력 검사 결과와 연관이 있는 것으로 나타났다. 콜린은 바다생선, 달걀, 간, 닭고기, 우유, 대두, 강낭콩에 많이 들어 있다.

널리 알려져 있듯이 견과류는 어른뿐만 아니라 아기에게도 좋다. 특히 나이가 들어 견과류를 먹으면 치매에 좋다고 알려져 있다. 견과류는 임산부에게도 중요한 음식이다. 임신 초기에 견과류를 먹으면 아이의 두뇌가 발달한다. 2,200여 명의 어머니와 자녀들에 대해 생후 18개월, 5세, 8세에 기억력·인지 능력 등에 대한 평가를 실시했다. 그 결과, 임신 초기에 가장 많은 견과류를 섭취한 어머니의 자녀가 인지 능력이 가장 좋았다. 견과류에 뇌 발달에 도움이 된다고 알려진 엽산과 오메가3, 오메가6 등 필수 지방산이 풍부하기 때문인 것으로 본다. 연구에 포함된 견과류의 종류는 호두, 아몬드, 땅콩, 잣, 헤이즐넛이다.

건강과 뇌 발달에 좋은 음식은 다양하다. 따라서 다양한 음식을 먹는 것이 최선이다. 그렇게 먹은 엄마의 아기도 나중에 몸에 좋은 다양한 음식을 선호하게 되고 이런 습관이 성인기까지 이어질 수 있다.

그중 특히 권장하는 것은 그 유명한 지중해식 식단이다. 과일, 채소, 해산물을 중심으로 하는 지중해 식단은 건강에 좋은 것으로 널리 알려졌다. 65~75세 건강한 성인 116명을 대상으로 지중해 식단의 32가지 주요 혈액 마커를 측정했다. 그 결과 오메가3 지방산, 오메가6 지방산,

리코펜, 카로티노이드, 리보플라빈, 엽산, 비타민 B12, 비타민 D 등의 바이오마커 패턴과 기억력, 일반 지능 및 실행 기능 향상 간의 연관성을 발견했다.

또한, 오메가3, 오메가6 지방산, 카로틴은 바이오마커 패턴과 향상된 기능적 뇌 네트워크 효율성에 연관성을 보여 줬다. 바이오마커(bio-marker)는 몸 안의 변화를 알 수 있는 지표를 의미한다. 호두, 생선, 브뤼셀 콩나물은 오메가3 지방산이 풍부하고 아마씨, 견과류 등에는 오메가6가 풍부하다. 토마토 등 채소와 과일에는 리코펜, 달걀과 특정 녹색 채소는 리보플라빈 또는 비타민 B2, 고구마와 당근은 카로티노이드, 콩, 견과류 등에는 비타민 B, 고등어, 참치, 연어 등은 비타민 D가 풍부하다.

태아의 지능에 나쁜 가공식품과 음식

설탕은 아이뿐만 아니라 누구에게나 가장 나쁜 음식이다. 그래서 미국심장학회(American Heart Association)는 음식을 통해 섭취하는 설탕의 일일 권장량을 약 1티스푼으로 규정했다. 임신 중 설탕 섭취는 태아의 두뇌 발달에 심각한 영향을 준다. 미국예방의학저널(American Journal of Preventive Medicine)은 청량음료를 임산부나 어린 아이가 많이 마시면 인지 능력에 부정적인 영향을 준다고 명시했다.

특히 조심해야 할 것은 정제된 설탕이 많이 들어간 음료이다. 임신 기간에 가당 음료를 섭취한 산모의 아이는 열약한 인지 능력이 나타났으며, 언어적 기억력과 새로운 문제를 풀 수 있는 비언어적 능력도 낮았다.

다이어트 소다를 과다 섭취한 산모에게서 태어난 아이의 경우 유아 초기엔 시공간 파악 능력과 시각적 운동 능력이 떨어졌고, 유아기 중반기가 되자 언어 능력이 급격히 떨어졌다. 임산부가 다이어트 소다를 포함한 가당 음료를 줄이고, 신선한 과일을 섭취하면 태아의 인지 능력 향상에 많은 도움이 된다는 연구 결과도 있다.

임산부의 과일 섭취는 출산 후 태아의 인지 능력을 높였다. 특히 유아 초기의 시각 기능 향상과 중반 이후의 언어 지능과도 밀접한 연관을 보였다. 유의할 것은 과일주스는 아이의 인지 능력 증진과는 아무런 상관이 없다는 점이다.

달달한 감초도 금기 음식이다. 한약에 들어가는 감초를 임산부가 많이 먹으면 태아의 두뇌 발달에 악영향을 미친다는 연구 결과가 있다. 핀란드 여성 중 임신 중에 감초를 먹은 여성의 자녀인 8세 어린이 321명의 어휘력, 기억력, 공간 지각력 등을 엄마의 설문조사를 통해 측정했다. 그 결과 1주일에 감초의 주요 성분인 글리시리진을 500mg 이상(감초 100g에 해당) 많이 먹은 엄마의 아기는 적게 먹은 엄마의 아기보다 지능지수가 낮고 행동 문제도 많았다.

글리시리진은 감초 뿌리의 주성분으로 설탕보다 단맛이 30~50배 강하다. 글리시리진 성분은 태반을 손상시켜 엄마의 스트레스 호르몬이 태아에게 직접 전달되게 하고, 이에 따라 태아의 두뇌 발달에 지장이 초래된다. 또한, 엄마의 스트레스 호르몬에 과다하게 노출된 태아는 자라서 심장병, 물질대사 장애, 행동 문제 등을 일으킬 수 있다. 핀란드 여성은 감초를 많이 먹는데, 감초를 많이 먹은 산모는 태반이 약해져 조산하는 경향도 높다.

임신 중 음주도 금지 대상이다. 임신부가 일주일에 와인 한두 잔만 마셔도 아기의 지능지수가 떨어진다는 연구 결과가 있다. 영국 어린이 4,000명의 IQ와 어머니의 음주 기록을 연구한 결과이다. 임신 중의 음주는 일주일에 1~6잔 정도의 보통 음주일지라도 IQ에 악영향을 미친다. 알코올 대사와 관련된 유전자 4개를 가지고 있는 산모의 아이는 8세때 IQ를 측정한 결과 낮게 나타났다. 변이 유전자 1개가 있을 때마다 IQ가 2점 가까이 낮아졌다.

그러나 금주한 경우에 IQ 저하는 나타나지 않았다. 임신 중 알코올에 노출된 아기 200명의 뇌를 자기공명영상(MRI)으로 본 결과 뇌량 (corpus callosum)이 얇아져 있음이 밝혀졌다. 뇌량은 좌우 뇌 양쪽 정보를 교류하는 신경섬유 다발로 뇌에서 가장 큰 영역이다. 또한, 임신 중 알코올에 노출되었던 아이는 뇌 조직에서 물 분자 확산이 증가했다. 뇌량의 변화는 아이들의 정신적인 문제와 연관되며, 물 분자 확산 수치가 높다는 것은 뇌세포의 신경장애나 손상을 의미할 수 있다.

하지만 임신 초기 적당한 음주는 태아의 발달에 영향을 미치지 않는다는 연구 결과도 있다. 적당한 음주란 주당 와인 한 잔 또는 맥주 1~8캔을 말한다. 덴마크 임신 여성 1,628명을 임신 초기에 전혀 술을 마시지 않은 그룹, 일주일에 1~4잔의 소량을 마신 그룹, 일주일에 5~8잔을 마신 그룹, 일주일에 9잔 이상을 마신 그룹으로 분류하여 태어난 아이들이 5세가 되었을 때 지능지수 등을 측정했다. 측정 결과 소량과 적당량을 마신 그룹에서는 아이들의 두뇌 발달에 별 영향이 없는 것으로 나타나 기존의 연구 결과와는 상반되었다.

그러나 주당 9잔 이상 마신 경우에는 주의력이 떨어지는 등 발달장애가 생길 위험이 높은 것으로 나타났다. 연구팀은 이 연구 결과가 임산부에 대한 금주 권고를 바꿀 정도는 아니라고 보았다. 심지어 일부 학자들은 연구 결과 자체에 대해 의문을 제기하며 아이에게 미치는 영향을 정확히 측정하기 어렵고 좀 더 나이를 먹었을 때 상태를 살펴봐야 한다는 반론도 제기했다. 그렇지만 임신 후에는 술을 끊는 것이 태아 뇌 발달에는 안전하다.

커피는 다르다. 연구에 의하면 임신부가 하루에 1~2잔가량 커피를 마셔도 아이의 지능과 행동에 나쁜 영향을 미치지 않았다. 1959~1974년 수집된 임신부 2,197명의 자료를 토대로 한 연구 결과이다. 임신부들의 임신 기간의 혈중 카페인 양과 태어난 아이가 4세, 7세가 됐을 때의 지능지수를 비교한 결과 두 요인 사이의 상관관계가 확인되지 않았다.

특히 아침에 카페인 의존성이 강한 필자 같은 사람에게는 이러한 연구 결과가 자연스럽게 받아들여진다. 카페인의 각성 효과가 필자에게는 매우 크다. 놀랍게도 카페인의 각성 효과는 꿀벌 같은 동물에게도 나타난다. 카페인에 노출된 꿀벌은 식물의 꽃가루를 운반하는 수분 활동을 더 활발히 한다. 카페인에 노출된 꿀벌이 수분할 대상의 꽃 냄새를 더 빨리 맡기 때문이다. 카페인이 주는 효과는 인간뿐만 아니라 꿀벌 같은 오래된 동물에게도 나타나는 것을 보면 그 진화론적인 연결성을 직관적으로 알 수 있다.

임신 중 의약품과 감기 조심해야

임산부는 음식뿐만 아니라 다양한 점을 조심하여야 한다. 우선 임신 초기 초음파 검사가 아이의 자폐증 증상과 연관될 가능성이 있다는 것이다. 태아의 초음파 검사가 자폐증의 직접 원인인지는 확실하지 않지만, 적어도 자폐 관련 유전자 이상을 일으키고 증상을 심화시키는 데 관여할 수 있는 것으로 추정된다. 이 연구를 발표한 연구팀은 2014년에 태아 때 초음파에 노출된 쥐에서 자폐증과 비슷한 증상들이 나타난다는 실험 결과를 발표하였다. 인간의 아기에게는 초음파를 노출시키는 실험을 할 수는 없으므로 역학적인 조사를 했다. 수집 보관된 자폐증 유전자 자료와 임신부 진료기록 등을 종합 분석한 것이다. 그 결과 어린이 가운데 특정 유전자에 결함이 있는 경우와 임신 초기 3개월에 초음파 진단에 노출된 경우 비언어적 지능지수가 더 떨어지고 반복 행동을 하는 비율이 높다는 점을 발견했다.

이러한 연구 결과가 사람에게서도 초음파 검사 노출이 자폐증 증가와 상관관계가 있음을 입증한 것은 아니다. 다만 적어도 임신 초기 초음파에 대한 노출이 자폐증과 관련된 태아의 특정 유전자 결함과 상관관계가 있으며, 증상의 중증도와는 관련 있을 가능성이 있다는 것이다.

그러나 임신 중기와 말기의 초음파 검사는 자폐증과 상관관계가 없는 것으로 나타났다. 이번 연구 결과는 의학적으로 꼭 필요한 경우에만 초음파 검사를 해야 한다는 미국 식품의약국의 지침과 일치한다.

약을 먹는 것도 조심하여야 한다. 미국 식품의약품청(FDA)은 발프로산(valproic acid) 제제를 복용한 임신부와 다른 성분의 간질치료제를 먹은 임신부가 출산한 6세 소아의 IQ를 비교한 결과, 발프로산을 복용하면 IQ가 8~11점 낮다는 연구결과를 소개했다. 이 제제를 복용 중인 가임기 여성은 피임이 권고되었다. 발프로산은 편두통 예방을 위해 먹는다.

임신 중 산모가 항우울제를 복용해도 태아 지능 발달에 부정적인 영향을 끼칠 가능성이 있다. 2006년 1월부터 2007년 12월 기간에 태어난 약 18만 명을 무작위로 선정하여 약 8년간 연구한 결과이다. 2.2%인 약 4천 명이 임신 기간에 우울증 또는 불안 증세를 겪어 항우울제를 복용한 경험이 있었다. 이들 산모에서 태어난 영유아의 지적장애 발병 위험은 복용하지 않은 산모에서 태어난 영유아의 경우보다 높았다.

하지만 지적장애 위험을 높이는 다른 요인들을 적용했더니 연관성은 통계적으로 유의미하지 않은 수준까지 내려갔다. 임신 기간 중 우울 또는 불안 증세 진단을 받아 항우울제를 처방받은 경우 태어날 아이에 대한 걱정 때문에 약을 중단할지 고민이 될 수 있을 것이다. 이때 약을 끊은 후 동반되는 위험이 더 클 수 있으므로 중단 시 의사와 반드시 상의해야 한다.

임신하면 특히 독감도 주의하여야 한다. 임산부가 독감에 걸리면 아기의 지능이 낮아지고 심하면 자폐증이나 정신분열증에 걸릴 수 있다. 동물 실험 결과이지만 인간도 무관하지 않을 것이다. 임신 중에 인간도 흔히 걸리는 계절성 독감에 걸린 붉은털원숭이 12마리와 걸리지 않은 7마리의 뇌를 촬영하여 분석한 결과 독감 바이러스에 노출된 새끼는 뇌세포의 양이 4~7%, 대뇌피질과 뇌실의 회백질 양이 4~7% 적었다. 이 부위는 언어와 감각 인지 능력과 관련이 있어 지능에 영향을 미친다. 이 정도의 뇌 크기와 세포량의 감소는 자폐증이나 정신분열증 등 정신병에 걸린 사람의 뇌에서 나타나는 특징과 같다. 따라서 장래에 자폐나 정신분열증과 같은 정신병에 걸릴 가능성이 높다. 증세가 가벼워도 태아에게 악영향을 미칠 수 있으니 임신 전 꼭 독감 예방접종을 받아야 한다.

홍콩독감은 1968년 홍콩에서 발생해 세계 전역으로 퍼져나가 100만

명 이상의 사망자를 냈다. 홍콩독감은 1969년 11월~1970년 1월 노르웨이를 휩쓸었다. 1967년부터 1973년까지 태어난 남성 20만 명이 20세가 됐을 때의 IQ 자료를 분석했더니 1970년 7~10월에 태어난 남성은 다른 시기에 태어난 남성보다 IQ가 3~7점 낮았다. 이는 어머니들이 임신 3개월 이전에 홍콩독감에 걸렸을 가능성이 높기 때문이라고 연구진은 밝혔다. 부모의 교육 수준 등 다른 요소들을 감안했을 때에도 이 시기에 태어난 남자들은 IQ가 확실하게 낮았다.

스트레스와 환경오염 물질 피해야

당연하게도 임신 중 스트레스는 아이 건강에 나쁘다. 임신 중 스트레스가 임신 후 17주부터 태아의 뇌 발달에 잠재적으로 해로운 영향을 미칠 수 있다. 태아는 임신 중 빠른 시기에 어머니의 스트레스 호르몬에 노출된다. 이러한 태아를 둘러싸고 있는 양수에서도 코르티솔 수준이 더 높다는 것이 발견되었다. 스트레스를 받은 어머니로부터 태어난 태아들의 경우 IQ가 평균에 비해 낮을 수도 있음을 암시한다.

환경오염물질도 조심하여야 한다. 임산부가 환경호르몬 물질인 프탈레이트(Phthalate)에 많이 노출될 경우 아기의 지능지수가 떨어진다. 뉴욕시에 사는 임산부 328명의 소변 속에 들어 있는 프탈레이트 4종을 조사하여 이들의 아이가 7세가 됐을 때 IQ를 측정한 연구 결과이다. 연구 결과 프탈레이트 수치가 높은 엄마에게서 태어난 아이의 IQ가 6~8정도 낮았다. 프탈레이트는 플라스틱을 부드럽게 하려고 사용되는 화학 첨가제로 PVC 바닥재나 헤어스프레이, 매니큐어, 샴푸 등에 들어 있다. 일상생활에서 흔히 쓰는 것이 놀랍다.

따라서 바닥재는 천연 나무로 쓰는 것이 좋고 가급적 헤어스프레이, 매니큐어, 샴푸도 삼가는 것이 좋다. 두 가지 종류의 프탈레이트가 두 뇌 발달에 중요한 갑상샘과 같은 호르몬 분비에 지장을 준다.

2006~2010년 우리나라 산모와 영유아 723명을 대상으로 한 연구를 보면, 임신 말기 산모의 체내 수은 농도가 $1\mu g/L$ 증가할 경우 생후 60개월 아동의 인지 점수는 전체 평균 104.4점보다 0.91점이 낮은 것으로 밝혀졌다. 수은도 조심하여야 한다. 우리나라의 미세먼지도 걱정스럽다. 6만 명이 넘는 산모를 조사한 결과 방향족 탄화수소(PAH)에 많이 노출될수록 아이의 지능지수가 낮다는 것이 밝혀졌다. 방향족 탄화수소는 미세먼지의 주요 성분이다. 집에서 요리 후 환기를 하고, 젖병과 장난감 등 유아용품을 고를 때는 친환경 상품인지, 제품 성분은 무엇인지도 유의하여야 한다. 가스로 요리하면 일산화탄소, 이산화질소 등으로 실내 미세먼지 농도가 순간적으로 급증한다.

2. 과학적 교육으로 향상되는 청소년 지적 능력

1) 태아의 지능 유전자는 편집 불가능

아이 유전자 편집은 윤리 이슈로 불가능

1971년 미국에서 태어난 데이비드 비터(David Vetter)는 '버블보이(Bubble Boy)'로 불렸다. 그는 버블, 즉 비눗방울 모양의 병원 비닐 보호

막 속에서만 살아야 했다. 그는 유전자 이상으로 면역력이 없어 바이러스에 노출되기만 해도 생명이 위험했기 때문이다. 1984년 13세 나이로 세상을 떠났으니 비극적인 일이다.

또 다른 유전 질환 사례도 있는데 지중해 연안 여러 나라에서 흔히 볼 수 있는 지중해빈혈(thalassemia)에 걸린 아이는 5세가 되기 전에 죽는다.

이렇게 질병으로 고통스러워하다 죽을 게 뻔한 아이를 낳아야 할까. 천사 같은 아기를 보면 신비롭고 아름답지만 유전병으로 고통받는 아이를 보면 참담한 생각이 든다. 그것이 진화와 유전자의 냉혹한 세계이다. 이런 관점으로 보면 세상이 아름답다고 말하는 사람은 세상을 참 피상적으로 본다는 생각이 든다.

부모의 유전자를 검사하면 태아의 발병 확률을 짐작할 수 있고, 임신했을 경우 양수 속 세포를 추출하면 질병 보유 여부도 확인할 수 있다. 이런 배경과 함께 유전자 연구가 지속되면서 유전자 편집도 시도되었는데 1980년대 효모세포에 대한 유전자 편집이 그 시작이었다.

1987년 박테리아의 유전체에 유전자들이 규칙적으로 되풀이되는 클러스터가 존재한다는 사실을 알게 되었고, 이것이 통상 유전자가위로 부르는 크리스퍼(CRISPR)이다. 유전체 검사가 가장 활발하게 이루어지는 분야는 희귀 질환 진단과 치료이다. 유전체 검사로 유전병을 앓는 것으로 확인된 사람들이 치료 혜택을 받는다.

니컬러스 볼커(Nicholas Volker)는 두 살이 되던 2006년부터 음식만 먹으면 대장에 구멍이 뚫리는 질병을 앓았다. 이로 인하여 염증을 유발하며 죽음의 문턱을 오가며 수백 번의 검사와 수술이 진행됐다. 여섯 살이 되던 2010년 유전체 검사를 하여 그 원인을 찾아냈다. 면역 조절 유전자의 한 변이(XIAP)가 고통의 원인이었다. 아이는 골수 이식을 통해 고통으로부터 벗어났다.

대물림되는 유전병 중에는 희귀병이 많다. 지금까지 밝혀진 수백 가지 유전병은 고장 난 유전자가 정자·난자를 통해 자식에게 전달돼 생긴 것으로 알려졌다.

오늘날 누구나 자신의 유전자 정보를 알 수 있게 되었다. 유전자 검사 결과 암에 걸릴 비정상 유전자를 가졌다는 것이 밝혀지면 안젤리나 졸리(Angelina Jolie)처럼 유방 절제 수술을 받거나 유전자 치료(Gene Therapy)를 받을 수 있다.

2015년 백혈병을 일으키는 유전자가 발견되었다. 백혈병도 유전적인 요인이 있다는 것이 밝혀진 것이다. 아이들의 백혈병은 주로 2~5세에 발병한다. 백혈병을 치료하려면 뼈에 바늘을 꽂아 골수를 뽑는 고통스런 시술을 해야 한다. 하지만 자신의 줄기세포를 이용한 유전자 치료 기술을 사용하면 한 번이면 치료가 된다. 즉 자신의 줄기세포에서 잘못된 유전자를 유전자 가위를 이용하여 고치고 다시 골수에 넣으면 끝난다.

유전자 치료에는 두 가지 방법이 사용된다. 하나는 비정상적인 유전자는 건드리지 않고 정상 유전자를 추가로 넣는 방법이다. 다른 하나는 비정상 유전자를 제거하고 정상 유전자를 넣는 방법이다.

2000년대 초반에는 전자의 방법에 따라 정상 유전자를 바이러스에 넣어 치료하는 연구에 집중했다. 그러나 여러 어려움이 있었는데 죽인 바이러스의 세포 핵 속으로 유전자를 넣었지만 바이러스가 살아나기도 하였고 넣은 유전자가 목표 염색체로 가지 않아 암이 되기도 했다.

이후 2012년 초정밀 유전자 가위가 개발되었다. 박테리아와 바이러스를 관찰하던 중 바이러스의 유전자를 박테리아가 잘라 버리는 것을 관찰한 것이 계기가 되었다. 이러한 현상을 응용하여 효소가 목표 유전자에 붙어서 잘라내고 원하는 유전자를 붙이는 '유전자 가위(CRISPR-cas9)' 기술이 완성되었다.

이 가위 기술로 유전자 치료가 급물살을 탔다. 과학자들은 유전 질환을 가진 태아의 탄생을 예방할 수 있는 방법도 연구하고 있다. 시험관 아기 시술을 할 때 수정란(배아) 세포 중 몇 개를 유전자 검사하여 유전 질환에 걸릴 위험이 작은 배아만 여성의 자궁에 착상시킨다. 이러한 유전자 검사는 염색체에 이상이 생겨 발생하는 다운증후군이나 단일 유전자의 돌연변이가 원인인 혈우병같이 법에서 허용하는 일부 유전 질환들에만 적용된다.

유전자 치료는 윤리 논란을 일으킨다. 생명의학 분야에서 '법적인' 구속력이 있는 것으로 알려진 1997년에 체결된 '오비에도 협약(Oviedo Convention)'이 있다. "인간 게놈을 수정하는 개입은 예방, 진단 또는 치료 목적을 위해서만 가능하고 그 목적이 자손의 유전체에 어떠한 변형도 남기지 않는 경우에만 가능하다."라고 정하고 있다.

이 협약에 서명하고 비준한 국가는 유전자를 편집하거나 배아줄기세포에 변형을 가할 수가 없다. 이에 따라 많은 국가가 인간 생식세포의 편집을 금지하는 법률을 제정했다. 전 세계적으로 인간 배아에 대한 연구를 금지하거나 제한적으로 일부만 허용하고 있다. 우리나라는 생명윤리법에 따라 유전자 치료는 암이나 유전병 같이 난치병으로 분류되어 유전자 치료 외에 치료할 수 있는 방법이 없는 경우에만 연구가 가능하고, 기본적으로 인간 배아와 태아를 대상으로 치료하는 것은 금하고 있으며, 유전자 변형도 법으로 금지하고 있다.

반면 일본, 중국, 인도 등은 가이드라인을 벗어나지 않으면 연구가 가능하고, 미국은 일부에만 제한적으로 규제를 가하고 있다. 그러나 1999년 유전 질병을 앓던 미국의 18세 소년(Jesse Gelsinger)이 유전자 치료에 참여했다가 유전자 편집 중 과도한 면역 반응으로 인해 유전자 치료 최초로 사망하는 사건이 발생했다. 또한, 유전자 치료를 받던 아이들이 잇따라 백혈병에 걸리자 미국 식품의약국은 2003년 유전자 치료를 잠정 중단시켰다.

하지만 미국과학한림원(NAS) 등은 2017년 인간 유전자 편집 기술의 과학, 의학, 윤리적 문제를 다룬 책을 출간하여 "엄격한 조건과 감시가 있다면 초기 배아 등 인간 생식세포에 대한 유전자 편집 연구를 미국 정부가 허용해 줘야 한다."라고 주장했다. 유전자 편집 기술을 본격적으로 연구할 여건이 조성됐다는 신호탄이다.

유전자 편집은 여전히 과학적인 측면에서도 위험하다. 여전히 우리는 유전자에 대해 아는 것이 너무 적다. 인간의 유전 정보가 밝혀졌을 때 놀라웠던 것은 유전자의 개수가 '생각보다' 적다는 점이었다. 인간을 가장 '고등' 동물로 생각했기 때문에 다른 생명체에 비해 유전자가 많을 것으로 기대했지만 그 수는 많아야 약 2만5,000개 정도였다. 지렁이도 약 2만 개 정도임을 생각해 보면 어이가 없는 숫자이다.

그러나 인간의 유전체 내 DNA 염기 서열의 양은 지렁이보다 수십 배 많다. 인간은 상대적으로 적은 수의 유전자를 사용하지만 매우 복잡한 생물체임을 알 수 있다. 인간 유전체에서 유전자가 차지하는 정보는 1% 내외이지만 이 유전자를 조절하기 위한 '스위치'에 해당하는 정보가 전체 의 80% 이상이다. 한 개의 유전자가 한 가지의 생체 기능만을 수행하는 것이 아니라 여러 가지의 기능을 수행할 수 있는 다면 발현 현상이 있는 것이다. 따라서 '크리스퍼'로 유전자를 편집하는 것의 효과를 정확하게 예측하기 어렵고 예측할 수 없는 위험이 있다.

예를 들어 크리스퍼로 만든 '근육 강화 돼지'는 특정 유전자를 성공적으로 제거했지만 이로 인하여 수명이나 질병, 정상적인 새끼의 출산 여부에 대해서는 어떤 정보도 알려진 것이 없다. 유전병 없는 아이를 낳는 것은 중요하지만 그 위험성은 아직은 모른다. 윤리적인 이유 이외에도 과학 지식 자체의 한계로 아직은 시기상조라는 말이다. 유전병이 없는 정상아를 낳는 것이 목적이라면 체외 수정을 한 후 배아의 유전 정보를 검사해 정상적인 유전자를 갖는 배아를 착상시켜 아이를 낳는 방법이 가능하다. 이미 임상실험도 성공하여 시행되고 있다. 현재로서는 이 방법이 최선인 것 같다.

아이 지능 유전자 편집도 불가능

지노믹 프리딕션(Genomic Prediction)이라는 회사는 수백 가지 유전자를 동시에 검사한다. 고속 유전자 검사 기술에 인공지능을 접목해 수백여 유전자가 동시에 관여하는 질병을 수정란 단계에서 진단하는 기술을 개발했다. 아직 태어나지도 않은 아이의 지능까지 수정란 단계에서 유전자 검사로 가려내는 기술도 개발했다. 이로써 다중 유전자 검사로 지능이 평균(90~110)보다 25 정도 낮은 정신적 장애를 가진 수정란을 골라내 폐기할 수 있게 되었다. 새로운 다중 유전자 검사법을 도입하여 심장병, 당뇨병뿐만 아니라 정신적인 결함도 가려낼 수 있게 된 것이다.

태아의 유전자 검사는 산모 혈액에 섞여 있는 태아 세포의 유전자로 할 수 있다. 우리나라에서는 노산이나 가족력이 있는 경우에만 유전병에 한해 검사가 허용된다.

수정란에 대한 지능 유전자 검사도 곧 현실이 될 것이라고 전망된다. 다시 말해 머리 좋은 아이를 선택해서 낳을 수 있다. 과거에 생명과 인간과 관련된 윤리 논쟁은 끊임없이 제기되었다. 그러나 당시에는 생각할 수도 없는 일들이 지금은 이미 시행되고 있다. 시험관 아기로 아이를 낳고 있는 것이 그것이다. 처음에는 완강한 거부 반응이 있겠지만 시간이 흐르면 또한 바뀔 것이다.

인간에 대한 유전자 조작도 언젠가는 허용될 것이라고 예상된다. 20세기 말 개봉된 영화 '가타카(Gattaca, 1997)'는 인공수정을 통한 유전자 조작을 시도한 내용이다. 당시에는 과학 판타지였었지만 이제 그것은 현실이 되었다. 21세기 중국의 한 과학자가 인간면역결핍바이러스를 받아들이는 유전자를 제거한 맞춤형 아기를 출산시키는 데 성공했다고 발표했기 때문이다. 물론 윤리적인 문제로 중단되었지만, 시간이 흐르면 윤리적 기준은 바뀔 것이다.

2) 태아 지능의 예측 가능성

입덧과 태아 지능은 관련 있어

입덧과 아이의 지능이 어느 정도 관련이 있다는 사실을 아는 사람은 별로 없는 것 같다. 임신 초기에 입덧을 하는 것은 아기의 지능지수가 높다는 신호일 수 있다. 캐나다에서 1998~2003년 임신한 여성 121명을 대상으로 한 연구이다. 이들 산모가 낳은 아이가 3세와 7세가 되었을 때 지능지수와 행동 발달 테스트를 했더니 입덧으로 고생한 산모의 아이가 지능지수가 더 높았고 언어 사용도 유창했으며, 수학도 더 잘했다.

엄마의 지능지수나 다른 요인을 감안해도 입덧과 자녀의 수는 상관 관계가 있었다. 입덧이 왜 일어나는지는 아직 확실하지 않다. 일부 과학자는 태아를 보호하기 위해 방출되는 호르몬의 양이 많아지면서 일어나는 현상이라고 본다. 입덧은 임산부가 유해한 음식을 먹지 않도록 예방하기 위해 발전된 기능이라는 주장도 있다. 결국 태반에서 분비되는 호르몬으로 인한 입덧은 아기의 뇌가 잘 자라고 있다는 증거인 것이다. 즉 입덧은 건강한 임신이라는 징조이고, 입덧을 하는 경우 아이의 심장에 장애가 일어날 위험성이 적고, 또 유산될 위험도 낮은 것으로 보고되고 있다.

제왕절개도 아이 지능에 영향

제왕절개로 태어난 아기는 뇌의 발달과 기능이 떨어질 수 있다는 사실을 아는 사람은 거의 없을 것 같다. 뇌 속에서 지능과 관련된 단백질의 발현 비율이 낮아지기 때문이다.

생쥐를 대상으로 자연 분만과 제왕절개를 하게 한 뒤 기억력과 관련되는 부분인 해마를 관찰했다. 그 결과 제왕절개로 태어난 새끼 생쥐는 자연 분만으로 태어난 새끼들에 비해 뇌 속에서 특정 단백질(Mitochondrial Uncoupling Protein 2, UCP2)의 발현 비율이 낮았다. 이 단백질은 기억을 담당하는 해마 부위가 발달하는데 기여한다. 이 단백질의 발현 비율이 낮은 생쥐는 행동이 굼뜨고 이동 거리가 짧았다. 사람도 제왕절개 출산을 하면 두뇌 발달과 기능에 부정적인 영향을 받을 가능성이 있다. 하지만 그 영향이 어느 정도인지, 그리고 어떻게 부정적인 영향을 미치는지는 알려진 바가 없다.

태어난 아기의 머리 크기와 지능의 관계

앞에서 이미 말했지만 머리 크기와 지능과는 어느 정도 통계적인 상관관계가 있다. 태어날 때 머리둘레가 큰 아이는 성인이 되면 지능이 24% 높다는 연구 결과가 그 점을 보여 준다. 기억력을 담당하는 대뇌 피질이 생후 20개월에 성인의 97% 수준까지 자라기 때문이다. 1985년 1월부터 1986년 3월까지 독일에서 태어난 어린이 411명을 생후 5개월과 20개월, 4세, 6세, 8세, 26세로 구분해 각각 머리둘레와 지능지수를 측정한 결과이다.

태어났을 때 머리둘레가 평균치인 35cm보다 큰 아이는 26세 때 측정한 평균 IQ가 126이었다. 이는 같은 나이의 평균 IQ 102에 비해 훨씬 높다. 반면 머리둘레가 27cm로 작게 태어난 신생아들 중 절반은 26세 때 측정한 평균 IQ가 89였다. 태어났을 때 머리둘레가 클수록 신경세포와 피질의 양이 많아, 지능이 높아진 것으로 보인다.

피질의 두께도 지능과 관련성이 있다. 지능지수가 평균보다 높은 아이들은 7세 정도까지 대뇌피질이 매우 얇았고 12세가 되면서 급속도로 두꺼워지는 경향을 보인다. 반면에 지능지수가 평균 정도인 아이들은 처음부터 대뇌피질이 두꺼운 편이다. 얇은 대뇌피질이 두꺼워지는 과정에서 지능지수가 점차 발달하는 것으로 추정된다. 그러나 머리의 크기와 지적인 능력 사이에 나타나는 통계적인 상관관계는 평균적인 것이다. 그리고 개인마다 편차가 커서 일반화할 수는 없다.

3) 뇌 가소성이 교육의 출발점

동물과는 다른 인간의 뇌 가소성

"인간은 마음만 먹으면 자기 뇌의 조각가가 될 수 있다."

산티아고 카할(Santiago Ramon y Cajal)의 저서 『Advice for a Young Investigator』에 나오는 말이다. 또한, 마이클 머제니치(Michael Merzenich)는 다음과 같이 말했다.

"인간의 뇌는 계속 변한다. 뇌는 가소성을 가진다. 태어나서 죽을 때까지 우리가 뇌를 어떻게 쓰느냐에 따라 끊임없이 수정하여 리 모델링을 하고 기능이 좋아지거나 천천히 쇠퇴한다."

이것은 곧 뇌 가소성을 일컫는 말이다. 가소성(可塑性)이란 고체가 외부에서 힘을 받아 형태가 바뀐 뒤 본래의 모양으로 돌아가지 않는 것을 말한다. 뇌 가소성(Neuro-plasticity)이란 뇌가 그렇게 변화하는 것을 말한다. 정말로 인간은 자신의 뇌를 마음대로 바꾸고 조각할 수 있다.

1981년 노벨 생리의학상을 받은 데이비드 허블(David H. Hubel, 1926~2013년)과 토르스텐 비셀(Torsten N. Wiesel)의 고양이 뇌 연구는 뇌 가소성을 명료하게 보여 준다. 막 태어난 아기 고양이의 눈꺼풀을 바로 봉합했다가 3개월이 지난 뒤 복원했더니 고양이는 영구적으로 앞을 보지 못했다. 시각 정보를 담당하는 뇌세포를 사용하지 않아서 그 세포가 죽어 버렸기 때문이다.

사람도 마찬가지이다. 2차 세계대전 당시 태어난 아기를 고아원에 방치시켜 키웠더니 뇌가 발달하지 않아 죽거나 정신병에 걸렸던 경험은 그것을 분명하게 보여 준다. 인간의 뇌는 유전자에 의하여 만들어지지만 무언가를 받아들이지 않으면 지능이 발달하기는커녕 '빈' 공간일 뿐이라는 것이다.

가소성은 모든 동물에게서 나타난다. 개, 고양이, 돼지 등 가축화된 동물의 뇌는 야생에서 자란 동물과 비교하여 그 크기가 작다. 개의 경우 집에서 키우는 개는 뇌 크기가 야생 견에 비하여 약 30% 작다. 고양이, 양과 돼지는 각각 25%, 24%, 34%나 차이를 보인다. 가축으로 키워지면서 인간에게 의존적이고 피동적으로 성장하고, 공포나 공격성, 불안감을 조절하는 뇌 부위가 작아졌기 때문이다. 동물도 스스로 자립하지 못하면 뇌가 작아지는 것이다.

반면 사람에게 길들여진 여우의 뇌가 야생 여우의 뇌보다 큰 사례도 있다. 반대로 나타난 경우이지만 그것이 의미하는 바는 다르다. 선별적 교배를 통해 개와 같이 순종적이고 붙임성 있는 여우로 개량한 결과이다. 이렇게 태어난 여우들은 뇌 전체의 크기와 뇌의 회백질, 소뇌, 편도체, 전두전피질, 해마 등이 모두 컸다. 뇌와 지능이 더 발달한 사회성이 있는 여우를 선택적으로 교배한 결과이지 환경적인 요인 때문은 아니다. 또한, 여우들이 단순하게 사육된 게 아니라 미로나 장난감 등을 반복적으로 접하면서 야생종보다 대뇌 피질이 두꺼워진 것으로 추측된다. 또한, 일정한 교육을 받으면서 뇌 크기 역시 커진 것으로 보인다. 인간의 손에 사육된 여우의 뇌가 빠르게 변화한 것은 동물 신경계가 상상보다 신속하게 재편되는 것을 시사한다. 뇌 가소성이 큰 인간의 뇌 가능성은 변화 폭이 훨씬 클 것이다.

뇌 가소성은 고등 동물에게만 나타나는 것은 아니다. 예쁜꼬마선충 같은 미미한 동물도 뇌 가소성이 나타난다. 이 선충은 다 자랐을 때 크기가 1mm 정도이고 수명이 2주밖에 되지 않는다. 그럼에도 생물학적으로는 사람을 포함한 포유류와도 유사한 점이 많아 연구에 널리 사용된다.

예쁜꼬마선충의 뇌는 태어날 때의 구조적 특징이 성체가 될 때까지 대체로 유지된다. 하지만 뉴런들 사이에서는 새로운 시냅스가 계속 형성된다. 예쁜꼬마선충의 뇌는 시간이 지남에 따라 뇌 신경세포 뉴런이 일정 패턴에 따라 끊임없이 서로 연결되면서 정보 처리 효율이 높아진다. 뉴런 사이에 새 연결(시냅스)이 계속 형성되며, 시냅스는 정보 처리가 효과적으로 이뤄지도록 일정한 패턴으로 형성된다.

뇌의 가소성은 뉴런의 연결망으로도 이해할 수 있다. 커넥톰(connectome)은 2005년 처음 사용한 용어로 뉴런의 연결망을 의미한다. 즉 동물의 신경계 전체를 회로도로 그린 것과 같다. 태아 단계에서 인간과 침팬지는 모두 뇌가 성장하지만 출생 후에는 침팬지의 뇌 성장은 거의 멈추고 인간의 뇌는 빠르게 성장하며 시냅스 수도 크게 증가한다. 인간과 영장류의 큰 차이점이다.

사람의 뇌에는 뉴런이 천억 개 정도 있고 뉴런 하나당 수천 개의 시냅스가 있어서 다른 뉴런들과 연결된다. 사람 뇌의 커넥톰은 수백 조 개의 연결망으로 이루어져 있는 셈이다. 이렇게 인간의 뇌는 네트워크 시스템이다. 커넥톰은 후천적인 경험에 따라 끊임없이 바뀐다. 강한 경험은 굵은 시냅스를 만들고 반대의 경우엔 연결이 끊어지기도 한다. 뇌의 활동이 어떻게 변화하느냐에 따라 커넥톰은 달라진다. 지능이 좋은 사람에게 머리 회전이 빠르다고 한다. 이는 커넥톰의 관점과 일맥상통한다. 머리 좋은 사람은 뉴런 사이의 시냅스가 최적으로 배치돼 효율적으로 정보 처리가 이루어질 것이기 때문이다.

뇌과학의 '커넥톰' 개념은 인간 게놈 프로젝트와 함께 현대 생물학의 중요한 주제이다. 인간 게놈 프로젝트는 인간의 유전 정보를 지닌 게놈을 해독해 유전자 지도를 작성하고 유전자 배열을 분석하는 프로젝트로 유전자 지도는 흔히 생명의 설계도로 비유된다. 유전자 지도가 생물학적으로 이미 결정된 형질을 뜻한다면 커넥톰은 후천적인 뇌신경계의 연결 지도이다.

커넥톰도 게놈처럼 같은 사람이 단 한 명도 없다. 유전자와는 달리 고정적이지 않고 뇌의 활동 여부에 따라 신경의 연결 상태가 바뀐다. 생각이 바뀌면 신경세포의 연결(커넥톰)이 바뀌고, 자신의 자아와 인생도 바뀐다. 인간은 유전자의 운명과 커넥톰이 의미하는 자유 의지의 합체라고 말할 수도 있다. 지구상에서 인간만이 유일하게 유전자의 힘을 극복할 수 있는 종이라고 말할 수도 있다.

뇌 가소성은 인간과 다른 동물을 구분하는 데 큰 역할을 한다. 대부분의 동물은 태어나자마자 얼마 안 되어 걷고 뛴다. 새끼의 뇌에 운동할 수 있는 능력이 이미 설정되어 있기 때문이다.

그러나 인간은 거의 백지상태로 태어나 걷지도 뛰지도 못한다. 일어서고 걷고 말을 하려면 천억 개나 되는 뉴런의 패턴이 형성되고 신경망이 연결돼야 한다. 물론 막 태어난 아이는 책도 읽지 못한다. 아이는 사람들의 말을 듣고 따라 하고 글자를 배우면서 그것이 뇌 신경세포에 반영되어 인지 능력이 발달한다. 이러한 뇌 가소성은 영장류와 인간 같이 지능이 높은 생명체에서 크게 나타난다. 인간과 영장류의 대뇌 표면을 구성하는 대뇌 피질은 일생 동안 꾸준히 성장하고 환경에 반응하면서 조직화된다.

그러나 인간의 뇌 가소성은 영장류나 유인원에 비해서 아주 특별하다. 인간과 가장 유사한 동물인 침팬지만 보더라도 많이 다르다. 침팬지의 지능은 선천적인 면이 인간보다 강하지만 인간의 뇌는 훨씬 가소성이 크고 유전자의 힘이 상대적으로 적게 영향을 미친다. 따라서 살아가면서 어떤 책을 읽고 어떤 경험을 하는지에 따라 그 사람의 뇌는 바뀌고 자아도 새로이 형성된다. 어제의 '나'와 오늘의 '나'는 다르다. 인간은 두 번 태어나는 것이다. 엄마의 몸에서 한 번 태어나고, 자라면서 형성된 뇌가 자아를 형성한다.

뇌 가소성과 인간의 지능

인간의 뇌는, 아니 인간은 어떤 경험을 하는지, 무엇을 배우는지에 따라 변한다. 뇌가 바뀌면 인간도 바뀐다. 뇌가 바뀌면 생각도 바뀌고 행동도 달라진다. 새로운 것을 배우거나 새로운 생각을 할 때마다 머릿

속에는 신경이 새롭게 연결되고 강화된다. 그러면서 물리적 구조도 새롭게 짜여진다. 그렇다면 인간은 스스로 머릿속을 재프로그램해서 자신의 운명을 통제할 수 있는 자유 의지가 있는 셈이다.

그러나 이러한 변화는 무제한 가능한 것은 아니다. 인간이 가진 유전자의 제한을 받는다. 인간은 선천적으로 결정되었다는 생각과 무제한으로 길러질 수 있다는 이분법이 아니라 이 둘은 불가분하게 연결된 것이다. 인간이 생물학적으로 가지고 태어난 유전자와 뇌가 환경에 적응하면서 발달되는 방식이 복잡하게 얽히며 인간이 만들어진다는 의미이다. 인간은 결정론과 자유 의지의 중간 존재이다.

[그림 3-3] 청소년 교육은 지능 발달에 결정적인 역할을 한다. 특히 저개발국가와
빈곤층의 의무교육 확대가 절실하다
(출처: Wikimedia Commons, Tamandani-Lungu)

인간의 뇌 가소성(plasticity)은 교육과 학습에서 핵심적인 개념이다. 인간은 타고난 대로만 살지 않으며 무엇을 하고 무엇을 배우느냐에 따라 완전히 '다른 인간'이 될 수 있다. 인간은 유전자에 의하여 또는 뇌에 의하여 결정된 존재가 아니라는 사실을 말해 준다. 물론 인간이라는 종의 한계는 있으며 개인이 가진 유전자의 제약은 받는다. 그렇지만 뇌가 끊임없는 학습과 경험을 통하여 변화될 수 있다는 것은 분명하다. 인간은 '그렇게' 진화된 존재이다.

뇌 가소성은 인간의 지능도 바뀔 수 있음을 암시한다. 특히 10대의 정신 능력은 큰 폭으로 오르내릴 수 있다. 2004년 19명의 소년과 14명의 소녀를 대상으로 뇌 스캔과 IQ 검사를 한 뒤 4년 후인 2008년에 다시 측정했다. 그 결과 이들 중 39%는 언어 지능, 21%는 비언어 지능(공간적 추론 능력)이 많이 달라진 것으로 나타났다. 청소년의 지능은 여전히 발달 중이며 불과 몇 년 내에 크게 향상될 수 있다는 연구 결과이다. 이들이 받는 교육이 다르기 때문일 수도 있고 지능이 발달하는 시점이 다르기 때문일 수도 있다. 의무교육 기간이 1년이 늘어날 때마다 IQ가 3.7포인트 상승한다는 사실도 밝혀졌다.

지적 능력은 훈련을 통해서도 향상될 수 있다. 일종의 컴퓨터 기억력 테스트인 두뇌 훈련(n-back task)을 하면 지능이 향상된다는 사실이 밝혀졌다. 기억력은 뇌의 여러 영역들 간의 네트워크와 밀접한 연관성이 있어 훈련을 통해 향상시킬 수 있음을 보여 준다. 이는 다른 실험에서도 확인되었다. 6주간 훈련을 시켰더니 기억력이 향상되었으며, 이 효과는 4달이 지나도 지속되었다.

또한, 기억력 훈련을 통해 측두엽을 포함한 뇌 안의 네트워크 간의 연결이 더욱 강화되는 것도 확인되었다. 새로운 것을 배우거나 새로운 문제를 해결할 때 필요한 지능을 유동 지능(Fluid intelligence)이라고 한다. 유동 지능은 학습에 있어서는 가장 중요한 부분이다. 연구에 의하면 단기 기억 훈련을 통해 유동 지능을 향상시킬 수 있다고 한다. 즉 단기 기억의 네트워크를 강화시킬 수 있다면 학습에 필요한 유동 지능 역시 향상될 수 있다는 이야기이다. 지능지수는 태어난 이후에 계속 변한다. 이것이 뇌과학으로 교육을 논하는 출발점이다.

뇌 가소성과 청소년 교육

뇌는 고정된 것이 아니라 변화한다는 '뇌 가소성'은 인간의 뇌가 시간이 흐르면서 달라진다는 것을 의미한다. 사람이 살아갈 때 뇌는 계속 변하며 매일 '약간은' 다른 인간이 된다. 어제의 나와 오늘의 나는 다르다. 10년 전의 나와 지금의 나는 많이 다르다. 나이를 먹어 주름이 늘어 겉모습이 변하듯이 인간의 생각과 의식도 그리고 지능도 달라진다.

중요한 것은 나이가 어릴수록 뇌의 변화 속도는 더 빠르다는 점이다. 특히 10대 청소년기는 뇌 성장에 대단히 중요한 시기이며, 이때 결정적인 변화가 일어난다. 10대의 뇌는 80% 정도밖에 성장되지 않았고 나머지 20%가 새로이 형성된다. 이러한 변화가 사춘기 10대와 중2병이 나타나는 원인이다. 특히 인간의 인지 능력에 결정적인 영향을 주는 전두엽이 발달하는 시기이다. 미국국립보건원은 생애 첫 21년 동안 뇌 영역이 서로를 어떻게 활성화시키는지를 10년에 걸쳐 연구했는데, 그에 의하면 뇌의 연결성은 뇌 뒤쪽에서 앞쪽으로 천천히 이동하면서 이루어진다.

마지막으로 연결이 일어나는 부위는 전두엽이었다. 전두엽은 이성, 판단, 추상적 사고, 계획 등과 관련된 부위이다. 전두엽은 인간의 지능과 가장 밀접한 부분이다. 그러므로 10대는 중요한 시기이다.

[그림 3-4] 십대 청소년 시기는 교육에서 특히 중요한 시기이다.
최근에 자연과 함께하는 교육이 강조되고 있다
(출처: Wikimedia Commons, Ortrun Lenz)

따라서 10대, 틴에이저, 중2병이 나타나는 시기를 잘 이해해야 한다. 인간의 이성적 능력은 만 15세 정도면 거의 완전하게 발달하여 판단 능력도 성인에게 뒤지지 않는다고 한다. 물론 경험이나 지식 면에서는 떨어지지만 잠재 능력은 거의 같다. 10대들이 논리와 이성적 추론을 검사하는 'SAT' 같은 적성검사에서 높은 점수를 받는 것도 이 때문이다.

그러나 10대들의 뇌는 성인이나 노인보다 훨씬 빠르게 돌아가 학습의 측면에서는 효율이 높지만 주의력, 자제력, 감정 처리에 있어서는 불안하다. 아이의 10대 시절은 참고 기다려야 할 시간일 뿐만 아니라 놀라운 변화가 일어나는 때이다. 자녀들이 평생에 걸쳐 사용할 뇌의 기틀을 잡아 주는 시기인 것이다.

사람의 대뇌는 신경세포체로 구성된 겉 부분인 피질과 신경세포를 서로 연결하는 신경섬유망이 깔린 속 부분인 수질로 구성된다. 대뇌 피질은 5~6세부터 얇아지기 시작하며 이는 노화의 정상적인 과정이다. 아이들과 청소년 188명을 대상으로 IQ와 대뇌 피질 변화를 2년에 걸쳐 관찰한 결과 지능이 십대에 크게 변화할 수 있다는 것을 알게 되었다. IQ가 상당히 높아진 아이들은 대뇌 피질 두께가 얇아지는 속도가 정상보다 느린 반면 IQ가 크게 떨어진 아이들은 빠른 것으로 나타났다. IQ에 변함이 없는 아이들은 대뇌 피질이 얇아지는 속도가 정상이었다. 이 결과로 IQ는 일정하지 않으며 뇌의 해부학적 변화와 연관이 있음을 알게 되었다. 이러한 변화를 잘 관리하면 지능도 변화가 가능하다는 것을 시사한다.

3. 선천적 지능, 후천적 지능

1) 지능은 타고나는 것이 아니다

지능은 타고날까

자연은 불평등하다. 강한 동물이 무리를 장악하고 머리 좋은 사람이 공부도 잘하고 잘 산다. 평등은 인간 사회의 '이상향'으로 간주되지만 자연계와 인간 세계는 처음부터 평등하도록 만들어지지 않았다. 그렇다고 불평등을 지지하고자 하는 것은 아니다. 불평등이 자연스런 것이라는 의도도 아니다. 자연의 냉혹함을 말하려는 것이다.

잘생기고 미모이면서 운동도 잘하고 수재인 사람을 흔히 볼 수 있다. 통계적으로도 외모가 잘생긴 사람이 지능도 높다. 영국인 1만 7,419명, 미국인 3만 5,000명을 대상으로 한 대규모 연구 결과이니 신빙성이 높다.

진화의 관점에서 보면 잘생기고 지능이 좋은 인간이 '자연선택' 되었을 것이다. 잘생긴 남자는 IQ가 평균 수준보다 13.6점, 여성은 11.4점 정도가 높은 것으로 나타났으니 자연이 불평등한 건 확실하다. 그러나 그 후의 일부 연구에서는 그렇지 않다는 연구 결과가 나와 확실하지는 않다. 학자들의 연구 결과를 떠나 누가 봐도 자연은 불평등하며 인간 능력도 불평등하게 태어나고, 부모의 능력도 천차만별이다.

천재에 대해 과학적 연구를 처음 한 것으로 알려진 프랜시스 골턴 (Francis Galton, 1822~1911)은 1869년 출간한 『유전된 천재』에서 천재는 타고난다고 주장했다. 모차르트는 열 살 전후에 교향곡, 오페라 등을 작곡했고, 하이든, 멘델스존, 슈베르트, 베토벤 등도 열 살 전후에 첫 작품을 만들었으니 천재는 타고난다고 생각할 수 있다. 부모가 머리가 좋으면 자녀도 머리가 좋은 걸 보면 쉽사리 그런 생각이 든다.

특히 수학이나 과학을 잘하는 사람은 선천적으로 타고난다고 생각한다. 실제로 숫자 감각은 인간뿐만 아니라 원숭이, 까마귀 등 다양한 동물도 이미 가지고 있다. 숫자 관련 인지 기능이 신경망의 초기 구조가 갖춰진 시점에 이미 존재한다는 것이다. 수리과학과 관련된 인지 기능은 선천적으로 타고나는 것은 숫자 같은 인지 기능이 후천적으로 획득

된다는 기존 상식과 반대된다.

지능과 관련된 유전자도 속속 밝혀지고 있다. 1997년 말 '무모한' 한 과학자가 '지능' 유전자를 발견했다고 발표하였다. 그것은 6번 염색체였다. 지금도 일부 '대중' 서적에서 6번 염색체를 지능 유전자라고 말한다. 이외에 지능과 관련된 일부 유전자가 더 알려졌는데 인간은 다른 동물과 달리 특별한 유전자를 가지고 있다고 한다.

2012년 3종류의 유전자가 지능과 연관되었다는 발표가 나왔다. 이 유전자는 모든 사람에게 있지만 이들 유전자 내 일부에서 분자적 차이를 보이는 사람의 학업 성적이 더 우수했다. 이 유전자들은 뇌 속의 도파민 농도 조절에 관여하는 단백질의 생성을 돕는다. 도파민 수치가 지능의 조절과 연관이 있다는 연구 결과는 과거에도 있었다. 2018년에는 역대 최대 규모인 110만 명을 대상으로 학력 수준과 유전자를 비교 분석한 연구 결과 학업 능력과 관련해 차이를 보이는 유전자 1,271개를 찾아냈다. 그 후로도 많은 연구가 진행되고 많은 유전자가 밝혀졌다.

지능은 후천적인 것도 반이나 된다

그렇다면 정말로 지능은 선천적일까. 천재 부모의 자녀는 모두 천재일까. 물론 단 하나의 유전자가 인간의 지능을 설명할 수 없지만, 그러한 유전자 덕분에 특별한 뇌와 지적 능력이 있는 것은 사실이다. 그러나 유전에 의하여 지능이 결정된다고 결론 내린다면 더 이상 이 책에서 쓸 것이 없다. 지능검사 결과가 나쁘면 운명으로 받아들이고 살면 된다.

그러나 인간은 유전자에 의하여 결정된 단순한 '기계'가 아니다. 컴퓨터처럼 프로그램대로 기능하지도 않는다. 인간의 유전자와 뇌가 고정된 프로그램이라면 새로운 경험과 환경에 적응할 수도 없고 살아남기도 어렵다.

진화 과정에서 살아남은 인간뿐만 아니라 생물들은 유전자들에 의해 결정되게끔 만들어지지 않았다. 유전자가 뇌를 만들지만 뇌는 유전자가 만든 대로 고정되어 있지 않다. 뇌는 환경에 적응하여 변화가 가능하도록 진화되었다. 인간의 뇌와 지능은 부모, 언어, 문화, 교육 등에 의하여 영향을 받아 '스스로' 프로그래밍 된다. 그래서 인간의 뇌와 지능은 유전적인 요인과 후천적 요인 모두의 영향을 받는다. 즉 인간에게 유전자가 중요하기는 해도 환경의 영향도 크다는 것이다. 참고로 유전자 결정론은 생물학이나 유전학에는 없다. 생물학이나 유전학을 결정론이라고 비판하는 것은 잘 모르는 사람들이 하는 말이다.

지능이 선천적인지 후천적인지는 다음 사례를 보면 명확하게 알 수 있다. 다음 표는 수만 명의 IQ 테스트 분석 결과가 유전자와 환경의 영향을 어느 정도 보여 준다. 여기서 100%라 함은 완전히 같은 것이고 0은 둘 사이의 상관관계가 없음을 나타낸다. 놀라운 점은 입양하여 같은 집에서 생활한 아이들의 상관관계이다. 0%로 같은 가정환경은 지능에 전혀 아무런 영향을 미치지 않았다. 이것만 보면 지능은 완전하게 선천적으로 보인다.

그러나 일란성 쌍둥이의 경우 같은 환경에서 자라도 차이가 있었는데 떨어져 자랐을 때는 10% 정도 더 차이가 났다. 심지어 같은 사람도 지능지수가 테스트할 때마다 다르다. 같은 사람인데도 같은 유전자를 가지고 태어났는데도 지능이 다른 것이다. 즉 환경적인 요인이 있다는 의미이다. 이란성 쌍둥이나 형제자매는 일란성인 경우보다 차이가 많다. 같은 부모의 형제자매도 지능 차이가 많다. 같은 부모의 자녀가 떨어져 살면 10%의 차이가 난다. 이를 보면 분명히 환경적인 요인이 지능에 영향을 준다는 것을 알 수 있다.

많은 연구를 종합해 보면 인간 지능의 반 정도는 유전되는 것이고, 나머지는 환경의 영향을 받는다. 가정이라는 환경이 미치는 영향은 20% 이하이다. 나머지는 자궁 속 환경, 학교, 어울리는 친구와 같은 외부 환경에 영향을 받는다.

구분	%	비고(필자 노트)
같은 사람이 두 번 테스트 한 결과	87	같은 사람도 테스트 결과가 다르다.
일란성 쌍둥이가 같이 양육된 경우	86	같은 유전자라도 다르다.
일란성 쌍둥이가 떨어져 양육된 경우	76	환경적 차이로 위와 10% 차이가 난다.
이란성 쌍둥이가 같이 양육된 경우	55	유전자가 반이 같아도 많은 차이가 난다.
같은 부모에게서 태어난 형제	47	같은 형제도 차이가 많다.
같이 사는 부모와 아이들	40	가족도 많이 차이가 난다.
떨어져 사는 부모와 아이들	31	환경적 차이로 위와 9% 차이가 난다.
같이 사는 입양아	0	유전자가 다른 경우 환경이 같아도 전혀 다르다.
떨어져 사는 상관없는 사람들	0	위와 같다.

[표 3-1] IQ의 상관관계

아이는 부모 유전자를 그대로 받는 것도 아니다. 아이는 아버지와 엄마의 유전자를 반씩 물려받지만 부모와 자식은 유전자가 같지 않다. 물려받은 유전자에 변이가 일어나기도 하고 유전자가 발현되는 것도 다르기 때문이다. '쟤는 누굴 닮아 저럴까?' 부모들이 종종 하는 말이다. 부모와 너무나도 다른 자식의 모습을 보면 수긍이 되지 않아서이다.

외모는 붕어빵인데 자신과 너무도 다른 성격이나 지능을 가진 것을 보면 더욱 황당하다. 부모가 지능도 높고 공부도 잘했는데 자녀가 못한 다고 탄식할 일이 아니다. 특히 배우자를 탓하면 더욱 안 된다. 유전자 는 사람의 세포마다 약 2만 5,000개 정도 들어 있다. 이들 유전 정보가 반영되어 겉으로 드러나는 특성을 표현형이라고 한다. 유전 정보는 발 현이 돼야 표현형으로 나타난다. 부모로부터 특정 유전자를 받았어도 아이에게선 그 유전 정보가 표현형으로 드러나지 않을 수 있다. 또 유 전자는 염기라고 불리는 단위 물질들이 일렬로 배열된 형태다. 유전자 는 다양한 이유로 이들 염기의 배열 순서를 종종 변화시키는데, 이를 변이라고 한다. 미세하게 생기기도 하지만 큰 폭으로 생기기도 한다.

우리나라 사람 1,094명의 전체 유전자를 분석한 연구에 의하면 우리 나라 사람이 가진 유전자 변이의 3분의 1 이상이 개인별로 특이하다. 유전자 변이 가운데 개인이 남과 다르게 갖고 있는 독특한 변이가 34.5%로 나타난 것이다. 각각의 사람이 얼마나 '개별적인지'를 보여 준 다. 부모의 유전자는 아이와 동일하지 않다. 유전자들의 상호 작용과 크고 작은 변이가 부모와 자식 간에도 차이를 만들어 낸다.

부모가 자녀에게 유전자를 물려줄 때에도 '우연'이 개입된다. 로또 복 권 같은 행운의 여신이 인간의 운명을 좌우한다는 것이다. 방대한 지능 지수 검사 결과와 유전자 관련 자료를 분석한 2012년 연구 결과가 그것 을 보여 준다. 아이 지능의 반 정도만 부모로부터 받는 유전적인 요인이 다. 지능지수가 매우 낮은 아이들 중 정상적인 부모로부터 태어난 경우 가 그 예이다.

IQ가 매우 낮다는 것은 지능지수가 70 미만을 말한다. 세계적으로 그 숫자가 1~3% 정도이다. 이들의 대부분 부모의 열성 유전자를 이어받아서 지능이 나쁜 것이 아니었다. 아이 유전자의 불규칙한 변이가 그 원인이었다. 그 변이는 누구도 알 수 없는 방향으로 발생한다. 사람은 모두 태어날 때 부모의 DNA에서 발견되지 않는 우발적인 DNA 변화가 일어나는 것이다. 이런 변화 중 대부분은 DNA에서 중요하지 않은 부위에서 일어나 거의 해를 미치지 않는다. 그러나 간혹 인지 발달에 영향을 미치는 유전자의 기능을 손상시킨다.

인간이 가진 지능은 결코 자신이 선택한 것이 아니다. 다시 말해 자랑거리도 아니고 그저 그 '행운'에 겸손해야 할 일이다. 또한, 아이가 머리가 좋거나 나쁘거나 자신 때문이라고 또는 자신 탓이라고 생각할 일도 아니다.

요약하면 이렇다. 아이는 부모와 같지 않다. 설령 부모의 유전자를 물려받더라도 유전적 영향은 태어나서 고정되는 것도 아니다. 또한, 환경에 의한 영향이 빠짐없이 쌓이는 것도 아니다.

인간은 오랜 진화의 누적된 결과이므로 예측할 수 없는 존재이다. 인간은 그렇게 간단한 존재가 아니다. 자기 자신도 자신을 모르는 것이 인간이다. 부모가 마음대로 아이를 무엇인가로 만들 수도 없다. 그것이 지능의 측면에서 보는 인간의 자유 의지이다.

2) 지능은 선천적으로 정해지는 것이 아니다

선천적 지능도 우연적 요인이 있다

2014년 인간의 뇌 세포를 쥐에게 이식한 놀라운 실험 결과가 발표되었다. 쥐에게 인간의 신경 세포(glial cell)를 이식한 후 1년이 지나자 원래 갖고 있던 신경세포는 대체되었고, 그것이 증식되어 1,200만 개까지 늘어났다. 인간의 신경세포를 이식한 쥐는 그렇지 않은 쥐보다 기억력이 훨씬 좋았다. 소름끼치는 실험이지만, 지능이 선천적인 것임을 분명하게 보여 주는 실험 결과였다.

그렇다면 지능 유전자라는 것이 있을까. 2017년 과학자들은 약 8만 명의 유전자와 지능지수를 분석하여 지능과 관련한 유전자 52개를 찾아냈다. 이 중 40개는 지능과의 관련성이 밝혀진 적이 없는 유전자였다. 이 유전자들은 지능지수(IQ)의 약 20%를 설명하였다. 2018년에도 지능검사 지수를 예측할 수 있는 20개 이상의 유전자 변이가 발견되었다. 또한, 100만여 명의 유전자 분석을 통해 학업과 관련된 유전자가 무려 1,271개나 발견되었다.

지능과 관련된 유전자를 모두 찾아내려면 수백만 명분의 게놈을 해석해야 하는데 아직은 필요한 원시 자료와 계산 능력이 미진하다. 특이한 것은 자폐증이 있는 사람은 지능지수가 높을 가능성이 크다는 것이다. 높은 지능과 관련한 유전자 변이는 자폐증이 생길 위험성을 증가시켰다. 특히 '생크3'(SHANK3)라는 유전자가 그렇다. 이 유전자는 조울증도 유발하는 것으로 알려졌다. 천재적인 사람들 중에 자폐증이나 조울증이 있는 사람들이 종종 있는데, 지능 진화의 후유증이라고 할 수 있다.

여기서는 지능과 관련된 유전자 몇 개만 소개한다. 2015년에 보고된 지능 유전자는 인간뿐만 아니라 네안데르탈인, 데니소바인 등에게도 있다. 이를 쥐에게 이식했더니 신 피질이 활성화되어 인간의 뇌 주름과 비슷한 형태로 되었다. 2018년 중국에서 유전자 조작으로 에이즈에 면역력을 가진 쌍둥이가 탄생하여 생명 윤리 논쟁이 일어났었던 연구에서도 지능과 관련된 유전자가 발견되었다. 인간 수정란에서 특정한 유전자를 제거하면 지능이 좋아질 수 있다는 연구 결과가 있었는데, 쥐를 대상으로 한 실험에서 그 유전자를 억제했더니 학습 능력이 좋아졌다. 또한, 어떤 특정 유전자에 변이가 일어나면 수면 부족을 느끼지도 않게 하고 멀티태스킹도 능숙하게 된다. 이러한 변이가 있는 사람은 매일 평균 4~5시간밖에 자지 않지만 지능은 뛰어나다. 이 같은 돌연변이는 400만 명 중 1명도 안 되는 사람들에게서 일어날 정도로 희귀하다.

지능 관련 유전자는 너무 많고 여전히 연구 중이다. 지능 관련 유전자는 앞으로도 무수히 발견되리라고 본다. 언젠가는 지능과 관련된 유전자에 대한 통합적인 이해가 가능할 것으로 기대된다. 과연 얼마나 그것이 가능할지 현재로서는 가늠하기 어렵다.

지능과 관련된 유전자라면 크게 수리과학 유전자와 언어 유전자로 나누어 볼 수 있다. 수리과학을 잘하는 유전자와 언어를 잘하는 유전자가 정말로 있는 걸까. 일부 수학을 잘하는 사람이 어학에는 약한 반면, 어학 등 문과 계통의 과목에 뛰어난 학생들이 수학 때문에 고생하는 것을 많이 본다. 이처럼 수학과 어학 능력은 서로 다르게 발휘되는 능력 같지만 사실상 이 두 능력을 관할하는 유전자에 유사성이 있다는 연구도 있다. 어학 능력과 연관이 있는 유전적 변형과 수학 능력과 관련이 있는 유전적 변형에 공통되는 부분이 발견됐는데, 이는 일부 유전자 변형이 읽기와 수학 능력 모두에게 중요한 역할을 한다는 것이다.

그러나 이러한 연구는 일부 유전자만을 확인한 연구 결과이다. 지능은 유전자와 뇌의 여러 부위가 복잡하게 연관되면서 발현된다. 그렇게 하나의 유전자로 설명할 수 있는 것이 아니다. 한 사람의 개인도 자신도 모르는 능력을 발견하는 경우도 종종 있다.

인간의 지능과 학습 능력은 유전자뿐만 아니라 뇌의 구조와 기능으로부터도 강한 영향을 받는다. 또한, 뇌 안의 신경전달물질도 학습 능력에 영향을 준다. 학업 성적, 특히 수학 성적은 뇌 후두정엽의 두정엽내고랑(intraparietal sulcus) 부분 신경전달물질인 가바(GABA)와 '글루타메이트(glutamate)'에 의하여 좌우된다는 사실이 2021년 연구로 밝혀졌다. 수리 인지와 학습 인지 능력 분야의 대가인 로이 카도시(Roi Cohen Kadosh) 옥스퍼드 대학 교수의 연구 결과이다.

분석 결과 가바와 글루타메이트의 농도가 수학 같은 복잡한 학습 능력과 밀접한 관계를 갖고 있으며 아동·청소년과 성인의 수리 인지 능력과 두 신경전달물질의 농도는 서로 다른 상관관계를 보였다.

20대 이하 아동, 청소년에게 있어서는 가바 수치가 높을수록 수에 대한 인지 능력이 뛰어나고 수학 성적도 높은 것으로 조사됐다. 글루타메이트 수치가 아동, 청소년들의 수학 성적에 미치는 영향은 그에 못 미치는 것으로 조사됐다. 반면 20대 이상 성인에게 있어서 가바 수치가 높으면 오히려 수학 성적이나 수리 인지 능력이 떨어지는 것으로 나타났다. 오히려 글루타메이트 수치가 높은 성인들이 수리에 밝은 것으로 확인돼 전혀 반대의 결과를 보인 것이다.

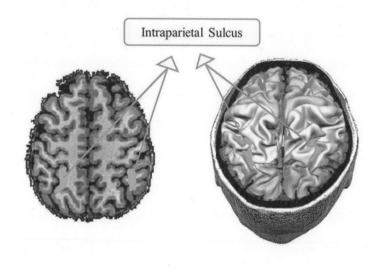

[그림 3-2] 두정엽내 고랑의 이미지
(출처: Wikimedia Commons, Bugden S. and Ansari D.)

그렇다고 수리 능력이 선천적으로 결정된 것으로 생각해 수학을 포기하면 안 된다. 로이 카도시 교수의 또 다른 연구에 의하면 청소년기에 수학 공부를 포기하거나 중단하면 뇌 인지 기능 발달에 부정적인 영향을 미친다는 것이 밝혀졌다. 수학 공부를 중도에 포기하면 뇌 인지 기능이 떨어져서 수학을 못 하게 됨은 물론 다른 학업 성적까지 떨어진다는 주장이다.

수리과학 능력이 선천적으로 결정된다는 점은 주변에서 쉽게 알 수 있다. 하지만 그것이 뇌 안의 신경전달물질 때문이라는 것은 수리과학 능력이 약한 사람들에게는 절망적인 사실일지 모른다. 그러나 모든 인간이 수학을 잘할 필요는 없다. 사람마다 다양한 능력이 있고 다양한 직업이 기다리고 있다.

지능과 관련된 일부 유전자를 설명했지만 지능지수와 관련된 유전자는 수천 개가 있는 것으로 추정된다. 아직도 연구가 계속되고 있어 기다려 보아야 한다. 지금까지 연구 결과를 보면 특정한 게놈이 지능과 관련이 있는 것은 아니며, 여러 가지 게놈의 속성이 결합해 지능으로 나타난다. 모든 지능 관련 유전자를 발견하더라도 지능 측정 결과를 유전자로 설명할 수 있는 비율은 50% 정도에 불과하다고 본다. 따라서 유전자만으로는 인간을 설명할 수 없다.

물론 지능은 누가 봐도 부모로부터 유전되는 면이 강하다는 것을 직감적으로 알 수 있다. 다음 세대에 얼마나 유전되는지를 나타내는 양을 유전율(heritability)이라 한다. 지능의 유전율은 아동기에서 청소년기를 거쳐 성인기로 갈수록 증가한다. 어린 나이에는 선행학습만으로도 성적이 올라갈 수 있다. 하지만 고학년으로 올라갈수록 선행학습의 효과는 떨어진다. 나이가 들수록 유전이 미치는 영향이 커지기 때문이다. 어려서 선행학습을 하는 것이 필요하긴 하다. 그러나 중요한 것은 선행학습이 학습 의욕을 떨어뜨리는 면이 강하다는 점이다. 또한, 강력한 유전자의 힘 때문에 단순하게 지식 교육만 하는 것은 한계를 드러낼 수밖에 없다. 오히려 운동과 다양한 체험으로 신체적으로나 정신적으로나 건강하고 활력 넘치는 아이로 키우는 것이 더 중요하다.

아이의 지능은 엄마에 달려 있지 않다

엄마가 머리가 좋아야 아이의 지능도 높다는 말을 종종 듣는다. 정말 그럴까. 이러한 말은 어디서 나왔을까. 1984년 동물 실험에서 새끼의 지능은 암컷의 영향이 크다는 연구 결과가 나왔다. 지능은 암컷으로부터 물려받는다는 것이다.

1996년에는 지능 유전자가 X염색체에 존재할 가능성이 크다는 연구가 나왔다. 이후에도 여러 연구를 통해 모계로 전달되는 유전자가 뇌 발달에 영향을 미친다는 것이 밝혀졌다. 2016년에도 자녀의 지능에 가장 큰 영향을 주는 요소는 엄마의 지능인 것으로 나타났다. 아무리 똑똑한 아빠라고 해도 유전적으로 자녀의 지능에는 영향을 끼치지 못한다는 것이다. 그 이유는 지능 유전자가 X염색체에 있기 때문인데, 여성은 이 X염색체가 2개인데 반해 남성은 1개밖에 되지 않기 때문이라는 것이다.

이러한 연구 결과 등으로부터 '자녀의 IQ는 엄마로부터 물려받는다'는 속설이 나왔다. 사실 이러한 '속설'은 과학이 오용되는 대표적인 사례이다.

지능이 한 개 또는 몇 개의 유전자와만 관련된다는 것 자체가 얼토당토않은 비과학적인 주장이다. 엄마가 똑똑한데도 공부 못하는 아이도 있고 그 반대도 있다. 지능 유전자가 따로 있는 것도 X염색체에만 있는 것도 아니다.

게놈 전체에 널리 분포된 여러 유전자가 지능에 영향을 준다. 염색체 1번부터 22번까지에는 2,000개 이상의 지능 유전자들이 발견되었다. 앞으로도 새로운 유전자와 복잡한 뇌의 기능이 발견될 것이다.

자녀의 지능은 양부모 모두로부터 유전된다. 그렇다고 그대로 유전되는 것은 아니다. 부모와 정반대의 아이가 탄생할 수도 있다. 하지만 통계적인 유의성은 있을 것이다. 부모가 머리가 좋으면 아이도 머리가 좋을 확률이 높다. 그러다 보니 지능의 불평등도 대물림될 수 있다. 대체로 학력이 비슷한 사람끼리 결혼하기 때문이다. 더욱이 현대에 들어와 배우자의 선택(assortative mating)에서 지능(intelligence)이 더 크게 좌우된다는 연구도 있다. 인간이라는 종 전체로 보면 점차적으로 지능에서의 불평등이 커질 수 있다는 의미이다.

한국인과 유대인이 지능이 좋은 것은 아니다

우선 '인종'이라는 단어 자체가 과학적으로 잘못된 개념이다. 인종은 없다. 인간은 '하나의' 종이다. 인종은 비과학적인 용어이다. 그래서 피부색이라는 용어를 쓰려고 한다. 전 세계의 지역별 지능지수를 보면 대부분의 사람들은 피부색에 따라 지능지수가 차이가 난다.

2002년 영국의 심리학자 리차드 린(Richard Lynn)의 지역별 연구에 따르면, 유럽, 미국, 캐나다, 오스트레일리아, 뉴질랜드 등의 평균 IQ는 100 정도이고, 남아시아, 북아프리카 및 대부분의 라틴 아메리카는 85, 사하라 사막 이남 아프리카 지역과 카리브해 국가는 70 정도라고 한다.

연구자인 리처드 린을 검색해 보면 백인 우월주의 인종주의자로 논란이 많은 학자이다. 그럼에도 그가 발표한 지능지수의 지역별 분포는 놀랍다. 아프리카의 지능지수는 너무 낮다. 그렇다면 피부색에 따라 지능지수는 차이가 있는 것일까? 이것을 제대로 이해하는 것이 인간의 지능과 교육에 대한 올바른 이해에 중요한 핵심이다. 이것도 과학을 악용한 전형적 사례이다.

과학 악용의 역사적인 맥락을 우선 보자. 19세기 새뮤얼 모튼(Samuel G. Morton, 1799~1851)이라는 학자가 "뇌가 큰 백인종이 지능도 가장 높다."라는 주장을 했다. 20세기 들어 많은 학자가 인종 편견에 의해 조작된 것이라고 비판을 가했다. 대표적인 비판은 스티븐 굴드(Stephen J. Gould, 1941~2002)에 의하여 가해졌다.

그러나 새뮤얼 모튼이 조작했다는 것은 사실이 아님이 밝혀졌다. 새뮤얼 모튼이 연구에 사용한 두개골을 다시 박물관에서 꺼내어 분석한 결과이다. 두개골 크기를 다시 측정했더니 대부분 정확했고, 약 2% 정도에서만 '의미 있는' 오류가 있을 뿐이었다.

스티븐 굴드가 두개골을 재보지 않고 비판한 것도 드러났다. 그렇다면 뇌가 크다고 지능이 좋은 것일까? 지금까지 이 책을 읽은 독자라면 그 답을 알 것이다. 두개골의 크기와 지능 사이에는 통계적으로 약간의 상관관계는 있지만 큰 의미는 없다. 게다가 유럽인의 두개골이 아프리카인에 비해 더 큰 것이 기후 때문이라는 사실은 과학계에서 잘 알려진 사실이다. 추운 곳에 살수록 두개골이 더 크다.

지능과 관련하여 가장 논란을 일으킨 과학자는 놀랍게도 노벨상 수상자이다. 유전자 이중 나선구조를 밝혀내 1962년 노벨 생리의학상을 받은 제임스 왓슨이 논란의 당사자이다. 그는 2007년 흑인이 백인에 비해 지적 능력에서 뒤진다고 주장하여 파문을 일으켰다. 당시만 해도 특정 유전자 몇 개가 활성화되면 IQ를 비롯해 신장·체중에 차이가 생기고 심지어 특정 질병까지 발생할 수 있다는 '유전자 결정론'이 팽배해 있었다.

지금도 아프리카 사람들은 머리가 나쁘다고 생각하는 사람이 많다. 인종주의적 주장을 담은 지능과 관련된 연구 결과도 유명 과학 저널에 실린다. 이러한 연구에 인종주의자들이 연구 자금을 지원하기도 한다.

다시 국가별 피부색별 지능 차이를 보자. 앞에서 언급했던 리차드 린에 의한 2002년 세계 185개국의 평균 IQ를 조사한 결과를 보면, 유럽 및 북미 지역에 비해 아시아와 아프리카 지역의 IQ는 확실히 차이가 있었다. 특히 놀랍게도 아프리카의 지능지수 평균이 현저히 낮은 것으로 나타났다. '정말 흑인은 머리가 나쁘구나'라고 생각할 것이다.

아프리카에서 살아온 사람과 유럽이나 아시아에 사는 사람은 유전자에서 약간의 차이가 난다. 어떤 사람들은 아프리카로부터 멀수록 IQ가 높은 경향이 있다는 주장을 한다. 그래서 아프리카에서 아주 멀리 있는 한국인들은 이주하며 겪는 생존 위기를 극복하면서 지능이 높아졌다는 말도 한다. 물론 우리나라 사람의 평균 IQ는 106으로 IQ가 세계에서 가장 높은 나라이다. 또한, 동북아시아(한국을 포함한 일본, 홍콩, 대만, 중국)가 세계에서 IQ가 가장 높은 지역이다.

이스라엘을 떠나 유럽을 유랑하면서 박해를 많이 받았던 유대인들의 평균 IQ는 112~115로, 이스라엘에 살았던 유대인보다 높다. 이 커다란 차이는 같은 민족이 불과 2천 년 동안에 서로 다른 환경에 적응한 결과라고 해석한다. 이들이 금융, 무역, 조세징수, 부동산업 등 당시 유럽인들이 기피하는 직업들에 종사하게 되면서 지능이 높아졌다는 주장도 한다. 그럴듯해 보인다.

그러나 사실과는 거리가 먼 주장이다. 홍콩이나 우리나라가 지능지수가 높은 것은 대부분 도시에 살고 교육열이 높은 환경적인 요인이 있기 때문이다. 또한, 이스라엘 밖에서 사는 유대인도 마찬가지이다. 지능지수는 후천적인 요인에 의하여 영향을 받으며 그것이 곧 지적인 능력을 의미하는 것은 아니라는 점이다.

그래서 오히려 이러한 연구 결과나 주장은 지능지수가 선천적인 것만은 아님을 보여 준다. 아프리카 같이 가난하고 가혹한 환경에서 사는 사람보다 도시에서 풍요하고 좋은 교육환경에서 사는 사람의 지능지수가 높게 나온다는 것이다. 예를 들어 환경적인 요인으로 연구된 것으로 국가별 지능지수가 전염병 등 질병과 관련이 있을 수 있다는 연구 결과가 있다. 전염병 발생 비율이 높은 국가일수록 국민의 IQ 수준이 낮아질 수 있다는 것이다. 특히 기생충 등에 의한 전염병이 두뇌로의 영양 공급을 방해할 수 있고 두뇌로의 영양 공급 부족 현상이 두뇌 발달에 장기적이고 치명적인 영향을 미친다는 것이다.

또 하나의 사례는 미국의 백인과 흑인의 지능 차이에 대한 연구이다. 1972~2002년 30년 동안 흑인과 백인의 IQ 차이는 5포인트가량 줄었다. 이는 미국 사회에서 흑인에 대한 차별이 줄어 교육 기회가 늘었기 때문에 나타난 결과였다. 그동안 누적된 연구 결과에 의하면 흑인의 IQ가 낮은 이유는 사회·경제적인 위치 때문이라고 해석하는 것이 합리적이라는 게 과학계의 설명이다.

지능은 유전자, 뇌에 있는 뉴런과 시냅스, 환경 등 다양한 요인에 의해 결정된다. 몇 개의 유전자나 단백질, 뇌의 부위로 설명될 수 없다. 아직 우리는 유전자, 뇌 등에 대해 아는 것보다 모르는 것이 훨씬 많다. 인종이란 개념조차 '과학적으로' 말이 되지 않는다. 과학적으로 '인종'은 존재하지 않는다. 인간은 하나의 종으로 피부색에 관계없이 결혼하여 아기를 낳을 수 있다. 더군다나 인간에게는 변종이나 아종도 아직 나타나지 않았다. 인종을 구분하는 데 이용되는 피부색이나 눈의 홍채 색깔을 결정하는 유전자는 지능과는 관련이 없는 유전자이다.

유전자를 연구하는 과학자들은 지능과 인종, 유전자 사이의 연관성을 발견하지 못했다. 사람의 유전자는 99.9%가 동일하다. 0.1%의 차이로 피부와 머리카락 색깔, 얼굴 형태, 눈의 색깔, 쌍꺼풀, 신장 등의 차이가 난다. 피부 등의 차이를 결정하는 0.1%의 유전자가 지능을 결정할수 없다. 지능은 아직도 밝혀지지 않은 것이 많다. 우리는 아직 우리 뇌에 대하여 아는 것이 별로 없다. 인종과 유전자로 지능의 높고 낮음을 논하는 사람은 스스로 무지함을 보여 줄 뿐이다.

3) 지능은 후천적 교육으로 달라진다

지능은 개발할수록 올라간다

20세기 초만 해도 뇌는 변하지 않는다고 믿었다. 지금도 그렇게 알고 있는 사람들이 있다. 1906년 노벨상 수상자 산티아고 라몬 이 카할(Santiago Ramón y Cajal, 1852~1934)은 뇌세포는 재생되거나 새로이 만들어질 수 없다고 주장하였고, 이것은 20세기 말까지 신경과학계에서 정설이 되었다. 노벨상 수상자이니 믿지 않을 수 없었을 것이다.

이렇게 뇌가 계속해서 변한다는 것이 가소성이다. 과거에 발생한 놀라운 사건을 소개하면서 가소성이 무엇인지 본다.

19세기 중반 미국 버몬트주 철도 공사장의 공사현장 감독이었던 피니어스 게이지(Phineas Gage, 1823~1860)는 뇌과학 역사상 가장 유명한 사람 중의 하나이다. 그는 20대의 나이에 공사 중 폭발 사고로 쇠막대기가 뇌를 관통하는 중상을 입었다. 무려 길이 1.13m, 두께 3.18cm, 무게

6kg의 쇠막대가 왼쪽 뺨으로 들어가 오른쪽 머리 윗부분을 관통하는 끔찍한 사고였다. 머리에는 지름 9cm의 구멍이 생겼다. 급히 병원에 실려 갔지만 놀랍게도 그는 다른 사람 도움 없이 혼자서 일어났다. 그가 죽을 것이라고 모두들 생각했지만 사고 후 약 한 달이 지나자 회복되었다. 문제는 사고 후로 게이지의 성격이 완전히 바뀌었다는 점이다. 이 사건은 당시 과학계에 커다란 논쟁을 불러 일으켰고 뇌의 특정 부위의 손상이 성격과 행동에 영향을 준다는 것을 처음으로 확인한 사건이었다.

더 놀라운 것은 뇌의 한쪽이 없으면 다른 쪽이 변하면서 그 기능을 할 수 있다는 점이다. 2019년의 연구로 밝혀진 것으로 뇌 한쪽이 제거되면 뇌 연결망이 새로이 만들어져 뇌가 온전하게 기능하는 것이 관찰되었다. 뇌전증(간질)으로 인한 발작이 심해 생후 3개월~11세에 뇌 한쪽을 제거하는 수술을 받은 20~30대 6명을 대상으로 한 연구 결과이다. 사람은 좌뇌와 우뇌가 연결되어 인식, 감정, 행동을 만들어 내는 것으로 알려져 있다. 따라서 뇌 한쪽이 없으면 문제가 생긴다. 그러나 뇌 한쪽이 없는 이들도 일반인과 똑같이 지적 능력이 있으며 정상적인 언어 능력과 감정 조절, 행동을 보인다.

그것이 가능한 것은 뇌의 한쪽만 갖고 있는 사람은 기능적 뇌 연결망이 더 강하게 연결되기 때문이다. 뇌의 한쪽에 문제가 생기면서 다른 부분에서 그 기능을 대신해 반쪽 뇌만으로도 일반인과 똑같이 생활할 수 있는 것이다. 뇌 손상에서 회복하는 정도는 손상의 심각도와 부위에 따라 다르다. 뇌졸중 같은 심각한 뇌 손상의 경우에도 건강한 뇌 부위로 통하는 새로운 연결을 만들고 경로를 변경(reroute)하는 기능을 발달시킨다. 우리의 뇌는 우리가 의식하지 않았음에도 스스로 복구를 하는 놀라운 능력을 가지고 있다. 오랜 시간 동안 진화를 하면서 이런 능력을 가진 변이가 나타나고 그런 능력을 가진 사람이 살아남았던 것이다.

또 하나의 사례는 눈의 기능과 귀의 기능이 상호 보완적으로 대체된다는 점이다. 눈을 다쳐 앞을 보지 못하는 사람은 소리를 민감하게 잘 듣게 되도록 뇌가 바뀐다. 스티블랜드 모리스(Stevland Hardaway Morris)는 스티비 원더(Stevie Wonder)라는 이름으로 활약한 미국의 가수이다. 어렸을 때 망막이 손상되어 실명하였지만 그는 뛰어난 청력을 갖고 있었고 어려움을 극복하여 세계적인 가수가 됐다.

스티비 원더같이 어린 시절부터 시각 장애를 가진 사람은 뇌의 청각 피질이 발달하고 소릴 민감하게 잘 듣는다. 시각 장애인에게 모스 부호 소리를 들려주면 뇌의 청각 피질이 더 잘 반응하고 소리에서 나오는 주파수의 미묘한 차이를 더 빠르게 파악한다. 어린 시절 시각 장애를 가진 사람은 뇌 가소성에 의하여 청각 피질이 발달하며 뛰어난 청각으로 이어진 것이다. 인간뿐만 아니다. 예쁜꼬마선충을 대상으로 한 실험에서도 화학 물질로 선충의 촉각 신경을 소실시켰더니 후각 신경의 수가 증가하고 발달한 것을 발견했다.

이 모든 것을 보면 뇌는 태어난 그대로 결정된 것이 아니라 끊임없이 변한다. 결정적인 지적 쇼크나 경험을 하면 인격 자체도 바뀔 수 있다. 그만큼 인간의 지적 능력은 변동 가능성이 큰 것이다.

지능을 30~40 올릴 수 있다

정말 놀라운 것은 인간의 지능도 후천적으로 30~40% 정도 변동 가능성이 있다는 점이다. 같은 사람이 지능지수가 70이 될 수도 있고 130이 될 수도 있다! 선진국과 후진국 사람의 지능지수의 차이는 이점을 분명하게 보여 준다.

국가별 지능지수를 보면 우리나라가 105 정도로 세계에서 가장 높다고 한다. 그리고 아프리카는 70 내외로 가장 낮은 쪽에 속한다. 국가별 지능지수의 극단적인 차이는 결코 선천적인 것이 아니다. 참고로 이러한 지능 수치는 잘못된 것이다. 한 국가의 지능지수는 평균을 100으로 하고 표준편차를 이용하여 상대적인 평가를 한 결과이다. 따라서 지능지수의 평균이 70이 나왔다는 것은 잘못된 지능지수 측정 도구를 사용했다는 의미이다.

이러한 오류에도 불구하고 1960년대 DNA 이중 나선 구조를 발견한 제임스 왓슨은 과학자라는 사람이 인종 간에 유전적인 지능 차이가 있다는 인종 차별적인 발언을 했으니 놀랄 일이다. 그는 1962년 프렌시스 크릭과 노벨 생리의학상을 함께 수상한 학자인데, 이후 인종 및 성차별적 발언을 이어가면서 큰 비난을 받았다. 결국 그는 2007년 흑인과 백인의 지적 능력이 유전적으로 다르다는 우생학적 발언으로 학계에서 추방당했다.

1990년대에도 하버드대학 교수인 리처드 헤른슈타인(Richard J. Herrnstein)과 찰스 머리(Charles Murray)가 흑인은 유전적으로 저능하며 이들을 구제할 필요가 없다는 종형곡선(Bell Curve) 이론을 내놓았다. 2000년대에 영국 얼스터대학의 리처드 린(Richard Lynn) 교수는 국가별 지능지수를 측정하여 저개발국가 사람은 지능이 낮다는 『Race Differences in Intelligence』 책을 출간하여 인종차별주의로 논란을 일으켰다. 이들은 모두 백인들이다. 이들이 제시한 아프리카의 지능 평균은 80도 되지 않는다. 아프리카가 오늘날과 같이 가난하고 비극적인 삶을 살게 된 것이 일부는 유럽인들의 식민지 지배에 기인한다는 역사적 사실을 망각한 반역사적이고도 반지성적인 학자들이다.

아프리카 사람들의 평균 지능이 아주 낮은 것은 '개천에서 용 난다'는 속담과 관련이 있다. 교훈적인 속담이지만, 개천에서 용이 날 가능성은 희박하다. 아프리카와 같이 혹독한 가난과 척박한 환경에서 못 먹고 교육받지 못하고 자라면 지능지수가 떨어질 수밖에 없다. 여기서 중요한 포인트가 드러난다. 바로 지능지수가 선천적으로 정해진 것이 아니며 후천적인 요인이 강하다는 의미이다.

지능지수의 평균은 지능지수를 개발한 취지에 따라 100이다. 그럼에도 아프리카의 평균 지능지수가 70도 안 된다는 것은 무려 30% 이상이

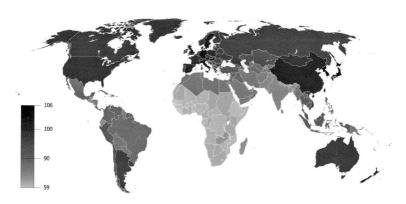

[그림 3-3] 전 세계 국가별 지능지수 분포도. 소득 수준이 높은 지구의 북쪽과 남쪽 사람들의 지능이 높고 가난한 열대 지방 국가의 지능이 낮은 것이 확연하게 드러난다
(출처: Wikimedia Commons, Emilfaro)

나 환경적인 요인이 작용한다는 의미이다. 놀랍지 않은가? 지능지수가 환경적인 요인에 크게 좌우된다는 것은 그만큼 뇌가 유연하다는 것을 의미한다. 결론적으로 어떻게 교육을 받느냐에 따라 어떠한 경험을 하느냐에 따라 인간의 지능지수는 30%~40%나 좋아질 수도 있고 나빠질 수도 있다. 이것이 의미하는 바는 엄청나다. 그러나 오해하지는 말라. 조기 교육과 선행학습은 악화되는 쪽으로 영향을 미칠 수 있다!

학습 능력은 지능에만 달려 있지 않다

지능이 좋은 사람들은 지능이 낮은 사람들보다는 평균적으로 학교 성적이 더 좋을 것이다. 과거 연구를 보더라도 지능과 학습 능력의 상관관계는 일관되게 높다. 읽기 능력의 경우 0.88, 수학은 0.86, 언어는 0.91에 달한다고 한다.

그러나 IQ는 높지만 공부를 안 하거나 못하는 아이도 꽤 많다. 부모의 지능이 높으면 자녀의 지능지수도 학교 성적도 좋다. 반면에 부모가 수재인데도 자녀가 공부 못하는 경우도 많다. 유전자와 지능지수만 안다고 그 사람의 학업 성취도가 결정되지 않는다.

지능과 학교 성적이 유전자로만 결정되지 않는 것이 확실하다. 영국에서 16세 쌍둥이 1만 3,306명을 대상으로 연구한 결과 유전에 의한 영향력은 62% 정도였다. 40% 정도는 유전 외의 요인이 작용하였다. 거의 반 정도가 후천적인 요인이다. 2018년에 지능과 관련된 유전자로 제시된 1,271개의 유전자의 차이로도 특정 개인이 대학에 진학할 수 있는지, 성적을 잘 받을 수 있는지 예측하기는 어렵다. 발견된 1,271개의 유전자로는 개인 학업 성취도의 3~4% 정도밖에 설명할 수 없다는 것이 연구 결과이다. 1,200여 개의 유전자가 학습과 밀접한 관련을 갖고 있다는 결론만으로 인간의 미래 삶을 예측하거나 성공 여부를 알 수 없다.

4) 가난이 지능에 미치는 영향들

지능지수, 불평등과 가난의 덫

아프리카 사람들의 지능지수의 평균은 90도 되지 않는다는 연구 결과가 과거에 있었다. 아프리카뿐만 아니라 후진국 아이들도 지능지수가 낮게 나온다. 의미는 있지만 다른 나라에서 사용한 지능지수 테스트를 적용한 결과로 과학적으로 오류가 있다.

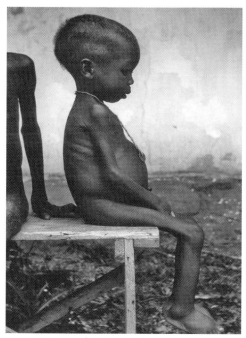

[그림 3-4] 1960년대 나이지리아 내전 당시 대피소에서 기아 질병(Kwashiorkor)을 앓는 아이의 모습: 이들은 생존 위기에 몰려 뇌가 발달할 '틈'이 없다. (출처: Wikimedia Commons, Dr. Lyle Conrad)

이러한 결과를 두고 인종주의자들은 흑인 또는 남미 사람들은 머리가 나쁘다고 주장한다. 전혀 근거 없는 말이다. 아프리카 사람들이 타고난 지능이 낮은 것이 아니다. 지능과는 달리 지능지수는 외부 환경의 영향을 받는데 그중에서도 특히 가난과 불평등이 결정적이다. 어떤 사람이라도 인종에 관계 없이 척박하고 가난한 환경에서 자라면 지능지수가 낮아진다. 가난한 아이들에게 음식만 조금 잘 먹여도 지능지수가 좋아진다는 연구결과만 봐도 알 수 있다.

1969년 과테말라에서 먹을 것이 부족한 아이들에게 고단백의 음식을 제공하였더니 성인이 됐을 때 대부분 고학력자가 됐다. 이후 브라질, 페루, 필리핀, 케냐 등에서도 비슷한 연구 결과가 나왔다. 기아, 척박한 환경에 노출되면 아이들의 인지 기능까지 떨어진다는 점을 보여 준다.

척박한 환경으로는 고아원이 있다. 아무리 고아원 시설이 좋아도 부모가 없는 환경에서 자라면 정서적으로나 뇌 발달 면이나 문제가 생긴다. 고아원에서 자란 아이 20명의 뇌를 분석한 연구 결과에 따르면 뇌의 회색질, 백질 부위 영역이 상당히 좁은 것으로 나타났다. 이 부위는 주의력, 언어 능력 등을 담당하는 곳이다. 입양되어 가족이 생긴 아이들의 뇌에서는 이 부위가 다소 넓어졌다. 다른 연구에서도 대부분 결과는 비슷하게 나타났다.

어린 시기의 뇌는 바깥세상과 상호 작용하고 자극을 받으며 발달한다. 어렸을 때 빈곤으로 인한 영양 부족이나 학대와 같은 환경에 놓이면 뇌 구조에 변화가 생긴다.

경제적 환경이 미치는 영향은 유명한 마시멜로 효과를 부정하는 연구로 분명하게 드러났다. 마시멜로 검사는 웬만한 육아 서적에 다 나올 정도로 유명하다. 만 네 살 반 정도의 아동 600명에게 마시멜로 하나를 그 자리에서 바로 받을 것인지, 아니면 15분을 기다렸다가 두 개를 받을지 선택하게 했다. 그리고 그 후에 20년 정도를 추적 연구했더니 즉각

적인 만족을 지연시켰던 아동은 유혹에 굴복한 아동에 비해 지적 특성
도 우수하고, 성취도 더 좋았다. 이로 인해 어린 나이에 충동이나 식욕
에 의한 행동을 인지적으로 통제할 수 있는 능력을 그 아동의 인생이
어떻게 펼쳐질지 말해 주는 예측 변수로 보게 되었다.

이 연구는 1970년에 발표되었는데 거의 50년 가까이 널리 받아들여
졌다. 그러나 2018년 마시멜로 효과는 반박되었다. 부모 등의 사회경제
적 배경이나 교육 수준을 감안하고 나면, 그러한 차이가 없다는 연구
결과가 나온 것이다. 만 4세 때의 마시멜로 선택 행동과는 관계없이 만
15세가 되면 부유한 전문직 가족 출신들이 그렇지 않은 배경을 가진 또
래보다 일반적으로 성취도가 높은 것으로 나온 것이다.

이 새로운 연구 결과는 직관적으로도 타당하다. 결핍된 환경에서 자
라다 보면 장기적 보상보다는 단기적 보상을 선택하게 된다. 마시멜로
효과는 부모의 경제력이 반영되지 않아 모순이 발견되었지만 어느 정도
는 유효하다. 자기 통제, 주의 집중, 충동 조절이 장기적인 성공과 관련
이 있다는 연구는 많다. 미국에서 13세 아이들을 대상으로 한 장기 연
구에서도 아이들의 장래 학교 성적과 명문 대학 입학을 예측하는 요인
으로 지능지수보다 자기 통제 능력이 2배나 큰 정확성을 보였다.

경제적 빈곤은 아주 짧은 기간에도 지능에 영향을 미친다. 당장 돈
이 없어 스트레스를 받아도 지능지수의 차이가 난다. 2013년 하버드대
학과 프린스턴대학 연구팀이 진행한 실험 결과이다. 부자와 가난한 사
람을 상대로 차가 고장 났을 때 수리 여부에 대해 질문을 하였다. 수리
비가 150달러라고 했을 때 지능지수의 차이는 미미했지만 1,500달러라
고 했을 때 가난한 사람의 지능지수가 13포인트나 낮게 나왔다. 지능지

수를 측정할 때 기분에 따라 측정 결과가 달라질 수 있음을 의미한다.

가난으로 인한 스트레스를 평생 받는다면 더 심한 결과가 나올 수 있다. 같은 사람도 경제적 상황에 따라 지능지수가 다르게 나왔다. 인도의 농부를 대상으로 수확 전후 4개월 차를 두고 지능지수를 측정했더니 수확이 끝나 경제 사정이 좋아지자 지능지수가 10포인트 높게 나왔다. 놀라운 현상이다.

개인의 경제적 빈곤뿐만 아니라 사회적 불평등도 사회 전체의 학습 능력에 악영향을 미친다. 소득 불평등은 학업 성취도에 영향을 미치고 장기적으로 계층 이동을 차단하고 고착화시킬 수 있다.

미국의 경우 1992년에서 2019년까지 분석한 결과 소득 불평등 수준이 높은 주에서의 학업 성취도가 전체 평균보다 낮다. 소득 불평등이 학생들 전체의 학업 성취도를 떨어뜨렸다. 특히 소득 불평등은 10대 청소년의 수학 성적에 직접적이고도 강한 영향을 미쳤다. 소득 불평등이 급격히 악화된 주의 경우는 수학 점수가 17.5점 상승했지만 계층 간 소득 격차가 크지 않은 주에서는 평균 24.3점 올랐다. 읽기 능력 등의 분야에서도 소득 불평등이 영향을 미쳤지만 수학 점수가 가장 큰 영향을 받았다.

학업 성취도를 높이기 위해서는 사회 전체의 소득 불평등을 줄이는 것이 필요하다는 것을 보여 준다. 어느 정도의 소득 불평등이 사회적으로 동기를 제공하지만 지나친 소득 불평등은 학업 성적뿐만 아니라 다양한 분야에서 역기능이 나온다.

부모의 경제력이 지능에 중요한 영향

부모의 경제력에 따라 아이의 지적 능력이 영향을 받는다는 연구 결과는 많다. 미국 내 쌍둥이 750쌍을 대상으로 생후 10개월과 생후 2세때 지적 능력을 조사한 연구를 보자. 가난한 가정에서는 환경적 요인이 아이가 두 살이 될 때부터 아이의 지적 능력에 결정적인 영향을 미쳤다. 부유한 가정에서는 유전적 요인이 아이의 지적 능력에 더 중요한 영향을 미쳤다. 가난한 가정의 2세 아이의 경우 지적 능력 차이의 80% 가량이 가정환경으로 설명됐다. 이에 비해 부유한 가정의 2세 아이는 지적 능력 차이의 50%가량이 유전적 요인으로 설명 가능했다. 가난하게 자란 아이들은 자신의 잠재적 지적 능력이 경제적인 제약으로 인하여 발휘되지 못한다는 결과이다.

아기가 커서 어린이가 되면서 이러한 현상은 더 악화된다. 버지니아 대학(University of Virginia) 심리학과 에릭 터크하이머(Eric Turkheimer) 교수는 지능지수의 유전율이 사회경제적 지위에 따라 크게 좌우된다는 사실을 발견했다. 가장 가난한 어린이들의 경우 지능 점수의 모든 편차가 유전이 아닌 환경으로 설명되었고, 부유한 가정은 정반대였다. 다시 말해 가난하게 태어난 아이는 환경이 지능 발현의 커다란 변수임에 반해 부유한 가정에서 태어난 아이는 유전이 지능 발현의 변수로 선천적 지능의 영향을 받는다.

이것은 백인과 흑인의 지능을 보면 알 수 있다. 흑인과 백인의 평균 IQ는 다르지만 이러한 차이가 유전적이라는 증거는 없다. 실제로 다른 인종 간의 입양을 조사해 보면 백인에 의해 입양되고 양육된 흑인의 IQ는 다른 백인과 다를 바 없었다. 가난하게 사는 흑인의 지능지수가 낮

은 것은 환경의 영향이 큰 것이고, 입양되어 좋은 환경에서 자란 흑인
은 유전의 영향을 받아 상대적으로 지능지수가 높게 나온 것이다.

　지능은 연령이 증가할수록 유전자의 영향을 많이 받고 환경의 영향
은 덜 받는 것으로 나타난다. 똑똑한 부모에게서 태어난 지능이 높은
고아가 '나쁜' 가정에 입양되면 학교 성적은 나쁘지만, 중년에는 양자역
학을 연구하는 뛰어난 교수가 될 수 있다. 지능이 낮은 부모에게서 태
어난 고아가 노벨상을 받은 부모에게 입양되면 학교 성적은 뛰어나지만
중년에는 독서나 깊은 사고가 불필요한 직업을 가질 수 있다. 성년이
되면 유전적인 면이 크고, 가족의 영향은 거의 없다. 어려서는 환경의
영향을 크게 받고 성인이 되면 타고난 성향대로 산다고 할 수 있다.

　결국 인간은 중년 이후 노년의 삶을 보면 자신의 타고난 성향이 반영
되는 삶을 산다. 물론 예외는 있을 것이다.

부모 경제력이 학력에 미치는 영향과 해결점

　경제력은 지능뿐만 아니라 학력에서도 차이를 만든다는 것은 누구
나 알고 있는 사실이다. 백만 명이 넘는 사람을 대상으로 한 유전자 검
사 결과 유전적인 재능은 저소득 가족과 고소득 가족에서 중요한 차이
가 없이 유사하게 나타난다. 하지만 고소득층 가정에서 태어난 '재능
없는' 아이가 저소득 가정에서 태어난 '재능 있는' 아이보다 높은 비율
로 대학을 졸업한다.

　고소득층이 지능이 좋을 것이라는 직관적인 생각은 틀렸지만 부자
아이들이 대학을 많이 가는 것은 직관과 현실이 일치한다. 상위 25%
이상의 유전자 점수를 가지고 높은 재능과 잠재력이 있는 아이가 저소

득 아버지 밑에서 태어난 경우 대학을 졸업한 비율은 24%였지만, 같은 유전자 점수를 가지고 고소득 아버지 밑에서 태어난 아이가 대학을 졸업한 비율은 63%에 달했다. 3배 가까이 많다. 유전자 점수가 하위 25%면서 고소득 아버지 밑에서 태어나 대학을 졸업한 사람은 27%였으니 가난한 집의 뛰어난 아이와 비슷한 진학률이다. 그 차이는 정말로 크다는 것을 알 수 있다. 이는 개인적인 손실이기도 하지만 사회적인 손실이기도 하다.

이 연구는 대학 진학률을 연구한 것으로 학업 성적은 또 다른 문제이다. 더욱 안타까운 것은 가난한 집에서 자란 아이는 지능 발달도 '가난'하다는 것이다. 가난하게 자란 아이는 대뇌 신경세포가 모인 회백질이 평균보다 8~10% 적다고 한다. 회백질 양이 적은 곳은 주로 행동과 학습을 관장하는 전두엽과 측두엽이었다.

결국 '가난하면 교육을 잘 받을 수 없고, 교육을 제대로 못 받으면 평균적으로 가난하다.' 이것이 세대를 거치며 반복된다면 인간의 역사는 불평등의 악순환일 것이다. 불평등은 인간 역사 내내 지속된 현실이다. 그래서 공산주의 혁명이 발발했지만 전혀 불평등을 완화시키지 못했다. 해결하기 어려운 사회문제이다.

빈부 격차가 학력 격차에 미치는 영향은 나라마다 시대마다 다르다. 우리나라는 이러한 점에서는 최악의 나라 중 하나이다. 수리과학 성취도 연구(Trends in International Mathematics and Science Study; TIMSS)는 중학교 2학년의 수학과 과학 성취도를 국제적인 수준에서 비교하고 그 변화를 파악하여 정보를 제공한다. 46개국 13세 학생들의 팀스(TIMSS) 시험의 수학 과목 성적을 분석한 결과 우리나라에서는 사회·경제적 배경이 좋을수록 성적이 좋았다.

또한, 1999~2007년 사이 부유한 가정의 학생 성적은 올라가는 반면, 불우한 학생들의 성적은 점점 내려갔다. 가장 잘사는 0.1%와 가장 불우한 0.1%의 평균 점수의 격차는 1999년에 155점이었지만, 2007년에는 192점까지 벌어졌다. 미국도 부유층의 성적이 좋았지만, 그 격차는 우리나라보다 적다. 상·하위 0.1% 학생들의 점수 차이가 1999년 103점에서 2007년 107점으로 완만하게 늘었다. 또 상위 0.1%의 성적이 29점 오르는 동안, 하위 0.1% 학생의 성적도 25점 늘었다. 우리나라 교육의 불평등이 심각하게 악화됨을 알 수 있다.

이 문제의 해결은 어렵다. 다만 필자는 우리나라에서 시행되는 대학 등록금 동결, 엘리트 학교 폐쇄에는 반대한다. 우리나라의 대학 등록금 수준은 전 세계적으로 최악의 수준으로 떨어졌다(상세한 통계 수치는 이 책의 주제가 아니므로 별도의 책에서 다룬다.).

OECD 국가들의 1인당 국민소득 대비 대학 교육비 수준이 40~50% 수준인데 비하여 우리나라는 20% 이하로 떨어졌다. 이러한 사실을 아는 사람은 거의 없고 관심도 없다. 대학 입시에는 큰 관심을 가지지만 교육의 질과 내용에 대해서는 무관심한 것이다.

대학 경쟁력은 대학의 교육 및 연구비 예산과 분명하게 상관관계가 있다. 대학 교육비를 선진국 수준으로 대폭 늘리고, 고등교육과 대학교육을 무상으로 하든지 아니면 가난한 학생에게도 광범위한 장학금으로 경제적 지원을 완전하게 해줘서 고등교육과 대학교육의 기회를 열어 주어, 엘리트는 키워야 한다는 것이 필자의 의견이다.

불평등의 문제는 이 책의 주제는 아니지만, 이 문제를 풀려고 했던 영국과 미국의 사례를 간단하게 소개한다.

1958년 『The Rise of the Meritocracy』를 저술하고 우리나라에 번역된 『능력주의』(2020년 번역 출간)의 저자 마이클 영은 기회 균등이란 "사회의 계층 사다리를 올라갈 기회를 주는 것이 아니라 모든 사람이 각자 타고난 재능과 능력, 잠재력을 지능에 상관없이 최대한 발전시킬 기회를 균등하게 만드는 일"이라고 했다. 그가 태어난 나라 영국은 1870년 무상 공교육을 시작했다. 1944년에는 교육법을 개정하여 중등학교를 귀족 학교(대학 진학 목표)와 서민 학교(직업 교육)로 나뉘었다. 이 책이 출간된 1958년에는 교육 평등화와 기회 균등이 확대되었지만, 중등학교에 들어가는 11세에 인생이 결정되는 방식에 대한 논란이 일어났다. 대안으로 미국식 종합학교가 도입된 뒤에도 명문 사립학교와 서민 학교를 둘러싼 논란은 계속되었다.

이러한 배경하에서 1975년 미국 정부는 헤드 스타트(Head Start)라는 프로그램을 시행하여 불우한 아이들을 위하여 국가가 개입하였다. 가난한 가정의 아이가 학교에 들어가기 전에 중상류 아동과 동등하게 학교생활을 시작할 수 있도록 도와주는 정책이다.

4. 지적 능력은 지능이 아닌 문제 해결 능력

1) 학습 능력은 문제 해결 능력

지적 학습 능력은 IQ와는 다르다

인간은 뇌가 없으면 의식도 없고 의식이 없으면 인간도 없다. 그래서 『우리는 우리 뇌다』라는 제목의 책까지 나왔다. 뇌를 이해하지 못하면 인간도 이해할 수가 없다. 우리의 자아와 의식, 생각과 사고, 사랑과 증오, 행복과 불행 등 인간 삶의 거의 모든 것이 뇌에서 이루어지거나 관련된다. 뇌가 없으면 결국 우리도 없다.

지능의 진화를 본격적으로 다루기 전에 우선 여기서는 지능이 무엇인지 정의를 하고 넘어가려 한다. 왜냐하면 사람들은 지능이라고 하면 일반적으로 'IQ'를 떠올리는 경우가 많기 때문이다.

IQ는 인간의 지적능력을 측정하기에는 부족하고 무리가 있다. 지능과 지능지수는 다르다. 아인슈타인의 IQ가 200쯤 된다는 이야기는 많이 들었을 것이다. 기마릴린 사번트(Marilyn vos Savant)는 IQ 228로 지능지수에서 세계 최고로 인정받으며 기네스북에 등재되었다. 그 후 기네스북은 IQ를 신뢰할 수 없다고 보고, 관련 기록을 더 이상 올리지 않는다. IQ는 인간의 전반적인 지적 능력을 객관적으로 측정하기에 부족하다는 것이었다.

한편 IQ는 지능을 측정하는 숫자이지만 인간에게만 적용된다는 한계가 있다. 지능은 인간뿐만 아니라 고등동물에서 하등동물에 이르기까지 모든 생물이 가지고 있다. 심지어는 미생물도 지능이 있다. IQ와 지능에 대해서는 뒤에서 폭넓고 깊이 있게 다룰 것이다.

지적 학습 능력은 문제를 스스로 해결하는 능력

지능의 정의는 학자마다 다르다. 여기서는 잠정적으로 지능을 의사결정을 하고 문제를 해결하는 능력으로 정의한다. 우리는 매 순간 선택을 하고 의사 결정을 한다. 의사 결정은 인간만 하는 것이 아니다. 찰스 다윈은 자신의 저서 『식물의 운동 능력』(The Power of Movement in Plants)에서 "식물의 어린뿌리는 하등동물의 뇌와 비슷한 기능을 한다."라고 말했다.

뒤에서 다루어지는데, 심지어는 단세포 생물도 의사 결정을 한다. 식물은 단세포 생물보다 더 좋은 지능을 가지고 있다. 식물은 햇빛이나 특정한 화학 물질(영양분) 쪽으로 몸을 돌리거나 그쪽으로 움직여 가는 주화성·주광성이 있다. 이러한 움직임도 의사 결정을 한 것이며 문제를 해결하는 능력이다.

식물은 살려고 환경 변화에 대응한다. 지능을 살면서 부딪치는 문제를 해결하는 능력이라고 정의한다면 식물도 지능을 가졌다. 식물은 광합성을 위하여 빛을 감지해 내는 촉각, 유기화합물을 찾아내는 후각 등 다양한 감각 기능도 가지고 있다. 식물은 무감각한 생물이 아니다. 뒤에서 설명하겠지만 식물도 인간처럼 대화를 하고 적이 나타나면 경고음을 울리기까지 한다. 이렇게 무언가를 하는 결정은 지능이 없으면 불가능하다. 물론 식물의 지능은 인간과는 아주 다르다. 그럼에도 수준의 차이는 있겠지만 지능이 없으면 불가능한 행동이다.

우리 인간은 수학 문제도 풀고 과학도 하지 않는가? 수학 문제를 푸는 것도 문제를 푸는 것이다. 과학을 탐구하는 것도 우주와 생명에 대한 의문, 즉 문제를 푸는 것이다. 단지 인간만이 그런 문제를 풀지만 그 본질은 같다. 앞으로 지능의 진화 과정을 설명하면서 상세하게 문제 해결 능력이 어떻게 진화되었는지를 설명할 것이다. 여기서는 개미의 문제 '풀이' 능력 하나만 더 소개한다.

개미의 문제 해결 능력은 식물보다는 훨씬 더 높다. 2020년 발표된 개미를 대상으로 한 흥미로운 실험 결과가 그것을 보여 준다. 개미가 집으로 돌아가는 길 곳곳에 함정을 파 놓았다. 이 함정에서 빠져나가는 단 하나의 방법은 숨겨진 작은 다리이다. 처음에는 개미들은 모두 파놓은 함정에 빠졌다. 그러나 두 번째 시도에서 개미들은 구덩이를 모두 피하고 다리를 이용해 무사히 집으로 돌아갔다. 개미 같은 작은 미물이 함정을 빠져나가는 방법을 찾아내고(문제 해결 능력) 그것을 기억하는 능력을 가지고 있다.

[그림 3-5] 개미가 마주 보고 무언가 대화 소통을 하는 것 같다
(출처: Wikimedia Commons, Rommel1999)

한 마리의 개미도 문제 해결 능력이 있지만 집단이나 공동체에 의하여 이루어지는 여러 개체들에 의한 '집단'지성이 발현되는 사회가 돌아가는 모습도 비슷하다. 집단지성(Collective Intelligence)은 다수의 개체들이 서로 협력하거나 경쟁을 통하여 얻게 되는 지적 능력에 의하여 생기는 집단적 능력을 말한다. 집단지성에 의하여 만들어지는 개미 사회와 인간 사회는 놀라울 정도로 닮았다.

개미 사회는 여왕벌이 통치자로 하는 전제군주제이다. 일개미는 일만 한다. 개미는 농사도 짓는다. 나뭇잎을 물어다가 버섯을 재배하는 일개미도 있다. 전쟁도 한다. 이웃 개미집단이 쳐들어오면 인간으로 치면 군인인 병정개미가 전투를 한다. 개미의 뇌는 좁쌀보다도 작은데도 공동체를 이루고 사회를 잘 유지한다. 더 재미있는 것은 인간 사회처럼 게으른 자들이 있다. 어떤 개미 집단이든 25% 정도는 빈둥대며 논다. 그냥 노는 것도 아니다. 일하는 개미들이 지치면 대신 일을 한다. 인간처럼 늘 게으르고 빈둥거리는 경우는 없는 셈이다.

개미는 이 지구상에서 가장 성공적으로 번성하는 종족이다. 지구상에 있는 모든 개미의 숫자를 합치면 2경에 달한다니 대단한 생존 능력이라고 할 수 있다. 이렇게 된 데는 여러 가지 요인이 있겠지만, 개미 사회의 조직력이 근간이라는 데는 이론이 없다. 노는 개미마저 만약의 사태에 대비한 효율적 대비라는 이번 연구 결과는 놀랍기 그지없다.

개미 같은 미물도 개체 수준에서나 집단 수준에서나 그 지능은 인간과 유사하다. 인간도 개미에게서 배울 점이 있다. 노는 일은 결코 낭비가 아니라 창조적 휴식이라는 점이다. 세계에서 가장 긴 시간을 공부하고 노동하는 한국인들로서는 곰곰이 새겨 보아야 할 대목이다.

이렇게 단세포 생물에서 개미까지 모든 생명체는 문제를 해결하고 결정을 내린다. 그것이 지능이다. 생명이 없는 사물은 그런 결정을 하지 않는다. 어쩌면 생명은 지능이라고까지 할 수도 있다. 그래서 진화란 지능의 진화를 의미할 수도 있고, 그래서 '우리는 우리 뇌다'라는 말까지 나온 것이다. 개미를 보면 지능은 결코 인간만의 것도 아니며 점차적으로 진화하여 지금의 인간 지능이 탄생했음을 이해할 것이다.

지능에 대한 연구가 시작되고 나서 100년 이상 지난 지금도 지능에 대한 정의는 학자들 사이에서도 조금씩 다르지만, 넓은 의미로 보면 '지능은 생명체가 당면한 문제를 해결하는 능력'이라고 할 수 있다.

> 인간을 뇌과학적으로 본다고 인간의 정신 활동을 부정하는 것은 아니다. 인간 정신도 물리적인 현상으로 설명할 수 있으며 그것이 진실임을 보여 주려는 것이다. 인간 정신은 이성이지만 생리적으로 이해될 수 있다. 인간 의식도 생물학적인 화학반응으로 설명이 가능하다. 우리의 감각이나 사고 그리고 기억은 화학으로 설명할 수 있다. 물질세계를 거부할 이유는 없다. 우리의 의식이 생물학적인 기초 위에 놓인 것이라고 해도 인간 정신은 존재한다. 정신이 물리세계보다는 덜 실재적이라는 가정도 합리적이지 않다.
>
> 사비나 마글리오코(Sabina Magliocco)

2) 지능지수는 학습 능력의 일부일 뿐

지능지수는 지적 능력의 일부이다

1994년에 「월스트리트」 저널에 52명의 지능 전문가들이 지능을 정의하였다.

"여러 정신 능력 중에서도 매우 보편적인 정신 능력으로 추론, 계획, 문제 해결, 추상적 사고, 복잡한 개념의 이해, 빠른 정보 습득, 경험에서 배우는 능력 등을 아우른다. 이는 단지 학교 교육, 좁은 의미의 학습 기술 또는 시험을 잘 보는 혹은 높은 시험 점수와 연관된 능력이 아니다. 오히려 이는 우리가 주위 환경을 종합적으로 이해하기 위한 넓고 깊은 능력으로, 사물을 이해하고 대응책을 고안해 내는 능력을 반영한다."

복잡하고 긴 정의이지만 요점은 간단하다. 즉 지능이란 세계를 이해하고 문제를 해결하는 능력이다. 이렇게 정의를 내린 것은 진화론에 입각한 것이다. 지능은 생명이 진화하면서 생존과 자기 복제를 위하여 나타났다. 따라서 지능은 자기 자신을 보존(생존)하고 복제(생식)하는 과정에서 발생하는 문제를 해결하는 능력이라는 주장이다.

생명이 새끼를 낳아 자기 자신을 복제하는 명령을 내리는 건 유전자이다. 뇌는 유전자가 '현장에서' 해결할 수 없는 문제를 대신 해결하기 위해서 등장한 일종의 대리인이다. 유전자의 대리인인 뇌는 유전자가 미리 예상하지 못했던 환경 속에서 유전자를 무사히 복제할 수 있도록 한다.

생명이 다양하듯이 지능도 다양하다. 다양하고 가혹한 생존 환경 속에서 닥친 문제를 다양한 방식으로 해결해 왔기 때문이다. 결국 지능은 전반적인 문제 해결 능력이라고 정의를 내릴 수 있다. 그렇지만 우선 알아야 할 것은 지능이 문제 해결 능력이라고 해서 지능지수가 문제 해결 능력을 측정하는 것은 아니라는 점이다.

칸트는 『순수이성비판』에서 인간의 정신 속에는 세계를 인식하는 데 기여하는 어떤 전제 조건이 존재하고 있음에 틀림없다는 말을 했다. 칸트의 시대에는 뇌에 대하여 아는 것이 거의 없었다. 그가 '전제 조건'이라고 말한 것은 현대적인 의미에서 진화한 뇌와 지능일 것이다. 그럼 지능을 측정한다는 의미인 '지능지수'는 인간의 문제 해결 능력이나 지적 능력을 측정하는 것일까. 반드시 그런 것은 아니다. 지능지수는 그러한 능력 중 일부 측면만 측정한다.

지능지수 IQ는 프랑스의 심리학자 알프레드 비네(Alfred Binet, 1857~1911)가 '정신 연령'을 측정하면서 시작되었다. 정신 연령은 지능 검사에서 어느 나이 수준의 문제까지 풀 수 있는지를 의미한다. 7세 아이가 12세 연령의 문제를 풀 수 있다면 지능지수가 높게 나온다. 그래서 처음에는 IQ가 '정신 연령을 자연 나이(신체 연령)로 나누고 여기에 100을 곱한 것'으로 정의되었다. 6세의 어린이가 12세 문제까지 푼 경우 신체 연령이 6, 정신 연령이 12이므로 지능지수는 200이 된다. 그러나 당시 아동을 대상으로 해서는 15~16세용 정도까지만 있었고, 또 나이를 먹을수록 분모의 수(신체 나이)가 커져서 IQ가 낮게 나오기 때문에 성인의 IQ를 적절하게 측정할 수 없었다.

그래서 성인의 IQ도 제대로 측정할 수 있도록 산출 방법이 개량되었다. 현재는 '집단의 상위 몇 %에 위치하는가?'를 나타내는 IQ가 많이 쓰인다.

지능 테스트에서는 평균적인 지능을 가진 사람이 가장 많고, 높은 지능 또는 낮은 지능을 가진 사람일수록 그 수가 적어진다고 가정한다. 지능지수 검사는 표본 집단의 검사 결과를 이용해 평균을 100으로, 표준편차를 15로 두는 방식이다. IQ 85~115 부분에 약 68%의 사람이 포함된다. 그보다 범위가 더 넓은 IQ 70~130 부분에는 약 95%의 사람이 포함된다. 한편 IQ 145는 '집단에서 상위 0.1%에 위치한다'는 의미이다. IQ 130은 상위 2%, IQ 115는 상위 16%에 속함을 의미한다. 그리고 IQ 100은 그 집단에서 평균적인 지능임을 나타낸다.

결국 지능을 측정하는 IQ는 상대적인 수치이다. 새로운 사람을 대상으로 과거의 검사지로 검사를 하면 평균 점수는 100이 넘는다. 그래서 표준 IQ는 같은 나이대의 사람이 받는 점수 평균이 100이 되도록 수정된 상대적인 수치이다.

지능지수는 평균이 100인 정규 분포이다

지능 테스트가 나라마다 다르므로, 각 나라에서 상위 몇 %에 해당하는지만 알 수 있다. 한국의 IQ 테스트는 한국인 집단을 참조해서 만든다. 또 문제의 형식에도 나라마다 특징이 있다. 개인의 지능지수는 어느 나라에서 받느냐에 따라 달라질 수 있다. 해외에서 자란 한국인, 또는 외국인이 한국에서 IQ 테스트를 받을 경우 IQ 테스트의 성적이 낮아질 가능성이 있다. 태어나고 자란 나라의 IQ 테스트 결과가 지능을 적절히 평가한 것이라는 의미이다. 따라서 우리나라 사람의 지능지수가 전 세계에서 가장 높다는 것은 잘못된 말이다.

나라마다 도시화나 교육 환경이 달라 지능지수의 평가 결과를 비교

할 수가 없다. 아프리카같이 열악한 환경에서 자란 사람과 우리나라의 서울처럼 과당 경쟁 속에서 자란 사람들의 지능지수는 큰 차이가 난다. 그렇지만 같은 환경에서 자랐다면 비교해 볼 수 있을 것이다. 여기서 알 수 있는 것은 지능지수는 개발될 수 있다는 것이고 고정된 것이 아니라는 의미이다.

일반적인 지능지수는 나이에 상관없이 일정하게 유지된다. 6세에서 18세까지 지능이 급격하게 달라지는 것은 사실이지만, 같은 또래에 대해 상대적으로 측정되는 지능지수는 나이가 들어도 거의 변하지 않는다. 그래서 지능지수는 학교 성적과 매우 연관이 깊다. 이렇게 상대적인 지능은 큰 변동이 없지만 대부분의 사람은 살아가면서 지능이 발달하고 세대가 바뀜에 따라서도 그렇다. 지적 능력은 분명히 향상되고 있지만 평균이 100이 되도록 표준화되어 측정된다.

지능 테스트의 결과는 같은 테스트 문항으로 실시되는 경우 세계적으로 해마다 상승하는 경향이 있다. 이를 '플린(Flynn) 효과'라고 한다. 1987년에 미국의 심리학자 제임스 플린(James Flynn)이 보고한 연구이다. 인류의 '타고난' 지능이 수십 년이라는 짧은 시간에 급격히 진화하는 일은 있을 수 없다. 지능 테스트의 성적이 시간이 갈수록 높아지는 것은 젊은 세대일수록 오랜 기간 동안 교육을 받으며, 지능 테스트 같은 문제를 푸는 일에 익숙해진 사람이 세계적으로 증가하기 때문이다. 그 결과 과거에는 성적이 우수한 사람과 성적이 나쁜 사람을 구별해 낼 수 있었던 문제가 이제는 누구나 풀 수 있는 문제로 바뀐 것이다.

플린 효과는 지능 테스트를 만들고 나서 시간이 지날수록 강하게 작용한다. 이런 현상을 막기 위해서는 지능 테스트 문항을 정기적으로 변경해야 한다. 즉 '플린 효과'가 의미하는 바는 훈련을 받으면 지능지수가 높아질 수 있다는 것이며, 지능지수가 다양한 지적 능력을 완전하게 반영하지 못한다는 것이다.

3) 지적 능력은 다양한 요소로 구성된다

IQ는 지적 능력을 완전히 반영하지 못해

인간의 지적인 능력을 완전하게 측정할 수 있는 방법은 이 세상에 존재하지 않는다. 그래서 지능 테스트는 '높은 지능을 가진 사람이 잘 푸는 문제를 모으는' 방법으로 만들어진다. 예를 들어 학생 전원에 대한 학업 성적이 평가되어 있는 집단을 준비한다. 이 집단에게 다양한 종류의 문제를 대량으로 풀게 한다. 그리고 각 문항을 누구나 풀 수 있는 문제와 누구도 풀 수 없는 문제, 성적의 좋고 나쁨에 관계없이 일부의 사람만이 풀 수 있는 문제 등으로 분류할 수 있다. 그러면 성적이 좋은 사람은 잘 푸는데 성적이 나쁜 사람은 풀 수 없는 문제가 발견된다. 이런 종류의 문제는 성적이 좋은 사람과 나쁜 사람을 구별하는 데 도움이 되는 문제이다. 이와 같은 절차를 거쳐 분류된 문제를 모아 지능 테스트 문항들이 완성된다.

따라서 지능지수가 인간의 지능을 포괄적으로 반영하지는 못한다. 지능지수가 높다 해서 반드시 지능이 뛰어난 것은 아니다. 지능지수는 지능을 측정하는 한 부분일 뿐이다. 지능이 높더라도 반드시 지적으로 사는 것도 아니다. 수리 능력이 뛰어나도 과학이나 수학보다는 온종일 게임에 몰입하거나 책을 거의 읽지 않는 반지성적인 사람도 많다. 또한 지능검사는 전적으로 인간을 대상으로 만들어졌으므로 다른 동물에게는 적용할 수 없다. 즉 결론적으로 지능의 본질을 이해하는 데 있어서 지능검사 자체만으로는 도움이 되지 않는다는 것이다.

지적 능력을 반영하는 새로운 측정 방법

이렇게 한계가 있는 지능검사를 대체하는 접근들이 시도되고 있다. 그중에 일반 지능(general intelligence)을 측정하려는 시도와 다중 지능이론이 있다. 우선 일반 지능을 측정하려고 시도한 이론을 하나 소개하고자 한다.

다양한 종류의 지능검사 점수들 사이에는 상관관계가 있다. 언어를 잘하는 사람은 수학도 잘하는 경향이 있다. 이런 상관관계는 다양한 지능에 공통적인 요소가 있음을 암시한다. 찰스 스피어만(Charles Spearman)은 여러 검사 결과에 영향을 미치는 공통 요인을 수학적으로 추출하고 일반 지능으로 명명하는 이론을 1904년에 발표했다. 일반 지능은 여전히 논쟁거리로 남아 있다. 그렇지만 학계는 일반 지능의 존재를 인정하고 있으며, 각종 지능검사가 일반 지능을 측정한다고 보고 있다.

[그림 3-6] 인간의 다중 지능을 나타낸 그림. 인간은 개인마다 음악적 재능,
육체적 능력, 교감 능력, 언어 능력, 논리 능력, 자연 친화적 성향,
자아성찰, 미술 재능이 다르므로 그에 맞는 다양한 교육이 필요하다
(출처: Wikimedia Commons, Sajaganesandip)

또 하나는 우리에게도 많이 알려진 다중 지능 이론이다. 특히 하워
드 가드너(Howard Gardner)의 다중 지능 이론은 유명하다. 인간의 지
능은 다양하다. 사고의 속도, 추리력, 기억력, 언어 능력, 수학적 능력,
또는 지적인 것을 추구하는 욕구 등 다양한 지적인 경향이 있다. 그래
서 하워드 가드너는 각각의 지능을 독립적인 능력으로 인식할 수 있는
복합 지능에 대한 가설을 강력하게 주장하였다. 그에 비해 로버트 스턴
버그(Robert Sternberg)는 기본적으로 분석력, 창의력, 응용력 등 세 가

지의 독립적인 지능이 존재한다고 생각하였다. 다중 지능은 특히 교육과 관련이 크다.

찰스 다윈은 1809년 탄생했다. 찰스 다윈 사후 200년이 지난 2009년 영국의 존 템플턴 재단(John Templeton Foundation)이 '큰 질문(Big Questions)' 시리즈를 시작했다. 그리고 '진화론이 인간 본성을 설명해 주는가?'라는 질문을 내놓았다. 그 질문에 미국 에모리대학 영장류학자 프란스 드 발(Frans De Waal)은 "분명 그렇다고 원숭이가 말한다."라고 글을 올렸다. 인간의 뇌는 침팬지보다 훨씬 크지만 다른 점은 없다. 다시 말해 인간의 뇌가 동물과 다른 '특별한' 것은 없다는 주장이다. 인간이 물론 훨씬 똑똑하지만 사람에게서 발견되는 특징은 유인원에서도 그대로 발견되기 때문이다.

물론 인간과 침팬지의 유전적 차이는 겨우 1% 내외이다. 그 차이는 수백만 년에 걸쳐 형성됐다. 2011년 영화 「혹성탈출: 진화의 시작」에 나오는 것같이 침팬지에게 약물을 주입해서 인간이 되는 것은 그냥 영화의 한 장면일 뿐이다.

1% 정도의 차이를 내는 인간만이 가지는 유전자는 여러 개 알려졌다. 그 유전자 중 일부는 인간의 뇌와 지능과 관련된 유전자이다. 인간이 침팬지에 비해 똑똑한 것은 뇌의 가장 바깥쪽에 있는 신피질(neocortex)이라는 부위 때문이다. 이러한 신피질을 만드는 유전자(유전자의 이름은 'ARHGAP11B'이다.)는 인간만이 가지고 있다. 이 유전자는 인간과 유전적으로 가장 가까운 동물인 침팬지, 오랑우탄도 없다. 이 유전자를 쥐에게 넣으면 인간처럼 신피질이 생겼다.

지능의 역사는 생명 그 자체의 역사와 크게 다르지 않다. 모든 생명체가 당면하는 생존과 번식의 문제를 해결하기 위해서는 그 정도가 아무리 미약하더라도 어떤 형태로든 지능이 요구되기 때문이다.

다시 말해 인간의 지능과 뇌도 진화론을 배제하고 이해할 수는 없다. 인간의 지능을 과학적으로 이해하려면 뇌가 진화해 온 과정을 알아야 한다. 물론 교육의 올바른 방향을 찾으려면 또한 인간의 진화 과정을 알아야 한다. 진화 과정이 우리 뇌에 역사로 보관되어 있다. 그래서 이 책의 첫 번째 주제는 뇌의 진화를 다룬다.

인간이 지구상에 살고 있는 것은 그 자체가 기적이다! 수십만 년 전 우리 현대 인류인 호모 사피엔스가 출현하였고 지금까지 약 1,000억 명의 인간이 태어나고 죽었다. 더욱 놀라운 것은 지구상에 태어난 생명 종의 99.99%는 멸종하였다. 1970년부터 2016년까지 50년도 안 되는 기간에 척추동물이 거의 70% 가까이 감소했다는 것을 알면 놀라울 것도 아니다.

인간의 역사를 만 년이라고 가정한다면 우주의 역사 138억 년 중 0.00007%를 차지하고, 인간의 수명을 60년으로 잡는다면 우주 역사의 0.0000001%를 차지한다. 이렇게 미미한 인간이 지적 능력이 발달하여 우주와 생명의 기원을 찾고 자신이(모든 사람이 그렇지는 않지만) 누구인가라는 고민을 안고 살아가는 것도 기적이다. … 인간이 이러한 고민을 할 수 있는 것은 좋은 두뇌와 지능을 가졌기 때문이다.

우리 인간은 분명 진화를 통하여 나타났다. 생명 진화 과정의 과거를 더듬어 올라가다 보면 인간이 나타난 목적도 알 수 없고, 너무도 우연하게 나타났음을 알 수 있다. 그런데 왜 그리고 어떻게 우주와 생명 그리고 자신의 기원과 자기 자신의 유전자를 탐구하게 된 것일까? 이 질문

262 | 제3장 부모가 알아야 할 자녀 교육의 과학

에 대한 답은 인간의 지적 능력을 담당하는 뇌와 뇌의 진화에 있을 것이다. 따라서 여기서는 뇌와 지능의 진화 과정에서 그 질문에 대한 답을 찾아가고자 한다. 또한, 이를 통하여 우리가 관심을 가지는 지능과 교육의 방향도 제대로 알 수 있다. 역사를 알아야 현재와 미래를 보는 통찰력을 터득할 수 있다.

1990년에서 2010년까지 20년간 우리나라 신문을 보면 뇌과학을 가장 많이 언급한 것은 사설 학원이었다. 하지만 뇌 발달에 대한 사설 학원의 선전에는 근거 없는 말이 많았다. 세 살이면 아이의 뇌가 거의 완성된다? 그러니 부모가 제때 교육을 시키지 않으면 아이 지능이 계발되지 않는다? 외국어는 초등학교에 들어가기 전에 하지 않으면 원어민처럼 할 수 없다? 등등, 이 모든 주장이 과학적인 근거가 거의 없는 말들이었다. 이 자극적인 기사들은 사실 진화와 유전자 그리고 뇌과학적인 근거가 거의 없다. 하지만 학부모들을 초조하게 만들기 충분했고, 소위 '교육 골든타임'을 놓치지 않기 위해 학부모들은 학원으로 달려갔다.

그러나 뇌과학을 교육에 접목시켜 '과학에 기반한 교육(Science-Based Education)'을 시도하는 나라들은 다르다. 독일, 스웨덴, 덴마크 등이 대표적이다. 이들 나라는 교실 디자인부터 다르다. 우리나라에서처럼 교사가 앞에 서 있고 학생들은 뒤에 일렬로 앉아 있는 방식은 거의 찾아볼 수 없다. 책걸상을 아예 없앤 학교도 있다. 50분 수업도 하지 않는다. 아이들의 뇌는 10분 이상 집중하면 '멘붕'이 오기 때문이다. 국제학업성취도평가(PISA)에서 세계 최고 수준 성적을 거뒀다고 떠들어대는 한국이나 중국과 달리 이들 나라는 학업 성취도 평가에 별 관심을 보이지 않는다. 교육에 대한 관점 자체가 다르기 때문이다(시사 IN, 2016.4.1.).

왜 그들은 관점이 다를까? 그럼에도 왜 그들은 교육에 성공적일까? 이것이 이 책의 큰 주제이다. 따라서 이 책은 인간의 뇌와 지능의 진화 과정을 면밀히 살펴보고 그것을 교육과 접목시켜 교육의 진화와 나아갈 방향에 대해서 논할 것이다. 책을 인내심을 가지고 읽다 보면 그 지혜를 알게 될 것이고 생각도 바뀔 것이다.

이러한 교육 방식의 변혁은 뇌가 성장하는 단계를 반영한 것이다. 우리 뇌 안의 '해마'라는 부위는 짧은 시간 동안의 기억을 담당한다. 그리고 잠을 '잘' 자면 단기 기억을 정리하여 장기 기억으로 넘긴다. 하지만 해마는 스트레스에 매우 취약하여 과도한 조기 교육과 스트레스는 기억력을 오히려 저하시킨다. 뇌의 또 다른 부위인 '대뇌피질'이라는 부위는 문제 해결 능력과 창의력을 담당한다. 이 중에서 '전두엽'이라는 부위는 사고 능력과 판단 능력 같은 기능을 담당한다.

사람의 뇌는 시기별로 발달하는 부위가 다르다. 전두엽은 생후 8개월 무렵 활동이 크게 증가한다. 이때 정서 발달이 함께 이루어진다. 부모와 아이의 스킨십과 감정적 교류는 아이의 전두엽을 발달시킨다. 뇌의 또 다른 부위인 두정엽이란 곳은 수리 능력을 담당하는데 초등학교 고학년 때 특히 발달한다. 따라서 나이에 따르는 교육이 필요함을 암시한다. 이 모든 것이 뇌과학이며 뇌의 진화 과정을 이해하여야 함을 의미한다(정책브리핑, 2020.2.7. 김영훈 교수 글 편집).

이렇듯 올바른 교육의 첫 단추는 지능과 인간의 진화 과정에 대한 올바른 이해에 있다. 이 책은 지금까지의 뇌과학 분야의 주요한 연구 성과와 그 교육적 원리들을 검토하고 교육적 시사점을 모색하고자 한다.

4차 산업혁명 시대

미래형 인재 자녀교육

사교육 없는 최상의 교육 가이드

초판 1쇄 인쇄   2022년 3월 24일
초판 1쇄 발행   2022년 3월 30일

지 은 이 | 김근수
펴 낸 이 | 박정태
편집이사 | 이명수   출판기획 | 정하경
편 집 부 | 김동서, 위가연, 전상은
마 케 팅 | 박명준, 박두리   온라인마케팅 | 박용대
경영지원 | 최윤숙

펴낸곳   BOOK★STAR
출판등록   2006. 9. 8. 제 313-2006-000198 호
주소   파주시 파주출판문화도시 광인사길 161 광문각 B/D 4F
전화   031)955-8787
팩스   031)955-3730
E-mail   kwangmk7@hanmail.net
홈페이지   www.kwangmoonkag.co.kr

ISBN   979-11-88768-52-3   03370
가격   16,500원